Tourism Service

관광서비스

안대희 · 배준호 · 박상민 · 김민자 · 이현주

관광서비스

2017년 8월 5일 초판 1쇄 인쇄
2017년 8월 10일 초판 1쇄 발행

지은이 | 안대희 · 배준호 · 박상민 · 김민자 · 이현주
펴낸이 | 김종욱
펴낸곳 | 지식인
등 록 | 제301-2013-134호
주 소 | 서울시 도봉구 도봉로 180길 20 투웨니퍼스트 102동 602호
전 화 | 02)2266-8606 (대)
팩 스 | 02)2266-8607
E-mail | jisikin2013@naver.com
홈페이지 | www.jisikinbook.co.kr

ISBN 979-11-88105-01-4 (93320)

값 20,000원

*저자와의 협의 하에 인지는 첨부합니다.
*이 책은 저작권법에 의해 보호를 받는 저작물이므로
무단 전재와 복제를 금합니다.

관광서비스

TOURISM SERVICE | PREFACE

현대인들은 재화보다 서비스에 대한 지출을 유지하는데 더욱 높은 우선순위를 두고 있다. 실제로 현대인들에게 있어 육아, 건강관리, 항공운송, 오락, 관광, 교육 등은 재화보다 지출에 할당된 부분이 매우 커지고 있다. 이는 소비자의 생활 안정과 소득수준의 향상, 여가 시간의 증대와 같은 생활패턴의 변화는 라이프스타일을 여러 가지 형태로 변화시킨다. 즉 생존을 위한 기본욕구에서 여가, 여행 등 다양한 형태의 서비스를 출현시키는 것이다.

특히 사회 인력의 전반적인 교육수준의 증대와 더불어 여성들의 권익이 향상되고 있다. 더불어 여성들의 사회 진출은 서비스산업의 노동력 구조를 변화시키고 있으며, 이러한 여성의 사회 참여 및 취업 증대는 외식, 탁아소, 파출부, 세탁서비스 등 새로운 형태의 많은 서비스를 출현시키고 있다.

또한 기업 간의 경쟁이 심화됨에 따라 다양한 형태의 서비스가 필요하게 되었다. 기업 내부적으로 R&D, 종사원 연수, 시장조사, 경영컨설팅, 정보관리 강화 등이 기업 경영의 주된 과제가 됨에 따라 경영컨설팅회사, 디자인연구소, 연수기관 등 수많은 새로운 서비스를 출현시키고 있다. 또한 정보기술의 발달에 따라 새로운 개념의 서비스가 시장에 수없이 등장하고 있다. 즉 컴퓨터의 등장과 더불어 정보통신의 발달에 기인하여 많은 신종서비스가 등장하는 것이다.

이렇듯 현대사회에서 서비스가 차지하는 비중은 점점 높아지고 있다. 그러나 오늘날 수많은 제품이 등장하고 제품이 복잡화되면서, 소비자는 그 제품을 다루는데 한계가 주어지고 그로인해 애프터서비스가 당연시되고 있는 것이다. 또한 서비스에 기계화를 도입하면서 인간성이 상실되고 있다. 나아가 서비스 기업들은 인건비 절감을 이유로 값싼 인력을 교육훈련 없이 현장에 곧바로 투입하는 실정으로 인해, 제공되는 서비스 수준은 점점 악화되고 있는 것이 사실이다.

이에 소비자는 현대사회가 과거에 비해 풍요롭고 경제적인 부를 누리며, 사람들은 더 많은 여가시간을 가지고 있는 데도 불구하고 서비스는 더 악화된다는 것이 모순이라고 볼 수 있는 서비스 패러독스를 경험하고 있다. 따라서 본서는 고객으로 하여금 이러한 서비스 패러독스를 극복하기 위한 방안으로 고품질 서비스 제공을 통한 고객만족경영의 방안을 강구하고자 하였다.

본서에서는 구체적으로 첫째, 서비스의 본질적 특성과 관광서비스의 특성에 대해 상세히 살펴보았다. 둘째, 서비스 패러독스를 극복하기 위한 고품질 서비스품질관리 방안과 고객만족경영에 대해 상세히 살펴보았다. 셋째, 고품질 서비스 제공과 고객만족경영을 위한 서비스종사원의 서비스예절에 대해 살펴보았다. 마지막으로, 관광서비스 기업이 제공하는 서비스의 특성에 대해 살펴보았다.

아직은 많은 부분이 미흡하여 수정과 보완을 해야 할 것으로 사료되고, 이 책이 더욱 빛을 발할 수 있는 필요한 부분이 있다면 많은 조언을 부탁드리며, 지식인 관계자 분들께 감사드린다.

저 자

TOURISM SERVICE

TOURISM SERVICE

CHAPTER 01

서비스의 기초

01 서비스의 의의

1. 서비스경제화의 의미

1968년 훅스F. R. Fuchs가 『서비스경제Service Economy』를 저술하면서부터 '서비스경제화' 또는 '경제의 서비스'라는 용어는 많은 학자들에게 빈번하게 사용되고 있다. 그는 "서비스경제는 국가경제에서 국민총생산GNP의 절반 이상이 서비스 분야에서 일어나는 경제"라고 정의하고 있다.

1973년 벨Daniel Bell은 전체 고용 인구에서 차지하는 비중이 50%를 넘는 것을 기준으로 삼았다. 실제로 경제가 발전함에 따라 산업구조가 점차 서비스경제화 한다는 경제학자들의 주장은 선진국에서는 이미 현실로 나타나고 있다.

최근 미국은 서비스산업 고용 인원이 81.6%에 달해 제조업의 8배를 넘었다. 선진국(미국, 영국, 프랑스, 독일, 일본, 이탈리아, 캐나다)의 평균치도 74.9%로 제조업보다 5배나 높다. 그러나 우리나라 서비스산업의 고용 비중은 67.3%로 G7국가들 평균에 비해 7.6%p 낮았으며, 미국과는 무려 14.3%p의 격차를 보였다. 서비스산업의 부가가치 비중은 60.0%에 불과하여 G7국가들에 비해 12.2%p 낮은 수준인 것으로 분석되었다. 또한 우리나라 서비스산업의 1인당 노동생산성은 다른 19개 OECD국가들 중 18위를 기록하여 서비스산업의 국제경쟁력 제고가 시급함을 보여주었다.

서비스산업 선도국가인 미국은 1979년에 제조업의 고용 인원이 최고치에 달한 이후 지속적으로 하락한 반면, 서비스 고용 비중은 1970년대 후반에 70%를 돌파하는 등 지속적인 상승세를 보여 2007년 81.6%에 도달했다. 우리나라 제조업 고용 비중은 1989년에 정점(28.7%)에 도달한 후 하락세에 접어든 반면, 서비스 비중은 2008년 67.3%를 기록했다. 이런 상승세에도 불구하고 우리나라의 서비스 비중은 미국의 1970년 수준(67.6%)과 비슷하여 40여년의 격차를 보이고 있다. 특히 고급 일자리라 할 수 있는 지식서비스 산업의 고용 비중은 우리나라가 30.8%에 불과하여 미국보다 3.3%p가 낮았다.

주요 분야별로는 지식서비스 분야 중 교육서비스 분야를 제외하고는 미국 수준에 미치지 못하는 것으로 나타났다. 우리나라는 보건복지 및 사업서비스 분야에서 미국보다 각각 6.1%p, 3.5%p 낮은 비중을 보였는데, 이 중 전문가 · 과학 · 기술서비스 분야의 고용 비중이 미국보다 현저히 낮았다.

전문가 중 변호사 및 감정평가사의 1인당 인구수를 비교하면, 우리나라가 미국에 비해 각각 22.0배와 7.7배 높은 것으로 나타났다. 반면, 우리나라는 교육서비스 고용 비중이 미국보다 3.5배 높은 가운데 그 중 사교육 분야인 학원교사의 비중은 3.9배나 높은 것으로 나타났다. 제조업의 성장과 밀접하게 연관되어 있는 기반서비스 산업의 고용 비중은 우리나라가 미국보다 3.7%p 높았는데, 운수 · 창고 분야의 차이에 주로 기인하였다.

2. 서비스경제의 발달 배경

이미 앞에서 살펴본 바와 같이, 서비스산업 부문이 국가경제는 물론 국제경제에서 가장 큰 비중을 차지하게 된 배경은 여러 가지가 있을 수 있으나, 거시적 측면에서 살펴보면 크게 8가지 이유에서 서비스경제가 도래하게 되었다.

1) 서비스의 중요성 인식

현대인을 사는 소비자들은 재화보다 서비스에 대한 지출을 유지하는데 더욱 높은 우선순위를 두고 있는 인식으로 바뀌고 있다. 실제로 현대인들에게 있어 육아, 건강관리, 항공운송, 오락, 관광, 교육 등은 재화보다 지출에 할당된 부분이 매우 커지고 있다. 학자와 실무자들에게도 기존의 서비스에서 가지는 부정적인 고정관념이 변하고 있으며, 서비스는 제조업에 비해 생산된 재화의 가치가 덜하다는 막스Karl Marx나 스미스Adam Smith의 이론은 이제 구시대적 이론으로 여겨지고 있다.

서비스가 다른 부문을 희생시켜 성장한다는 초기의 경제이론은 이제 바뀌고 있다. 서비스 부문이 노동에 대한 투자가 자본투자보다 훨씬 크며, 생산성이 낮다는 기존의 이미지가 사라졌다. 항공, 통신, 공공서비스(가스, 수도 등)와 같이 매우 자본집약적인 사업이 서비스 부문의 핵심이 되고 있으며, 많은 연구에서 서비스 부문의 생산성이 제조 부문의 생산성을 능가한다고 밝히고 있다.

제조업이나 기타산업에 있어 디자인, 운송, 재고시스템과 같은 서비스는 기업의 생산성 증가에 매우 큰 역할을 하며, 제품의 구색을 소비자가 원하는 구색으로 전환시켜 완제품의 가치를 높이는데 큰 기여를 한다. 또한 서비스 부문은 경기순환Business Cycle 시 고용을 안정시키는 역할도 한다. 이는 서비스에 대한 소비자의 지출이 제조업에 비해 보다 안정적이기 때문이다.

이처럼 소비자들은 물론 기업의 경영자 및 실무자를 포함한 학자들이 국가경제에 있어 많은 연구들을 통해 서비스의 중요성을 충분히 인식하고 있다. 이는 기존의 제조업에 대한 관심을 서비스경제로의 전환을 촉진시키는 큰 역할을 하고 있음을 간과할 수는 없다.

2) 정보기술의 발달

정보기술이 발달함에 따라 새로운 개념의 서비스가 시장에 수없이 많이 등장하고 있다. 즉 컴퓨터Computer의 등장과 더불어 정보통신Information and Communications의 발달에 기인하여 많은 신종서비스가 등장하여 발전하고 있기 때문으로 여겨진다. 컴퓨터, 전화 등의 등장은 전통적인 서비스 제공 방식을 대체하였고, 새로운 개념의 서비스를 등장시키고 있다. 이러한 컴퓨터의 등장은 전통적인 거래를 전자상거래로 대체시키고 있으며, 웹디자인Web Design 등의 새로운 직업을 파생시키고, 전화는 스마트폰의 등장으로 수많은 각종 신종서비스를 창출해 내고 있다.

3) 소비자 욕구의 다양화

소비자의 생활안정과 소득수준의 향상, 여가시간의 증대와 같은 생활패턴의 변화는 라이프스타일Life Style을 여러 형태로 변화시키고 있다. 즉 생존을 위한 기본욕구에서 여가, 여행 등의 다양한 형태의 서비스를 출현시키게 되었다. 이와 더불어 소비자의 욕구가 점점 높아지고 있다는 것이다.

새로운 기술의 개발을 통해 기업이나 정부 등으로부터 더 많은 보다 높은 수준의 서비스를 기대하고 있다. 예를 들면, 초기의 전화 발명과 더불어 보급에 있어서 소비자들은 충분히 만족하였으나, 지금에 와서는 화상전화Displayphone 등의 개발을 통한 자신의 욕구를 충족시키기 위해 기업에 요구하고 있다. 이는 기업으로 하여금 제품 개발을 유도함으로써 새로운 형태의 다양한 서비스를 출현시키고 있다.

4) 기업 활동의 필요성 증대

기업 간의 경쟁이 심화됨에 따라 다양한 형태의 서비스가 필요하게 되었다. 기업 내부적으로 R&D, 종사원 연수, 시장조사, 경영컨설팅, 정보관리 강화 등이 기업경영의 주된 과제가 됨에 따라 경영컨설팅회사, 디자인연구소, 연수기관 등의 새로운 서비스를 출현시키게 되었다.

5) 여성의 사회참여 확대

사회 인력의 전반적인 교육수준의 증대와 더불어, 특히 여성들의 권익이 향상되고 있다. 이와 함께 여성들의 사회진출은 서비스산업의 노동력 구조를 변화시키고 있으며, 이러한 여성의 사회참여 및 취업증대는 외식, 탁아소, 파출부, 세탁서비스 등 새로운 형태의 많은 서비스를 출현시키고 있다.

6) 삶의 복잡화

산업사회의 등장과 더불어 소비자의 삶이 매우 복잡해지고 있다. 결혼, 법률, 세무상담 등 안정적인 생활을 위함과, 취업 상담 등의 새로운 형태의 서비스가 발달하고 있다.

7) 제품의 복잡화 증가

가전제품을 비롯하여 자동차Car와 컴퓨터Computer 등 과거와는 매우 다른 복잡한 제품들이 홍수처럼 쏟아져 나오고 있다. 이러한 제품은 소비자의 욕구충족을 위해 매우 정교하고 복잡하게 이루어져 있다. 따라서 이를 사용하는 소비자가 제품고장 시 자신이 직접 수선이나 수리를 할 수가 없다. 이러한 복잡한 제품의 등장과 더불어 이를 유지하기 위한 수선 및 수리서비스가 급속하게 발전하고 있는 것이다.

8) 신서비스의 등장

예전에는 있지도 않았던 새로운 형태의 서비스가 등장하고 있다. 즉 대혁신 서비스업(예를 들면, 24시간 택배서비스)에서부터 기존 서비스와 동일한 본원적 욕구를 충족시키려고 신서비스를 도입하는 새로운 사업(예를 들면, ATM, 호텔의 셔틀버스 등)의 등장, 기존 서비스에 새로운 서비스의 추가(예를 들면, 항공운항 중의 FAX), 서비스 계열의 확장(식당의 메뉴 추가, 항공사의 노선 확장)과 같은 새로운 형태의 서비스가 등장하고 있다.

3. 서비스의 정의

1) 서비스의 정의와 계보

서비스Service의 어원은 라틴어 Servus에서 유래되어 '사람에게 시중을 들다'라는 의미의 'Servant', 'Servitude', 'Servile'라는 영어를 파생시켰다. 이것은 '노예'라는 의미의 라틴어로서 초기의 서비스는 남에게 시중을 드는 일로 간주하였고, 이후 '봉사'라는 의미로 사용하게 되었다. 누구를 위한 봉사라기보다는 서비스를 주고받는 모든 사람이 감사라는 마음을 갖는 것이 봉사의 개념인 서비스라고 할 수 있다.

이러한 서비스가 산업사회에 들어와 제품을 팔기 위한 부수적인 역할로 간주되고 중요성 및 경제적 가치를 인정받기 시작하였다. 후기 산업사회에서는 서비스업종의 양적 팽창에 의해 제품산업과 대별(大別)되는 산업으로서 성장하게 되었고, 총생산 · 고용 · 소비지출 등 경제적 비중에서 오히려 서비스산업이 제품산업을 추월하여 '서비스경제화' 또는 '서비스사회'라고 할 정도로 서비스혁명이 이루어졌다.

(1) 경제학적 정의

경제학Economics 연구에서는 서비스는 제품과 구별하여 그 자체의 성격을 두고 그 자체의 경제학적 가치의 초점에 논쟁의 대상이 되었다.

중상주의자들은 화폐Money를 유일한 부로 간주했기 때문에 화폐를 생산하는 노동활동만을 생산활동으로 간주하였고, 18세기 들어서면서 중농주의자들은 토지만을 부의 유일한 대상이라고 보았기 때문에 상업활동 및 공업생산 활동은 비생산 활동이라고 보았다. 이후 스미스A. Smith가 서비스에 대한 생산·비생산적 활동에서 "비물질적이므로 표준이 어려운 서비스는 비생산 활동으로 규정"하면서 논의가 대두되기 시작하였다.

반면, 세이B. Say는 "생산이란 물질을 창조하는 것이 아니라 효용을 창조하는 것이며, 부의 원천은 물질이 아니라 효용"이라고 주장하며 스미스A. Smith의 주장에 반론하였다. 이 주장은 마샬A. Mashall에 의해 계승되고 발전되었다.

그에 의하면 "인간은 물질적인 물체를 창조할 수 없다."고 주장했다. 인간은 비록 물질적인 물체를 창조했다하더라도 물질적인 물체 그 자체가 인간의 욕구를 충족시키지 못하기 때문에 효용을 창조한 것에 불과하다. 그래서 모든 경제활동은 인간의 욕구를 충족시키기 위해 서비스를 생산하고 있다고 주장하였다.

비록 경제학적 측면에서 중상주의자나 중농주의자들에 의해 서비스는 유형재, 즉 재화와 구별되는 개념으로 비생산 활동으로 규정되는 측면도 있다. 중상주의자는 화폐를 부의 유일한 수단으로 보아, 화폐를 생산하는 모든 활동만을 생산활동으로 규정하고, 중농주의자들은 부의 유일한 수단이 토지라고 보아 서비스를 생산활동으로 보지 않았다.

그러나 세이B. Say, 마샬A. Mashall은 "인간은 결국 물질 그 자체에 의해 욕구를 충족시키는 것이 아니라, 물질 그 자체가 지닌 효용에 의해 요구를 충족시키기 때문에 효용을 증대시킬 수 있는 어떠한 노동활동도 모두 생산활동으로 규정해야 하므로 서비스는 중요한 생산활동"이라고 정의하고 있다.

오늘날 대다수의 경제학자들은 서비스경제화가 보편화되는 시점에서 서비스는 거의 모든 학자들에 의해 생산활동으로 보고, 현 경제를 이끄는 중요한 축이 되고 있다.

(2) 경영학적 정의

경영학자들은 서비스에 대한 정의를 다음과 같이 크게 활동론적 정의, 속성론적 정의, 봉사론적 정의, 인간 상호관계론적 정의 등 4가지 계보로 분류하고 있다.

① 활동론적 정의

미국마케팅협회American Marketing Association에 의하면 "서비스란, 판매를 위해 제공되거나 또는 제품의 판매에 관련해서 준비되는 제 활동, 편익, 만족"이라고 정의하고 있으며, 그 예로써 오락서비스, 호텔서비스, 전력서비스, 수송서비스, 이·미용서비스, 수리보수서비스, 신용서비스 등을 들고 있다. 이러한 활동론적 정의를 많은 연구자가 따르고 있는데, 대표적인 학자로는 스탠톤W. J. Stanton, 블로이스K. J. Blois 등이 있다.

② 속성론적 정의

속성론적 정의는 서비스의 한 가지 속성을 정의로서 들고 있다는 특징을 지니고 있다. 첫째는 '서비스는 무형재이다.'라는 정의로, 많은 경제학자 그리고 서비스의 정의를 내리지 않고 암묵적으로 무형계를 서비스로 인정하고 있는 학자들이 이 정의를 지지하고 있다. 대표적인 연구자로는 라스멜J. M. Rathmell이 있다. 둘째는 '소유권의 이전이 없는 재'를 서비스로 보는 정의이다. 대표적인 연구자로는 주드R. C. Judd가 있다.

③ 봉사론적 정의

봉사론적 정의는 서비스를 주종관계에서 볼 수 있는 것과 같이 '인간의 인간에 대한 봉사'라는 발상으로 규정하는 것이 이제까지의 통설이라고 보는 견해이다. 이러한 봉사론적인 정의는 〈백과사전〉 등에서 흔히 볼 수 있기 때문에 사전적인 정의라고도 할 수 있다.

일반인들이 흔히 서비스를 지칭할 때는 이러한 봉사적인 의미로서 서비스를 사용하는 경우가 대부분이다. 이와 같이 서비스를 봉사론적인 입장에서 인식되고 있다고 주장하는 대표적인 학자는 하버드대학 교수인 레빗T. Leviit이다. 그는 그렇기 때문에 현대적인 서비스는 종래의 그러한 전통적 발상에서 벗어나야 한다고 주장한다.

④ 인간 상호관계론적 정의

인간 상호관계론적 정의는, 광의로 보면 서비스는 인간 대 인간의 상호작용 관계에 의하여 성립하는 활동이라고 보는 견해이다. 그러므로 서비스는 "2자 간의 상황에서 육체면 · 정신면의 통합으로 발휘되는 인간적 활동이다."라고 정의한다. 여기서 2자 간의 상황은 서비스의 구매자와 판매자 간, 고객과 종업원 간의 상호작용 관계를 가리킨다. 물론 육체면 · 정신면의 통합체로서의 인간적 활동에 있어서는 항상 2자 간의 상황 하에서만 발생하는 것은 아니다. 그러나 3자 간 또는 다자 간의 상호작용 관계는 궁극적으로 보면 2자 간 관계가 복합적으로 형성된 것이다.

그리고 여기서 인간적 활동이란, 인간의 모든 활동을 가리키는 것이 아니라 교환 및 거래를 통하여 타인에의 제공을 전제로 하는 인간적 활동만을 지칭하며, 그러한 의미에서 인간적 활동 중 하나의 특수 형태라고 볼 수 있다.

4. 서비스의 특성

당초 마케팅은 치약, 자동차, 철강, 기계와 같은 물리적 제품과 관련을 맺고 발전하였다. 그러나 유형재와 서비스 간에 본질적인 차이가 존재하여, 재화 마케팅과는 다른 기법이 필요하다고 여기고 있다. 이는 실제로 서비스가 지닌 독특한 특성으로 기인하고 있는데, 그것은 무형성Intangibility, 불가분성Inseparability, 이질성Variability, 소멸성Perishability이다.

1) 무형성

서비스의 본질인 무형성Intangibility으로 인해 유형재인 옷, 자동차, 컴퓨터 등과 같이 형태를 가지고 있지 않다는 것이다. 따라서 서비스는 이들 유형재처럼 눈으로 보거나 손으로 쥐거나 혹은 냄새를 맡을 수 없다.

항공기에 탑승하기 전에 승객은 항공권과 목적지까지의 안전수송 약속 외에는 손에 쥐는 것은 아무것도 없다. 이 때문에 소비자는 서비스 구매에 있어 기업의 광고보다 사용 경험이 있는 다른 사람들의 구전에 크게 비중을 두게 된다. 또한 무형성에서 초래하는 불확실성을 줄이기 위해 구매자는 그 서비스에 관한 정보의 확신을 제공하는 유형의 증거를 찾게 된다. 예를 들면, 레스토랑을 찾는 고객은 레스토랑의 외관, 청결상태, 종사원의 용모 등 유형 요소를 통하여 서비스를 평가하게 된다. 따라서 많은 서비스기업들은 이러한 문제를 해결하기 위해서 유형 요소의 탁월성을 알림으로써 서비스의 우수함을 알리려 하고 있다.

그림 1.1은 넓은 의미에서 서비스업이나 제조업, 완전히 무형적이거나 유형적인 제공물은 거의 없다고 지적하였다. 실제로 서비스와 유형재의 구분은 이분법적으로 극명하게 나누어진다기보다는 연속선상에서 이루어지고 있다. 따라서 완전한 서비스업과 제조업은 존재할 수 없다. 예를 들면, 병원은 서비스업으로 분류되지만, 병실을 포함한 의료기기와 같은 많은 유형적인 요소도 가지고 있다. 제조업으로 분류되는 컴퓨터메이커는 제품보증과 보수, 교육서비스 등 많은 무형적인 요소를 제공하고 있다. 따라서 순수서비스나 순수재화는 거의 없다. 그러므로 일반적으로 서비스는 제공물이 무형적 요소가 지배적인 주도권을 가질 때에 관련된다.

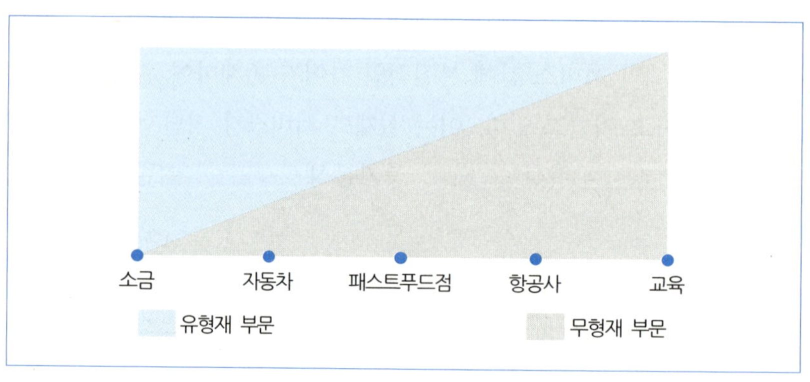

그림 1.1 유형재 – 서비스 스펙트럼

2) 불가분성

일반적으로 서비스는 서비스 제공자와 고객의 양자가 매매의 성립을 위해 그 장소에 함께 있어야 한다. 즉 의료서비스의 경우 의사가 진료를 하는 과정에는 반드시 환자가 그 장소에 함께 있어야 한다. 또한 의사가 진료하는 과정(생산)에서 바로 환자에게 전달(소비)된다. 따라서 접객 직원은 제품의 매우 중요한 일부가 된다.

예를 들면, 어느 의사가 훌륭한 진료를 했다하더라도 서비스를 제공하는 의사의 태도가 좋지 않았다면, 환자는 병원 진료의 종합적 평가를 낮추게 되고, 결과적으로 환자는 만족하지 못하게 된다.

불가분성Inseparability은 다른 고객도 제품의 일부라는 것을 의미한다. 어떤 연인이 어느 레스토랑을 조용하고 로맨틱하다는 이유로 선정했다면, 만약 큰소리로 떠들썩하게 대화하는 사람들이 같은 실내의 좌석을 차지하였다면 이 연인은 크게 실망하게 될 것이다. 그러므로 지배인은 다른 고객의 불만족 원인이 되지 않도록 고객을 관리해야 한다.

다른 하나의 불가분성은 고객과 직원이 서비스 제공 시스템을 잘 이해하고 있어야 한다. 어떤 호텔의 투숙객이 프런트의 직원에게 호텔객실 내에 있는 금고Safety Box의 사용법을 문의하였는데, 사용법을 정확히 알지 못하여 손님을 분개하게 만드는 문제를 유발시킨다. 이러한 모든 것은 접객 직원의 교육 부재에서 발생되는 경우가 많다. 따라서 서비스 제공에 대한 접객 직원의 충분한 교육이 수반되어야 한다.

3) 이질성

이질성Variability은 표준화되어 대량 유통되는 유형재들과는 달리 서비스는 매우 이질적이다. 서비스의 질은 그것을 누가, 언제, 어떻게 제공하는가에 달려 있다.

서비스는 생산과 소비가 동시에 완료되기 때문에 질적 수준의 관리에는 한도가 있다. 수요의 변동은 수요의 성수기에 일정한 품질을 제공하는데 곤란을 수반한다. 서비스의 제공자와 고객 간의 빈번한 접촉은 제품의 일관성이 교환시점에서 서비스 제공자의 기술과 성과에 달려있다는 것을 의미한다.

고객은 어느 날 좋은 서비스를 받고, 그 다음 날은 직원으로부터 평범한 서비스를 받는 일도 있다. 평범한 서비스의 경우에는 서비스 제공자의 기분이 좋지 않든가, 또는 그가 감정적인 문제를 끌어안고 있을지도 모른다. 제품의 변동성 또는 일관성의 결여는 서비스기업에 있어서 고객불만의 주요 원인이 된다.

4) 소멸성

서비스는 저장할 수가 없다. 100실을 보유한 호텔이 어느 날 밤 50실 밖에 투숙하지 못한 것을 다음 날 밤에 몰아서 150실을 투숙할 수는 없는 것이다. 그러므로 나머지 50실을 투숙하지 못하여 잃어버린 수입은 영구적으로 사라지는 것이다.

반면에, 성수기에 손님이 많은 경우에는 추가적인 생산이 어렵기 때문에 기회손실이 발생하기도 한다. 이에 따라 서비스기업에 있어서 성수기와 비수기의 타개책 마련, 즉 수요Demand와 공급Supply의 적절한 관리는 기업 성공의 가장 우선적인 과제로 여겨진다. 소멸성Perishability을 이유로 어느 호텔은 가령 고객이 그곳에 체크인을 하지 않은 경우에는 고객에게 보증된 예약확보 요금을 징수하고 있다. 레스토랑에서도 예약을 해두고 나타나지 않은 고객에게 요금을 징수하고 있다. 즉 예약을 해두고도 오지 않을 경우, 그 좌석을 판매할 기회를 상실한데 대한 보상으로 이해되고 있다.

종사원에게 다양한 직능교육을 통하여 순환배치하거나 유휴설비의 투입을 통해 생산성을 증가하려는 방안을 모색하기도 하며, 성수기에는 파트타임Part-time으로 종사원을 고용해 비수기를 대비하기도 한다. 비수기에는 다양한 판촉활동을 통해 시설의 활용도를 높이려는 방안을 강구하기도 한다.

표 1.1 서비스의 특성에 따른 문제점과 대응전략

서비스의 특성	문제점	대응전략
무형성	• 특허가 곤란하다. • 진열이나 설명이 곤란하다. • 가격설정의 기준이 곤란하다.	• 실제적 단서를 강조하라. • 구전활동을 적극 활용하라. • 기업이미지를 세심히 관리하라. • 가격결정 시 구체적인 원가분석을 실행하라. • 구매 후 커뮤니케이션을 강화하라.
불가분성	• 서비스 제공 시 고객이 개입한다. • 집중적인 대량생산이 곤란하다.	• 종업원의 선발 및 교육에 세심한 고려를 해라. • 고객관리를 철저히 하라. • 여러 지역에 서비스망을 설치하라.
이질성	• 표준화된 품질통제가 곤란하다.	• 서비스의 공업화 및 개별화 전략을 시행하라.
소멸성	• 재고로서 보관하지 못한다.	• 수요와 공급관리 조화를 이루어라.

5) 서비스의 부수적 특성

① 노동집약적인 것이 많다 : 사람에게 의존하는 부분이 많고, 단품 생산적 요소가 강하며 인건비의 비율이 크다. 또한 하이터치High Touch 부분이 중요한 의미를 가지고 있다.

② 서비스의 공급과 재고 조절이 곤란하다 : 무엇보다도 서비스의 생산에는 재고와 저장이 불가능하므로 재고 조절이 곤란하다.

③ 서비스 수급에는 시간적 · 공간적 조절이 중요한 요소가 된다 : 교통기관 이용 시 통근시간 중의 러시아워, 휴일이나 연휴의 행락지 혼잡 등은 흔한 예이다. 시차출근이나 병원예약, 미용실의 시간예약은 그 대응책이다.

④ 서비스 공급에는 소비자의 참가가 불가결한 경우가 많다 : 이것은 생산과 소비의 동시성에 의한 것이다. 예를 들어, 이발은 타인이 대신하여 이발서비스를 제공받을 수 없다.

⑤ 서비스의 수요는 궁극적으로 소비자의 만족을 목적으로 한다 : 유형재의 가격은 수요와 관계가 있지만, 기본적으로는 생산비에 의해 결정된다. 반면, 서비스의 가격은 구입자의 만족과 효용에 의해 영향을 받는 게 다반사이다. 그 만족을 얻기 위해서는 기꺼이 이 정도는 지불한다고 하는 생각이 전제되는 경우가 많다.

⑥ 제공되는 서비스의 개성화가 뚜렷하다 : 그 효용은 수요자의 주관으로 평가되는 경우가 많다. 또한 서비스는 제공된 후에야 서비스의 질을 판정할 수 있으며, 서비스질의 균일화가 어렵다.

⑦ 소득의 증감에 따라 서비스의 수요에 대한 증감의 진폭이 심하다 : 서비스는 경기 동향에 크게 좌우되기 쉬운 측면을 가지고 있다. 일반적으로 소득의 증대에 따라 가계의 서비스 지출 비중은 증가하는 경향이 있고, 불경기나 소득의 감소에 따라 서비스 지출이 감소하는 경향이 있다.

02 서비스의 분류

1. 서비스 분류의 중요성

일반적으로 서비스 분류에 대한 이론적 연구가 적은 것은 서비스가 지닌 자체의 특성인 무형성Intangibility, 불가분성Inseparability, 이질성Variability, 소멸성Perishability 등 그 자체의 독특한 특성으로 인해 평가하기가 쉽지 않기 때문이다. 그럼에도 불구하고 체계적인 서비스 분류는 특정서비스에 대한 유사성 및 차이점을 파악하는데 도움을 줄 수 있고, 나아가 마케팅 관리자에게 마케팅 전략을 수립할 수 있다. 동일한 타입의 서비스는 동일한 유형의 도전을 받고, 동일한 타 유형의 서비스는 동일한 전략 수립이 가능하기 때문이다.

표 1.2 국내 서비스의 분류

생산관련 서비스	• 도 · 소매업 • 운수, 보관, 통신업 • 기업 서비스업	• 음식 · 숙박업 • 금융, 보험, 부동산 임대업
소비관련 서비스	• 교육, 연구 서비스 • 사회 서비스 • 공공 서비스	• 보건, 사회보장 서비스 • 개인 서비스 • 기타 서비스

2. 서비스 분류체계

1) 투입산출에 따른 분류

모리스와 존슨Morris & Jornston은 서비스를 프로세스로 정의하면서 세 가지 투입 요소를 제시하였다.

(1) 고객처리서비스

고객 자신이 일정한 투입물이 되어 자신이 직접 하나의 서비스시스템에 들어가게 된다. 자신이 직접 호텔 객실에 투숙하고, 레스토랑에서 직접 식사를 하며, 직접 항공기에 탑승한다. 이처럼 보통 고객이 서비스시스템 내에 있어야 하지만, 인터넷을 비롯한 전산매체를 통해 원거리에서도 서비스 제공이 이루어질 수 있다. 즉 인터넷을 통해 항공예약을 하거나 인터넷을 통해 호텔을 예약할 수도 있다.

(2) 소유물처리서비스

이 서비스는 고객이 지닌 소유물을 판매자에게 요구할 때 발생된다. 예를 들면, 호텔에 투숙한 고객이 객실의 TV가 고장이 났다는 사실을 알고 객실의 변경 및 수리를 요구하게 되는데, 이 때 발생되는 서비스이다.

(3) 정보처리서비스

최근 정보통신의 발달로 인해 가장 보편화된 서비스라고 할 수 있다. 직접 대면 혹은 텔레커뮤니케이션을 통해서 이루어진다. 이때의 산출물은 사진, 그림, 문서, 데이터 등의 다양한 형태로 제공한다. 이와 같이 효과적인 정보의 수집과 처리와 관련된 서비스로는 항공예약서비스, 호텔예약서비스, 레스토랑 예약, 법률, 교육, 물품구매 등 다양하게 들 수 있다.

2) 속성에 따른 분류

러브락Lovelock은 1964년부터 구체화되기 시작한 서비스의 분류 구조 연구를 종합한 후, 새로운 구조를 추가한 가장 정교한 분류 구조를 제시하였다. 그 기준은 서비스 행위의 성격, 서비스 조직과 고객 간의 관계 유형, 서비스 제공자의 재량이나 고객의 욕구응대의 기회, 서비스 수요의 특성, 서비스의 제공방식, 서비스의 속성 등 총 6가지이다. 서비스의 분류에 있어서 기준에 따라 겹치는 서비스상품들이 많으므로, 처음으로 나온 예시의 경우만 특정상품의 예를 들도록 한다.

(1) 서비스 행위의 성격에 따른 분류

서비스 행위를 직접 받는 대상이 사람인가 혹은 사물인가와, 또 그 행위가 유형적 행위인가 혹은 무형적 행위인가에 따라 서비스를 다음과 같이 4가지로 분류할 수 있다. 이러한 분류 구조가 유용한 이유는 서비스제품의 본질과 그것이 제공하는 핵심 편익을 이해하는 데에 도움을 주기 때문이다.

첫째, 서비스 행위의 대상이 사람이면서 그 행위가 유형적인 경우는 신체에 대한 서비스라고 볼 수 있다. 따라서 이 경우에 고객은 서비스 제공 전 과정에 참여해야 한다. 구체적인 상품의 예로는 병원의 사랑니 발치수술, 호텔의 숙박서비스, 스포츠센터의 헬스시설 이용, 미용실의 퍼머서비스 등을 들 수 있다.

둘째, 서비스 행위의 대상이 사물이면서 그 행위가 유형적인 경우는 일반제품이나 물적 소유에 관련된 서비스라고 볼 수 있다. 따라서 이 경우에 고객은 일반적으로 서비스의 계약과 종결의 시점에만 나타나고 그 과정에는 참여하지 않는다. 구체적인 상품의 예로는 택배서비스, 휴대폰단말기 AS, 이불세탁서비스, 바닥왁스서비스 등이 있다.

셋째, 서비스 행위의 대상이 사람이면서 그 행위가 무형적인 경우는 정신에 대한 서비스라고 볼 수 있다. 따라서 이 경우에 고객은 신체적뿐만 아니라 정신적으로 서비스에 참여하게 된다. 구체적인 상품의 예로는 공영방송의 공익광고서비스, 농업진흥청의 농업컨설팅서비스, 대학의 영어캠프 프로그램, 국립중앙박물관의 유물전시서비스 등이 있다.

넷째, 서비스 행위의 대상이 사물이면서 그 행위가 무형적인 경우는 무형자산에 대한 서비스라고 볼 수 있다. 따라서 이 경우 고객은 서비스 조직에 전반적인 것을 위임하나 그 과정에 부분적으로 참여하게 된다. 구체적인 상품의 예로는 은행의 청약예금서비스, 소송대행서비스, 감사서비스, 암보험서비스 등을 들 수 있다.

표 1.3 서비스 행위의 성격에 따른 분류

서비스 행위의 성격	서비스 수용 주체	
	사 람	소유물
유형 활동	인간 육체를 향한 서비스 : 호텔, 항공사, 미용실, 헬스클럽, 레스토랑, 이발소 등	재화와 기타 물리적 소유물을 향한 서비스 : 화물수송, 세탁소, 잔디 깎기, 산업정비 수리
무형 활동	인간 정신을 향한 서비스 : 교육, 극장, 박물관, 방송	무형자산을 향한 서비스 : 은행, 보험, 법률서비스, 보완

(2) 서비스 조직과 고객 간의 관계 유형에 따른 분류

서비스 조직과 고객 간의 관계가 회원 관계이냐 혹은 비공식적인 관계이냐, 서비스 제공이 계속적이냐 혹은 단속적이냐에 따라 서비스를 다음의 4가지로 분류할 수 있다.

표 1.4 서비스 조직과 고객 간의 관계 유형에 따른 분류

서비스 유통의 성격	서비스 조직과 고객 간의 관계	
	회원 관계	비공식적 관계
연속적인 서비스 유통	은행, 보험, 유선방송, 헬스클럽	경찰서비스, 라디오방송, 공공도로
불연속적인 거래	전화가입자의 장거리 전화, 보상수리	차 임대, 공중전화, 대중교통, 극장, 우편, 레스토랑

첫째, 고객과의 관계 유형이 회원 관계이면서 서비스 제공이 계속적인 경우는 은행의 저축예금서비스, 일반전화서비스, 종신보험서비스, 대학교의 학사학위서비스 등을 들 수 있다.

둘째, 고객과 비공식적인 관계이면서 서비스 제공이 계속적인 경우의 대표적인 예는 흔히 공공재라 불리는 것들이다. 정규 라디오방송 프로그램, 경찰서의 방범서비스, 등대의 유도표지, 무료 고속도로 이용 등이 있다.

셋째, 고객과의 관계 유형이 회원 관계이면서 서비스 제공이 단속적인 경우는 002 국제전화서비스, 한국철도공사의 주중정기승차권, 지하철 학생정액권, 사랑티켓의 개인회원 공연관람비 지원서비스 등이 있다.

넷째, 고객과 비공식적인 관계이면서 서비스 제공이 단속적인 경우는 렌터카회사의 한시적 수입차량 렌트서비스, 우체국의 등기서비스, 유료 고속도로인 고속도로 이용, 영화관에서의 영화관람, 공중전화 이용 등이 있다.

고객과 회원 관계를 가지게 되면, 그들이 어떻게 서비스를 이용하고 있는지를 기록으로 분석할 수 있기 때문에 특정시점의 고객 파악이 용이하다. 이러한 경우 회원 서비스를 제공함으로써 고객은 여러 가지 면에서 높은 편익을 얻을 수 있으며, 이에 따라 서비스 조직에 대한 충성도를 높일 수 있다. 그러나 회원 관계이더라도 거래가 단속적인 경우, 기업은 고객의 성격이나 소비목적 등을 알기가 어렵다.

아울러 서비스 관계의 성격은 가격정책에도 영향을 미친다. 서비스가 계속적으로 제공되는 경우, 계약서비스에 대해 일정기간에 걸친 비용을 청구하는 것이 보통이다. 그러나 서비스가 단속적으로 확인 가능하게 이루어지면 각 거래에 대해 비용처리를 할 수 있다. 이는 고객이 서비스를 낭비적으로 이용하는 것을 막게 해준다.

(3) 고객별 서비스의 변화와 재량의 정도에 따른 분류

서비스 제공에 있어서 서비스의 특성이 어느 정도로 고객의 주문대로 개인화 될 수 있는지와, 개별적인 고객의 요구를 처리하는데 있어 서비스 제공자가 발휘하는 재량의 정도를 가지고, 다음과 같이 4가지로 분류할 수 있다.

표 1.5 고객별 서비스의 변화와 재량의 정도에 따른 분류

개별고객에 대한 서비스 제공자의 재량발휘 정도	서비스 정도	
	고	저
고	법률서비스, 건축설계, 보건, 부동산, 미용	정규교육, 건강관리프로그램
저	호텔서비스, 레스토랑, 전화서비스	간이음식점, 영화관, 일상가전제품 수리, 스포츠관람

첫째, 고객에 따라 서비스를 변화시킬 수 있는 정도가 높으면서 종업원이 고객욕구에 따라 발휘하는 재량 정도가 높은 경우의 예로는, 고객과 일대일로 대응하는 전문성이 높은 서비스들이 대표적이다. 변호사, 외과의사, 가정교사, 건축디자인 등의 서비스가 이에 해당한다.

둘째, 고객에 따라 서비스를 변화시킬 수 있는 정도가 낮으면서 종업원이 고객욕구에 따라 발휘하는 재량 정도가 높은 경우의 예로는, 대형 강의와 건강관리프로그램 등이 있다. 이런 경우에는 서비스 제공자의 전문성이 뛰어나지만, 고객은 예정된 서비스만 제공받는다.

셋째, 고객에 따라 서비스를 변화시킬 수 있는 정도가 높으면서 종업원이 고객의 욕구에 따라 발휘하는 재량 정도가 낮은 경우의 예로는 전화, 호텔, 은행, TGIF와 같은 고급식당서비스 등이 있다. 이런 경우 고객의 욕구는 매우 다양하고 높은 것에 비해 서비스의 질이 부응하지 못하는 상황이 발생할 수 있으므로, 이것에 초점을 맞추어 마케팅 전략을 수립해야 한다.

넷째, 고객에 따라 서비스를 변화시킬 수 있는 정도가 낮으면서 종업원이 고객욕구에 따라 발휘하는 재량 정도가 낮은 경우의 예로는 대중교통, 영화관람, 스포츠관람, 패스트푸드점 등이 있다. 이 때 고객은 표준화된 서비스만을 제공받는 성격이 강하다.

(4) 수요와 공급의 관계에 따른 분류

제조기업의 경우, 수요변동에 따라서 재고를 조절할 수 있으나, 서비스의 경우는 그것이 불가능하다. 이러한 측면에서 서비스를 수요변동의 정도와 공급의 제약 정도에 따라 다음과 같이 4가지로 분류할 수 있다.

표 1.6 수요와 공급의 관계에 따른 분류

공급이 제한된 정도	수요의 변동 정도	
	많 음	적 음
성수기 수요를 충족시킬 수 있음	전기, 전화, 천연가스 등	보험, 법률, 은행, 세탁물서비스
성수기 수요에 공급능력이 부족	여객수송, 호텔, 식당, 극장 등	위와 유사하나 근본적으로 시설능력이 불충분함

첫째, 시간에 따른 수요의 변동성이 많고 피크 수요를 충족 가능한 경우는 전기, 전화, 소방, 천연가스, 병원분만실, 경찰, 소방서비스 등이 있다. 이 경우 서비스 조직은 최대 수요기간 이외의 초과 수요를 가용할 수 있다.

둘째, 시간에 따른 수요의 변동성이 적고 피크 수요를 충족 가능한 경우는 보험, 법률, 은행, 세탁물서비스 등이 있다. 이 경우 서비스 조직은 수요와 수용 규모의 지속적 확대를 도모할 것인지 현상유지를 계속할 것인지를 결정해야 한다.

셋째, 시간에 따른 수요의 변동성이 많고 피크 수요를 충족 불가능한 경우는 회계서비스, 고속버스, 기차, 비행기 등의 여객수송서비스, 그리고 호텔, 식당, 극장 등이 있는데, 이들은 수용 규모가 현재의 수요 수준을 충족시키거나 초과할 수 있을 때까지 잠정적 수요 조정을 할 필요가 있는 성장조직이다.

넷째, 시간에 따른 수요의 변동성이 적고 피크 수요를 충족 불가능한 경우는, 시간에 따른 수요의 변동성이 적고 피크 수요를 충족 가능한 경우와 유사하면서 동 업종의 기본수준에 미달되는 수용 능력을 갖는 서비스이다. 이 경우 서비스 조직은 수요의 진작과 감소를 포함하는 적정 수요의 수용규모 문제에 당면한다.

(5) 서비스 제공방식에 따른 분류

서비스를 서비스 제공방법과 관련된 문제, 즉 고객과 서비스 조직과의 상호작용과 서비스 판로의 가용성에 따라 분류할 수 있다. 이는 고객이 서비스기관으로 오느냐, 서비스기관이 고객에게 가느냐, 아니면 다른 매개물을 이용해서 거래하느냐와 서비스를 한 개의 단일 점포를 통해서 제공하느냐 혹은 여러 점포를 통해 제공하느냐의 여부로 분류한 것이다.

표 1.7 서비스 제공방식에 따른 분류

고객과 서비스 조직과의 상호작용	서비스시설	
	단일 입지	복수 입지
고객이 서비스 조직으로 감	극장, 미용실, 독립호텔	버스, 패스트푸드
서비스 조직이 고객에게 감	택시, 목욕탕	우편배달, 긴급차 수리
원거리에서 떨어져 거래함	신용카드, 지역TV방송	전화, 방송네트워크

첫째, 서비스 지점이 단일 입지이면서 고객이 서비스기업으로 가는 경우는 극장, 이발소, 미용실 등이 있다. 하지만 최근 서비스의 신속성, 일관성, 저가격을 중시하는 소비성향으로 많은 서비스 조직에서 규모의 경제를 이용하는 소위 '서비스의 산업화'를 도입하여, 극장, 이발소, 미용실도 복수지점의 형태를 가진 경우가 많다. 대규모의 뮤지컬이나 콘서트 같은 경우도 좋은 예이다.

둘째, 서비스 지점이 복수 입지이면서 고객이 서비스기업으로 가는 대표적인 예로는 버스, 패스트푸드점을 들 수 있다. 서비스기관으로 고객이 가는 것이 일반적이기는 하나 고객의 입장에서는 불편한 것이 사실이다.

셋째, 서비스 지점이 단일 입지이면서 서비스기업이 고객에게 가는 경우는 잔디관리서비스, 택시, 세스코 방역서비스 등이 있다. 이렇게 서비스기관이 고객에게 오는 경우는 편리한 만큼 가격이 높아진다.

넷째, 서비스 지점이 복수 입지이면서 서비스기업이 고객에게 가는 경우는 우편배달서비스, 삼성애니카의 긴급자동차 수리서비스 등이 있다. 판로가 많은 경우 고객은 편리하나 서비스품질의 일관성이 문제가 될 수 있다.

다섯째, 서비스 지점이 단일 입지이면서 떨어져 거래하는 경우는 신용카드서비스, 지역 케이블TV와 같은 지방TV 방송서비스 등이 있다. 서비스 조직과 고객이 접촉할 필요가 없으면 정보 획득, 예약, 지불 등과 같은 것은 전화, 팩스, 우편, 이메일 등을 이용할 수 있다.

여섯째, 서비스 지점이 복수 입지이면서 떨어져 거래하는 경우의 예로는 방송네트워크, 전화국 등의 통신망서비스가 있다.

(6) 서비스상품의 특성에 따른 분류

서비스를 인적 속성과 물적 속성에 따라 4가지로 분류한다. 서비스업체와 고객 간의 관계가 밀접할수록 인적서비스, 장비, 시설은 서비스재에 있어 더욱 중요한 구성요소가 된다. 또한 서비스 제공과정은 서비스 획득에 있어 고객이 경험하는 부분이 된다.

표 1.8 서비스상품의 특성에 따른 분류

서비스상품 특성에 따른 분류		서비스가 설비 및 시설에 근거한 정도	
		높 다	낮 다
서비스가 사람에 근거한 정도	높다	특급호텔, 병원	경영컨설팅, 회계
	낮다	지하철, 렌터카	전화

첫째, 서비스가 설비 및 시설에 근거한 정도가 높으면서 사람에 근거한 정도가 높은 경우는 일류호텔의 숙박 및 룸서비스, 병원의 의료서비스, 대한항공의 여객수송서비스 등이 있다.

둘째, 서비스가 설비 및 시설에 근거한 정도가 낮으면서 사람에 근거한 정도가 높은 경우는 경영컨설팅, 공인회계 감사서비스 등을 들 수 있다. 최근 ERP 등의 소프트웨어의 발달로 이러한 서비스의 효율성도 많이 증진되었으나, 서비스의 핵심적인 부분은 인력이 반드시 필요하다.

셋째, 서비스가 설비 및 시설에 근거한 정도가 높으면서 사람에 근거한 정도가 낮은 경우는 지하철, 자동차 렌트서비스 등을 들 수 있다.

넷째, 서비스가 설비 및 시설에 근거한 정도가 낮으면서 사람에 근거한 정도가 낮은 경우는 전화서비스를 들 수 있다.

TOURISM SERVICE

CHAPTER 02

관광산업과 서비스

01 관광산업의 의의

1. 관광산업의 정의

하나의 산업은 사업체 또는 법인, 그리고 그들을 위해 일하는 사람들의 집단이다. 자동차산업, 보험산업 그리고 통신산업은 이미 잘 알려진 산업의 본보기이다.

산업Industry이란, 제품 및 서비스를 말하며 제품은 개발되고, 제조되고, 성장되고, 만들어진 물건이다. 그것은 구매자에 의해서 소비 또는 사용된다. 자동차, 트랙터, 철광석 등은 제품의 예이다. 반면에, 서비스는 누군가에게 혜택을 주는 행위 또는 실행이다. 소득세를 계산하기 위해 공인회계사를 고용한다거나 감기에 걸려 의사에게 진찰을 받는다면 서비스를 구매하는 것이 된다. 관광산업의 주요 핵심 부문은 고객에게 제공되는 서비스이다.

관광산업은 글자 그대로 관광을 이루고 있는 산업을 지칭하며, 협의의 제3차 산업을 말할 때 주로 관광산업을 가리킨다. 특히 관광산업은 국제관광과 국내관광을 포함한 것을 의미하며, 때때로 관광사업과 동의어로 쓰이고 있다.

2. 관광산업의 구성요소

관광산업은 관광객들에게 제품과 서비스를 제공하는 수많은 기업들로 구성되어 있다. 이러한 기업은 중소기업에서 다국적 기업에 이르기까지 매우 다양하다. 길가의 조그만 여행사 대리점에서부터 세계적인 항공사에 이르기까지 관광산업은 매우 방대하다. 기업의 기능에 따라 관광기업들은 7가지 서비스 부문으로 분류될 수 있다.

관광산업에서 교통운송 분야는 가장 기초적인 세 가지 요소의 서비스를 제공한다. 이러한 분야는 관광객이 가고자 하는 목적지로 운반해준다.

① 항공교통서비스 부문

② 육상교통서비스 부문

③ 해상교통서비스 부문

다음의 두 가지 요소는 관광객들에게 위락, 휴식, 위안을 제공한다.

① 숙박 및 회의참가서비스 부문

② 여가관련서비스 부문

다음의 두 가지 요소는 관광객에게 상기의 5가지(항공, 육상, 해상, 숙박, 여가시설) 구성요소들의 제품과 서비스를 유통 · 전달 · 소구하는 역할을 담당한다.

① 관광마케팅서비스 부문

② 관광유통서비스 부문

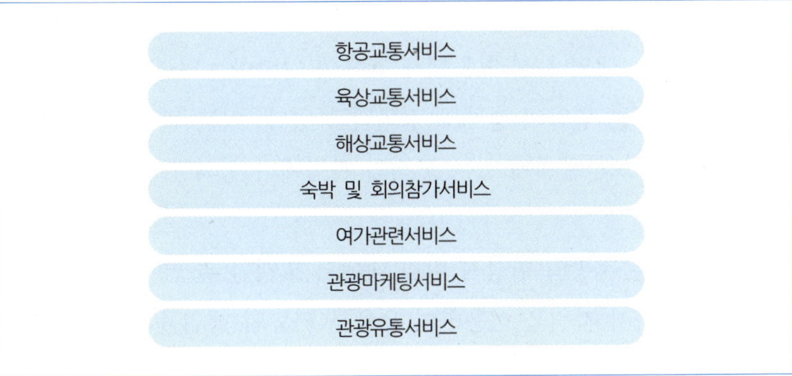

그림 2.1 관광산업의 구성요소

02 관광서비스

1. 관광서비스의 개념

서비스의 개념 변화에 따라 관광서비스의 개념도 변화하고 있다. 관광서비스는 기능적 관점, 사업적 관점 및 구조적 관점에서 정의되고 있다. '기능적 관점'의 정의는 관광기업의 수익증대에 기여하기 위한 종사원의 헌신적 봉사 자세와 업무에 대하여 최선을 다하는 태도, 즉 세심한 봉사정신이며, '사업적 관점'의 정의로는 관광기업의 활동을 통하여 고객인 관광객이 호감과 만족을 느끼게 함으로써 가치를 창출하는 지식과 행위의 총체로 정의되고 있다. '구조적 관점'에서의 관광서비스는 관광기업이 기업 활동을 함에 있어 관광객의 요구에 맞춰 소유권의 이전 없이 제공하는 상품적 의미의 무형의 행위 또는 편익의 일체로 정의되고 있다. 그 밖에 전문서비스로서 관광서비스를 관광사업의 영업효과에 직접 관련되는 촉매요소로서 작용하는 정신적 배려행위로 정의하고 있다.

그러나 관광서비스의 개념들에서는 기업의 궁극적 목적인 이윤추구의 관점에서 보는 견해가 많다. 한편, 관광서비스를 관광기업 및 조직이 고객의 욕구를 충족시키기 위해서 제공되는 모든 인간적 활동, 혹은 관광 활동 내의 고객인 관광객을 위해 제공되거나 부수되는 행위나 성과에 의해 효용이 나타나는 소유권 이전이 수반되지 않는 무형적 행위 또는 편익의 총체로 정의되고 있다. 이는 관광서비스를 단순소비자가 아닌 지속적인 교환관계에 있는 고객의 관점에서 정의함으로써 변화된 것으로 볼 수 있다.

결국 관광서비스는 관광의 현상적 범위 내에서 고객인 관광객의 욕구를 충족시켜 주기 위해 가능한 여러 자원을 이용하여 유용한 기능의 행위를 다하는 것이라고 할 수 있다.

2. 관광서비스의 구성

관광서비스의 요체는 인적 서비스라고 할 수 있고, 인적 서비스에 시스템 및 물적 설비가 갖추어 훌륭한 관광상품이 창출되는 것이다. 따라서 기본적인 인적 서비스를 완벽하게 구사하는 것이야말로 관광기업의 성공적 지름길인 것이다.

여기서 관광서비스를 구성하는 요소를 기본적 서비스와 실제적(응용적) 서비스로 대별하여 나열하면 다음과 같다.

1) 기본적 서비스

기본적 서비스는 모든 관광산업에서 기본이 되는 기초적인 예절 및 업무서비스를 말하며 비서직서비스와 유사한 점을 많이 내포하고 있다. 여기에는 인사예절, 말씨, 전화예절, 복장예절 등을 들 수 있다.

2) 실제적 서비스

실제적 서비스는 여러 업종에 따라 다양하게 전개되며, 기본적 서비스의 응용과 해당 특수 업무에 관한 고객서비스로 이루어진다.

① 숙박서비스(현관, 객실서비스)
② 식음료서비스(식당, 연회, 외식)
③ 여행서비스(여행인솔, 예약, 카운터, 수배, 판매)
④ 항공서비스(예약, 발권, 객실, 판매, 지상서비스)
⑤ 육상서비스(철도, 버스, 렌터카)
⑥ 해상서비스(크루즈)
⑦ 판매서비스(면세점, 토산품판매점, 기타 판매서비스)
⑧ 관광객이용시설서비스(유원시설업, 골프장, 스키장, 사우나 등 고객서비스)
⑨ 카지노서비스(영업, 고객관리, 마케팅)
⑩ 국제회의서비스(기획, 준비, 진행)

무형의 상품은 유형의 상품과는 전혀 다른 서비스가 고려되어야 한다. 즉 무형의 상품은 서비스가 별도로 분류될 수 없다는 것이다. 반드시 몇 가지의 요인이 결합될 때 정형화 된 상품으로서 제구실을 할 수 있다. 예를 들면, 호텔Hotel에 투숙한 고객은 여러 가지 복합적인 서비스를 받을 수 있다. 이는 다른 표현을 하자면, 호텔이라는 커다란 건물은 객실청소를 하는 하우스키퍼House Keeper, 음식을 만드는 주방의 요리사, 교환원, 벨맨, 도어맨 등 여러 사람의 종합적인 노력 없이는 호텔로서의 제구실을 할 수 없다. 따라서 관광 상품은 서비스가 항상 결합되어져 있다고 할 수 있다.

03 환대서비스

1. 환대서비스의 개념

환대Hospitality라는 단어의 어원은 원래 라틴어의 Hospice, 즉 "lace of entertainment or of shelter(위락이나 쉼터의 장소)"라는 의미에서 파생되었다고 할 수 있다. 환대서비스라고 하는 것은 케이터링Catering, 숙박, 여가시설과 같은 상업적 설비와 관계있는 것이며, 일반적으로 수입부서와 지출부서로 나뉘어서 분류하고 있다. 환대서비스에 제공되는 것은 유형적인 것과 무형적인 것으로 구성되어져 있으며, 이것은 모두 고객의 요구와 욕구를 충족시키기 위해 서비스 제공자가 관리 · 감독하고 있다.

고객과 서비스 제공자와의 관계는 바로 서비스가 제공되는 시점에서 발생하게 되는데, 즉 고객과 서비스 제공자라고 할 수 있는 종업원의 행동에 의해서 고객 스스로가 서비스만족 정도를 결정한다.

나이론Nailon(1981)은 "대부분의 고객과 관련된 많은 문제점은 서비스 제공자와 고객 간의 결과에 대해서 충분하게 이해하지 못하기 때문에 발생한다."고 하였다. 또한 캐시Cassee(1983)도 고객의 행동과 환대서비스를 제공하는 제공자에 중점을 둔 경험적인 연구의 필요성을 제시하였다.

2. 환대서비스 유형

서비스산업에서는 서비스 제공자가 어떤 정신(사명감, 희생, 호스피탈리티Hospitality 등)과 태도(서비스 자세, 동작의 숙련도, 고객과의 응대수준 등)로 서비스를 제공하며, 얼마나 전문성이 있으며 기술의 숙련도는 어떠한가에 따라 평가를 받는다.

다시 말해, 서비스는 제공자의 정신자세는 어떠한가, 제공자가 어떤 태도로 서비스를 제공하는가, 서비스를 제공하는 자의 업무적 숙련도는 어느 정도인가 등을 중심으로 고객에게 평가되며 가치가 결정된다.

기업이 행하는 서비스는 경영이념과 관련된 정신적 서비스, 종업원의 태도적 서비스, 그리고 희생적 서비스로 분류되는데, 이 모든 서비스가 하나의 실체로 제공됨으로써 고객의 총체적인 만족요인으로 작용하게 된다.

(1) 정신적 서비스

서비스의 기본이 되는 정신적 서비스는 고객을 만족시켜 줌으로써 기업이 이익을 얻고 번영한다는 고객만족 제일주의 경영철학이다. 이는 고객관계경영CRM : Customer Relation Management의 기초가 된다.

(2) 태도적 서비스

서비스를 제공하는 사람의 태도(접객 태도, 표현, 표정, 동작, 옷차림, 몸치장, 마음가짐)로 나타나는 서비스이다.

(3) 업무적 서비스

눈에 보이지 않는 무형의 상품, 그것 자체가 하나의 업무로써 대가의 대상이 되는 서비스이다. 예를 들면, 여행상품, 호텔서비스, 레스토랑서비스, 법률서비스, 정보서비스 등 기업의 판매상품 자체나 그에 부가되는 서비스이다.

(4) 희생적 서비스

특정의 상품을 값을 받지 않고 그냥 준다든가, 아주 값싸게 제공한다든가 하는 기업의 희생적 행위로 제공하는 서비스이다. '서비스 = 공짜'라는 인식은 이러한 희생적

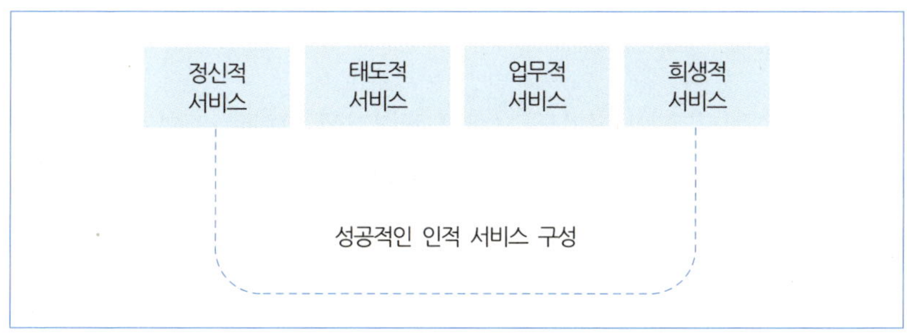

그림 2.2 성공적인 인적 서비스 구성

서비스만이 서비스라고 생각한데서 비롯된다. 예를 들면, 맥줏집에서 맥주를 시키면 그냥 주는 '팝콘'이 대표적이라 할 수 있다. 또한 호텔에 투숙할 때 호텔 객실의 냉장고에 비치되어 있는 '생수'도 여기에 해당된다.

3. 서비스의 실행프로세스

서비스의 실행프로세스는 인적 서비스와 물적 서비스, 사전 서비스, 판매 서비스, 사후 서비스라는 통합된 모든 과정이 대상이 된다. 서비스 제공자의 태도나 언어, 업무 실행절차, 분위기, 인테리어 등 결합되어 예약부터 환송까지 전체 서비스의 품질을 결정짓는다.

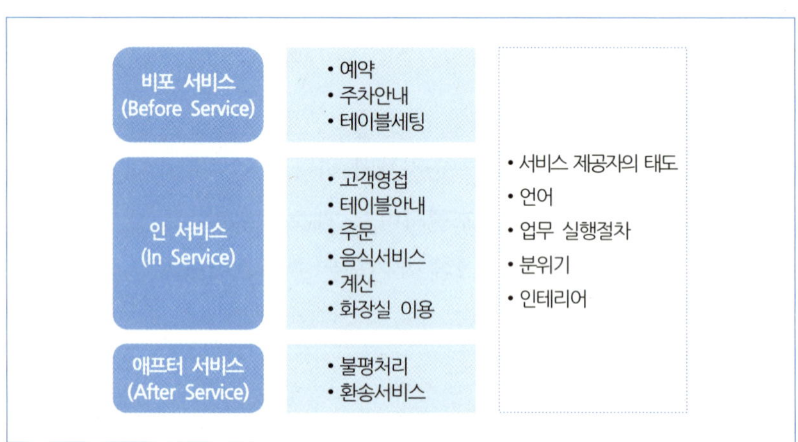

그림 2.3 식당서비스 프로세스

4. 서비스품질

환대서비스Hospitality Service의 평가는 고객의 개별적인 상황과 주관적 판단에 의해 크게 달라지므로, 서비스 제공자는 정해진 표준매뉴얼을 벗어나 호스피탈리티Hospitality 정신에 의한 서비스를 제공해야 한다. 제품의 품질은 6σ(시그마) 등의 수준에서 관리되고 있으나, 서비스의 품질에 대해서는 명확한 정의와 적절한 측정방법에 대한 논쟁이 계속되고 있는 상황이다. 게다가 서비스품질은 전반적으로 낮다는 평가이다.

서비스산업Service Industry에서 품질이 낮은 이유를 먼저 살펴보자. 최근의 경제상황은 대부분의 서비스에서 비용 절감을 하도록 이끌었다. 대부분의 기업은 기존의 서비스 수준을 유지하면서 비용을 절감하려는 노력을 하지만, 어쩔 수 없이 서비스 수준을 낮추는 결과를 초래하고 있다. 예를 들면, 인건비 절감을 위해 종업원을 적게 쓰는 음식점을 한 번 생각해 보자. 인건비 상승으로 셀프서비스와 자동화가 계속 확대되었다. 이런 서비스방식이 첨단기술을 이용한 것이 많이 있지만, 이를 사용하는 고객의 인식부족과 관리하는 종업원의 훈련부족으로 값비싼 기계로 잘못된 서비스를 하는 경우가 많이 있다. 경우에 따라서는 기계에 의한 노동력 대체로 인해 손님의 요구에 응대할 종업원이 줄어들게 되어 고객의 불만을 더 키워 서비스 수준이 낮아지는 결과를 가져오기도 한다.

서비스업에 종사하는 사람들은 현재의 직장을 잠시 머물다가 그만둘 직장으로 생각하는 사람이 많다. 그 결과 서비스업 종사자들이 하는 일에 아무런 동기유발도 가져오지 못하고, 자부심을 갖지도 못한다.

서비스의 생산성과 효율성의 향상을 지나치게 강조하다보면 서비스품질은 뒷전으로 밀리는 경우도 있다. 이러한 예로는 전화벨이 세 번 울리기 전에 전화를 받아야 한다는 원칙을 고수하기 위해 전화벨이 울리면, 즉시 받자마자 끊어버리는 사례도 발생한다.

고객들은 대개 서비스 수준이 높지 않을 것으로 생각하여 더 많은 요구를 하지 않는다. 100명의 불만족한 고객 중에서 4명만이 기업에게 그들의 불평을 이야기한다는 조사결과가 있다. 따라서 서비스 제공자는 자신의 서비스가 고객에게 만족을 주고 있다는 착각에 빠지기가 쉽다. 더구나 정부의 규제가 있거나 독점을 하는 서비스업종이나 좁은 특정지역에서 거의 경쟁 없이 사업을 하는 기업의 서비스 수준은 더욱 낮은 실정이다.

다수의 고객에게 다양한 서비스를 제공하는 경우에는 그 서비스 성격상 실수를 저지를 가능성이 높다. 즉 제품의 생산에 비해 서비스의 생산에서는 무형성으로 인해 표준화가 어렵기 때문에, 고객에게 서비스가 전달되기 이전에 품질을 검사할 방법도 거의 없다. 이런 이유로 고객수가 많은 백화점이나 은행에서 의외로 불만족스런 서비스를 받은 경험을 가지고 있는 고객이 많다.

고객은 서비스의 재작업이나 소환, 실수의 개선, 서비스품질에 대한 검사에 시간을 할애하지 않고, 그저 생산되어 제공되는 대로 서비스를 소비하는 경우가 많다. 예를 들면, 대구매운탕을 시켰는데 대구지리가 나온 경우에도 불만을 말하는 고객보다 그냥 먹고 나가는 고객이 96%로, 불만을 말하는 고객보다 많다는 사실이다.

1) 서브퀄

서브퀄SERVQUAL은 미국의 파라수라만A. Parasuraman, 자이다믈V. A. Zeithaml, 베리Leonard L. Berry 등 세 사람의 학자PZB에 의해 개발된 서비스품질 측정도구로서, 서비스기업이 고객의 기대와 평가를 이해하는데 사용할 수 있는 다문항척도Muitiple-itrm Scale이다. 이를 기초로 서비스품질 평가를 위해 고객이 사용하는 공통적이고 일반적인 다섯 가지 기준은 다음과 같다.

① 유형성Tangibles : 물리적 시설, 장비, 직원, 자료의 외양, 문서
② 신뢰성Reliability : 약속한 서비스를 정확하게 제공하는 능력
③ 반응성Responsiveness : 고객에게 빠른 서비스를 제공하려는 의지
④ 공감성Empathy : 보살핌, 고객의 개인적인 요구에 대한 배려
⑤ 확신성Assurance : 종업원의 지식, 정중함 및 신뢰를 심어줄 수 있는 능력

표 2.1 서브퀄(SERVQUAL)의 측정 항목

차 원	No.	문 항
유형성 (Tangibles)	1	• 현대적 시설
	2	• 설비의 외관
	3	• 직원들의 깔끔함
	4	• 서비스와 관련된 제반 자료(설명서, 팸플릿의 외형)
신뢰성 (Reliability)	5	• 서비스의 약속시간 준수
	6	• 고객이 문제에 봉착했을 때 성심성의를 다 보임
	7	• 첫 번에 제대로 서비스를 수행함
	8	• 약속한 시간에 서비스를 제공함
	9	• 작은 실수조차 없는 완벽함

차 원	No.	문 항
반응성 (Responsiveness)	10	• 서비스 제공시간의 정확한 약속
	11	• 직원들의 신속한 서비스 제공 자세
	12	• 직원들의 언제나 가까운 고객지원 자세
	13	• 아무리 바빠도 고객의 요청에 응하는 직원
확신성 (Assurance)	14	• 고객에게 확신을 주는 직원들의 행동
	15	• 고객에게 주는 거래의 안정성
	15	• 항상 고객에게 친절한 직원
	17	• 고객의 어떤 문의에도 대답 가능한 직원
공감성 (Empathy)	18	• 고객 개인에 대한 관심
	19	• 고객에게 편리하게 시간대를 조절
	20	• 고객에게 개인적인 관심을 보이려는 직원
	21	• 고객에게 최대한 이익을 주려는 직원
	22	• 고객욕구에 대한 직원들의 이해

2) 말콤 볼드리지 상

미국은 1984년 매월 10월을 '품질의 달'로 선포하고, 1985년부터 품질 캠페인을 선포했다. 말콤 볼드리지 상Malcolm Baldridge Award은 로데오 도중 말에서 떨어져 사망한 말콤 볼드리지를 기념하기 위해 1987년 레이건 정권시대에 만들어진 상으로, 품질이 뛰어난 기업을 엄정한 기준에 따라 선정하여 상장을 수여하는 제도이다.

미국 상무성이 해마다 제조업, 서비스 관련 기업, 중소기업의 3개 부문으로 나누어 각 부문마다 2개사를 선정하고 있다. 말콤 볼드리지 상을 수상한 기업으로 모토롤라, 웨스팅하우스사, 제록스사, GM의 캐딜락 부문, 페더럴 익스프레스사, 리츠칼튼 호텔 등이 있다. 심사기준이 매우 엄격하며, 조사관이 현장에 나가 실사를 한다.

신청서를 작성하는 심사기준은 다음과 같다.

표 2.2 말콤 볼드리지 상의 심사기준

국가적품질상 (National Quality Award)	• 리더십	• 리더십체계, 가치, 기대, 공공에 대한 책임성
	• 전략계획	• 전략계획 및 사업계획의 유효성과 성과요건에 초점을 둔 계획의 전개
	• 고객 및 시장지향	• 고객 및 시장의 요구를 어떻게 정의하며 고객만족을 어떻게 달성하는가?
	• 정보분석	• 고객지향적 탁월성과 시장에서의 성공을 좌우하기 위한 정보시스템의 효과성
	• 인력지향	• 인력의 잠재력을 최대한 실현하기 위한 노력의 성과
	• 공정관리	• 제품 및 서비스의 품질을 보장하기 위한 시스템 및 공정의 효과
	• 사업성과	• 고객만족도, 재무적 지표, 인력, 공급업체, 생산부문의 성과와 경쟁력 벤치마킹

5. 서비스 패러독스

현대사회는 과거에 비해 풍요롭고 경제적인 부를 누리며, 사람들은 더 많은 여가 시간을 가지고 있는 데도 불구하고 서비스는 차라리 악화된다는 것이 모순이라고 볼 수 있다. 이러한 현상을 서비스 패러독스Service Paradox라 부른다.

서비스 패러독스 현상을 이해하기 위해 서비스업에 제조업의 마케팅 이론을 그대로 적용한 서비스 공업화Service Industrialization에서 발생되었기 때문에, 먼저 서비스 공업화를 이해할 필요가 있다.

서비스 공업화는 서비스의 효율성 제고 및 비용절감 등을 위해 서비스 활동의 노동집약적 부문을 기계로 대체하고, 제조업 생산 공장에서 채용하는 것과 같은 계획화, 조직, 훈련, 통제 및 관리를 서비스 활동의 전개에도 적용한다는 것을 의미한다. 대표적인 것이 편의점의 POS시스템, 은행의 ATM 등이 대표적이다.

서비스 공업화가 여러 방면의 효율화를 가져왔지만, 그와 동시에 다음과 같은 몇 가지 한계점을 가지고 있다.

(1) 서비스의 표준화

종업원의 자유재량이나 서비스의 기본인 인간적 서비스가 결여되며, 풍요로운 서비스경제 가운데 서비스의 빈곤이라는 인식을 낳게 된다.

(2) 서비스의 동질화

차별화를 추구해야 하는 서비스에도 획일적인 서비스를 제공하고 상황에 따라 유연하게 대응하지 못하고 경직적이 되는 위험을 지니고 있다. 무리하게 서비스의 균형을 추구하다보니 서비스의 핵심인 개별성을 상실하게 된다.

(3) 서비스의 인간성 상실

서비스기업의 공업화를 추구하는 과정에서 효율성만을 강조하다보면, 인간을 기계의 부속품처럼 취급하게 됨으로써 제조업의 발전과정에서 나타났던 인간성 무시가 다시 나타나게 된다. 또한 인건비 상승으로 인한 종업원의 수 감축은 폭등하는 서비스 수요에 적절하게 대처하지 못하거나 대처한다하더라도 종업원들은 정신적 · 육체적으로 피곤해지며, 무수히 많은 고객을 지속적으로 상대하다보면 기계적으로 되는 것이 불가피해지기도 한다. 서비스에서는 이러한 종업원의 사기저하를 유발하거나 정신적 피로의 발생이 서비스생산에 인간성 상실이 심각한 문제가 되고 있다.

(4) 기술의 복잡화

과거보다 제품이 너무나 복잡해져 소비자나 종업원이 기술의 진보를 따라가지 못하는 경우가 있다. 손쉽게 인근 업소에서 수리를 받던 시대는 지나가고, 이제 고객이 멀리까지 찾아가야 되며 또한 기다려야 하는 시대가 되었다.

(5) 종업원 확보의 악순환

점차 인력 확보가 힘들어짐에 따라 종업원을 충분한 교육훈련 없이 채용하게 된다. 그렇기 때문에 고도의 기술 없이도 가능한 업무로 설계하게 된다. 이렇게 되면 종업원의 사기를 저하시키고 문제가 발생했을 때 대처할 수 있는 능력을 갖추지 못하게 된다. 따라서 종업원에게 제공할 수 있는 임금은 낮아지게 되고 단순 업무로서만 직무를 설계해야 한다. 또 나아가 승진하거나 이직하게 되면, 고객은 계속해서 비숙련 종업원으로부터 서비스를 받게 되어 서비스품질은 낮아질 수밖에 없다.

이러한 서비스 패러독스의 탈피방안을 살펴보면 다음과 같다.

① **S**incerity, Speed & Smile : 서비스는 성의, 스피드, 스마일이 있어야 한다.
② **E**nergy : 서비스는 활기찬 힘이 넘쳐야 한다.
③ **R**evolutionary : 서비스는 신선하고 혁신적이어야 한다.
④ **V**aluable : 서비스는 가치 있는 것이어야 한다.
⑤ **I**mpressive : 서비스는 감명 깊은 것이어야 한다.
⑥ **C**ommunication : 서비스는 커뮤니케이션이 있어야 한다.
⑦ **E**ntertainment : 서비스는 고객을 환대하는 것이어야 한다.

04 환대서비스의 특징

환대서비스Hospitality Service에서 고객과 서비스 제공자와의 관계는 다른 서비스에서는 발견되지 않는 특수한 특징을 가지고 있다. 또한 모든 환대 및 여행서비스가 동일하지 않다는 것도 사실이다. 환대 및 여행서비스의 차이를 보다 구체적으로 살펴본다.

1. 서비스의 단기성

일반적으로 고객은 제품을 구매한 후 구매한 제품에 대해 상당기간 제품을 노출하거나 사용할 수 있다. 예를 들면, 자동차, TV, 컴퓨터, 문구류 등은 고객이 제품을 구매한 후에도 일정기간 동안은 유형의 제품으로 보여지게 되고 사용하게 된다. 또한 자신이 살고 있는 집의 저당, 은행계좌도 마찬가지로 오랫동안 노출되어진다. 대형마트에서 구입한 물건은 오랫동안 집에 보관할 수 있으며, 더욱이 그 제품이 아주 오랫동안 사용된다.

예를 들면, TV나 냉장고와 같은 것은 사용연한이 아주 길다고 할 수 있다. 그러나 환대 및 여행서비스는 일반 제조업에서 생산된 제품과는 달리 노출이 상당히 짧다. 음식점에서 음식을 먹는 시간, 제주도의 항공여행, 패스트푸드점에서 햄버거 구입 등은 모두 1~2시간이면 소비되거나 없어진다. 말 그대로 고객으로부터 평가를 받는데 있어서 소요되는 시간이 매우 짧다고 할 수 있다.

일반 기업에서는 담보와 보증을 제공하는데 있어서 상당히 오랫동안 제공할 수 있다. 그러나 환대서비스에서는 품질보증을 한다는 것은 매우 어려운 문제이며, 또한 환대기업 자체에서 보증을 제공할 수가 없다. 미숙하게 요리된 메뉴가 레스토랑 주방으로 되돌려질 수 있는 반면에, 제대로 안 된 많은 환대 및 여행서비스는 그 무형성으로 인해 유사한 것으로 반환하거나 교환할 수가 없다.

2. 감정적 관계성

일반적으로 사람들은 제품을 구매하는 과정에서 제품의 특성 중 무엇보다도 제품이 자신에게 특수한 기능을 수행할 것이라는 판단 하에 제품을 구입하게 된다. 그러나 제품을 구입하는 데는 기능적인 면도 중요하지만, 감정적인 유대관계성으로 인해 제품을 구입하는 경우도 있다. 특히 환대서비스는 더욱더 감정적인 관계성을 중요시한다. 그 이유는 바로 환대산업이 사람에 의해 주로 서비스가 제공되는 특수성 때문이라고 할 수 있다. 즉 여행객은 사람을 통해서 서비스를 제공받는 경우가 많다. 해외여행을 하는 동안 지속적으로 가이드에게 도움을 받는 것이나, 호텔 레스토랑에서 음식과 이미지 평가를 제공받는 것도 그러하다.

물론 은행의 자동화된 기기인 ATM기기 앞에서 서비스를 받는 경우도 많이 있다. 이러한 자동화된 기기에 의해 서비스를 제공받는 사람들은 서비스 공업화에 따른 서비스 패러독스를 지각할 수 있다. 그러나 무엇보다도 환대서비스의 경우에 있어서는 사람과 사람과의 접촉Face-to-face에 의해 감정과 개인적 느낌이 발생되며, 바로 이 감정적 느낌으로 인해 미래의 구매행위에 영향을 미친다고 할 수 있다. 해외여행에서 여행객인 관광객은 환대산업체의 친절한 가이드 태도에 감동을 받을 수 있다.

3. 증거물 관리의 중요성

제조업Manufacturing Business에서 생산되는 제품인 경우, 제품의 모양이나 크기 등을 갖추고 있어 하나의 유형적 객체이지만, 이와는 달리 서비스는 유형적인 객체가 아닌 무형의 객체이다. 고객은 서비스의 특성상 무형의 객체인 관계로 보거나, 시험해 보거나, 형체에 나타난 모습에 의해 평가를 할 수가 없다. 그래서 고객은 서비스 자체가 아닌 서비스를 둘러싼 하나의 유형적 '실마리' 또는 '증거물'에 의해서 평가를 할 수가 있다. 이러한 유형적 단서의 결합된 효과가 서비스품질에 대한 평가와 욕구충족 수준을 결정한다고 할 수 있다.

일반적으로, 환대산업을 이용하는 고객은 다음과 같은 4가지 범주인 물리적 환경, 가격, 의사소통, 고객 등을 평가하게 되는데, 이는 바로 유형적 증거물이라 할 수 있다.

'물리적 환경'에는 호텔 또는 레스토랑이 사용하는 가구, 카펫, 벽지, 직원의 유니폼, 간판이 포함된다. 휘황찬란한 호텔 로비의 아름다운 카펫 위에 걸려 있는 거대한 크리스털 샹들리에는 뛰어난 서비스품질 관리에 대한 하나의 단서가 될 수 있다.

서비스의 '가격'도 또한 품질에 대한 고객의 지각에 영향을 미친다. 고가격은 때로는 호화스럽고 높은 품질을 나타내는 것으로 생각되어지며, 반면에 낮은 가격은 호화스러움과 품질이 다소 벌어지는 것으로 생각되어진다.

기업의 서비스에 관한 '의사소통'은 구전의 정보와 여행업자와 같은 전문상담자를 통해 기업 자체에서 발생한다. 브로슈어와 인쇄된 광고물은 고객이 기대하는 것을 시각화하므로 고객에게 유형적 증거를 제공한다.

서비스기업의 현재 '고객' 형태는 잠재적인 새로운 고객에게 신호를 제공한다. 예컨대, 18세에서 25세의 사람들이 자신들이 이용하려고 하는 레스토랑의 고객이 대부분 나이가 많다는 것을 안다면, 그들은 그 레스토랑을 자신과 자신의 친구가 저녁을 먹기에 적합한 장소로는 생각하지 않는다.

서비스 마케터들은 고객이 올바른 결정을 할 수 있도록 이러한 4가지 형태의 증거물을 관리해야 한다. 그들은 그들이 제공하는 모든 증거물이 일관성 있고, 개인적 서비스의 품질과 어울릴 수 있도록 해야 하는 것이다.

4. 이미지의 강조

환대서비스Hospitality Service의 특성상 무형의 객체인 관계로, 고객은 상품을 선택하는 과정에서 영향을 미칠 수 있는 여러 가지 변수가 작용을 하게 되는데, 그 중에서도 이미지화로 하는 것은 고객의 상품 선택에 영향을 미친다고 할 수 있다. 대부분의 여행업체에서는 여행상품을 여행객에게 판매하는 과정에서 감정적인 요소에 많은 비중을 둔다. 프랑스여행을 한 번도 하지 못한 여행객은 프랑스에서 여행객들이 즐겁게 여행을 즐기고 있는 사진이나 비디오를 보여주게 되면, 보다 여행상품을 구매하는데 있어서 충동구매를 일으킬 수 있다. 즉 프랑스 보르도의 고급 호텔레스토랑에서 석식으로 스테이크에 오브 리옹을 마시며 즐겁게 담소하는 연인들의 이미지 모습을 보여주면 누구나 그곳에 가고 싶어 할 것이다. 이는 바로 유럽에서 관광을 즐기는 컬러사진의 이미지Image가 커다란 영향을 미쳤기 때문이다.

5. 유통경로의 다양성

환대상품을 판매하는 과정에서는 물리적인 유통시스템Distribution System은 존재하지 않는다고 할 수 있다. 물리적인 유통시스템이 없는 대신에 여행상품을 판매하는 여행사와 다양한 형태의 여행상품을 하나의 패키지로 판매하는 여행 도매업자라고 하는 특이한 여행 중간 매개체가 있다고 할 수 있다. 일반제조업에서 생산되는 제품인 경우, 중간 소매상에서 취급하는 제품에 고객은 커다란 영향을 받지 않는다고 할 수 있다. 그러나 환대산업의 경우, 중간 여행 도매업자들은 고객의 구매에 큰 영향을 미친다고 할 수 있다.

예를 들면, 대규모 회의를 유치하는 컨벤션기획 회사의 경우, 이들이 추천하는 관광지, 호텔, 여행상품, 교통, 음식 등은 상품을 선택하는 과정에서 고객에게 커다란 영향을 미친다고 할 수 있다. 왜냐하면, 고객은 이들 전문기획사들을 전문가로 생각하여 이들이 권하는 상품을 크게 신뢰하기 때문이다.

6. 보완적 조직에 대한 의존성

관광지에 대한 홍보 광고가 시작되면서 여행에 관심 있는 많은 여행객들은 자신들이 원하는 관광지에 대한 광고 문안에 매우 민감해 할 수 있다. 이들 홍보는 정부 차원에서 홍보를 하는 경우도 많이 있다. 여행객은 일단 광광지에 대한 홍보가 나가게 되면 보다 상세한 정보를 얻기 위해 직접 여행사를 방문하는 경우도 많이 있다.

여행업자는 왕복 항공요금, 지상교통, 호텔숙박시설, 지역관광투어, 여흥 및 관광대상, 식사로 구성된 어떤 목적지의 패키지를 추천할 수 있다. 휴가여행 동안에 그 고객은 쇼핑과 몇 개의 레스토랑, 그리고 차를 렌트하며 공연을 보러 갈 수도 있다. 이것을 증가시키는 것은 많은 다른 조직이 여행서비스의 경험을 제공한다는 것이다. 경험 제공자들은 상호 의존적이고 보완적이다.

여행객들은 관련된 모든 조직의 수행에 근거한 자신들의 전체적인 경험의 품질을 평가한다. 하나의 조직이 다른 조직의 기준 정도에 충분히 수행하지 못한다면, 전체에 나쁜 영향을 미치게 된다.

7. 서비스 모방의 용이성

대부분의 환대서비스는 모방하기가 쉽다. 반면에, 일반 제조업에서 생산되는 제품은 대개 특허권이 있거나 생산과정과 원료에 대한 세부적인 지식이 없이는 모방하기가 어렵다. 경쟁자들은 산업의 비밀을 보호하기 위해 공장으로의 접근을 봉쇄할 수 있다. 환대산업은 경쟁자를 공장에 못 들어오게 막을 수가 없는데, 왜냐하면 공장 자체가 환대산업에서는 소비자라고 할 수 있는 고객이 직접 방문해서 이용을 하기 때문이다.

이러한 고객은 환대시설을 이용하면서 서비스에 대한 여러 가지를 직접 눈으로 보거나 체험할 수가 있다. 따라서 환대산업에서 제공하는 대부분의 서비스는 특허로 보호될 수가 없다. 이는 제품과 같은 유형의 객체가 아닌 무형의 객체이기 때문에 더욱 그러하다.

서비스는 사람들에 의해 제공되며, 다른 사람들에 의해 제한될 수 없다. 물론 켄터키 프라이드치킨이나 기타 유명 레스토랑에서 판매되는 음식 중 그 재료의 비밀이 아주 오랫동안 공개되지 않는 경우도 있다. 그러나 그 자체가 환대서비스가 아닌 제품이기 때문이다.

8. 비수기 촉진

상품을 판매하는데 있어서는 대부분 성수기와 비수기가 있다. 예를 들면, 5월의 카네이션, 11월 셋째 주의 보졸레누보, 여름의 에어컨, 겨울철의 스키장, 여름철의 수영장은 대부분 성수기에 매우 인기 있는 상품들이다.

환대산업은 일반산업과는 달리 확연하게 성수기와 비수기가 뚜렷하게 나타난다고 할 수 있다. 광고홍보를 하는데 있어서는 성수기보다 비수기에 오히려 더 많은 홍보와 광고를 하는 경우가 있는데, 이는 바로 비수기를 타개하기 위한 수단으로 하는 것이라 할 수 있다.

일반적으로 비수기에 광고홍보를 하는 이유는 다음과 같은 3가지 이유 때문이다.

첫째, 고객은 자신들의 휴가여행에 감정적 투자를 많이 한다. 이러한 휴가여행은 일과 일상으로부터 탈피하는 귀중한 시간을 의미한다. 이러한 휴가여행은 많은 현금 지출이 발생된다. 투자된 많은 시간과 비용을 통해 즐거운 시간을 보내기 위해 면밀한 구매 계획은 필수적인 것이다. 따라서 촉진활동을 할 가장 좋은 시기는 고객이 이러한 면밀한 계획 단계에 있을 때이다. 휴가여행 시즌이 임박해서 촉진활동을 시작하는 것은 너무 늦다고 말할 수 있다.

둘째, 환대산업은 대개 생산능력이 고정되어 있다. 리조트, 호텔, 항공기, 배, 레스토랑은 만원이고, 그 수용력은 신속하게 확대될 수 없다. 공장은 수요의 초과를 극복하기 위해 여분의 근무조를 통해 야근이나 재고품을 활용할 수 있다. 그러나 이것은 대부분의 환대산업에서는 불가능하다.

셋째, 비수기에 이용할 수 있는 수용력에 한계가 있다. 연탄 소매업자는 겨울철 성수기를 위해 4월부터 11월까지 물건을 저장하면서 보낼 수 있다. 그러나 환대 및 여행서비스는 나중의 판매를 위해 저장할 수는 없다. 그것은 소비가 가능할 때 소비되어야만 하기 때문이다. 때로는 일 년이나 한 달, 한 주, 하루 동안에도 사업량의 변화가 있다.

최대 수용력이 고정되어 있기 때문에 강조점은 비수기 촉진활동으로 이동하게 된다. 구매와 구입 결정 간의 짧은 시간으로 인해 수요가 피크에 있을 때 촉진활동을 강력히 하는 것이 보다 설득력이 있는 것이다.

TOURISM SERVICE

TOURISM SERVICE

CHAPTER 03

고객만족경영

01 고객만족경영의 의의

1. 고객의 개념

고객(顧客)은 '상점에서 물건을 사는 손님'을 말한다. 광의로는 제품이나 서비스를 구매하는 가구나 개인, 조직을 말한다. 고객Customer은 "반복적으로 행하는 습관과 같은 것"의 의미를 지닌 'Custom'에서 유래한다. 따라서 고객은 제품이나 서비스를 구매하는 소비자뿐만 아니라, 습관적으로 행하는 거래 및 관계형성이 보다 긴밀해지고 돈독해지도록 영향을 미치는 주변사람 모두를 넓은 의미의 고객에 포함시킬 수 있다.

이 경우 '나' 이외의 모든 사람이 고객이 될 수 있으며, 소비자, 거래처(회사, 대리점, 협력업체 등), 각종 기관 · 단체 · 주주 등의 '외부고객'과 종업원, 동료, 상사, 타부서 등의 '내부고객'으로 분류할 수 있다.

고객의 요구와 예측은 면접, 조사, 데이터 마이닝, 대화 등의 정보수집 방식을 통해 결정된다. 요구를 결정하는 것을 도와줌으로써 고객에게 가치 있는 제품과 서비스를 제공할 수 있다. 고객과 유사하게 사용되는 소비자도 마찬가지로 고객에 포함된다. 차이점은 소비자는 그 물건을 가공하거나 부가가치를 붙여서 판매하지 못하고 스스로 사용한다는 점에서 고객과 다르다. 물론 고객의 개념 가운데 이미 그 제품 및 서비스를 구입, 사용할 가능성이 있는 잠재고객 및 기대고객도 포함된다. 또한 거래처, 하청업자, 주주 그리고 종업원 등도 고객이 된다.

최근 미국 및 일본을 비롯하여 일부 선진국가의 우량기업에서 1980년대부터 종업원을 가리켜 내부고객이라는 용어가 사용되기 시작하였다. 기업 내에는 관리자의 입장에서 내부고객이 중요한 것은 그들이 우리 회사에 대해 호감을 가지고, 밖에서도 우리 회사에 대해 긍정적 구전을 하면 할수록 최종고객인 외부고객이 우리 회사의 상품에 관심을 갖거나 구매를 할 것이기 때문이다.

고객만족의 시작은 인간존중으로부터 시작된다. 인간존중을 통해 내부고객, 즉 종업원들에게 만족을 이끌어내는 것에서부터 고객에 대한 서비스는 시작되는 것이다.

고객을 위한 10계명

- 고객은 우리사업에 가장 중요한 인물이다.
- 고객은 우리가 의지하고 있는 것이지, 고객이 의지하는 것이 아니다.
- 고객은 우리사업의 목적이지 훼방꾼이 아니다.
- 고객은 우리에게 혜택을 줄 뿐 우리의 서비스가 고객에게 혜택을 주는 것은 아니다.
- 고객은 우리사업의 일부이지, 국외인이 아니다.
- 고객은 단순한 통계치가 아니라, 살과 피를 지닌 인간이다.
- 고객은 논쟁의 대상도, 희롱의 대상도 아니다.
- 고객은 우리에게 소원을 말하고, 그 소원을 채우는 것은 우리의 일이다.
- 우리의 예절과 대접을 최고수준으로 받을 권리가 있다.
- 고객은 우리의 월급을 지불하는 사람이다.

2. 고객만족의 개념

고객만족Customer Satisfaction은 어떤 제품 및 서비스에 대해 고객이 느끼는 만족의 정도를 의미하며, 동일한 제품 혹은 서비스가 제공된다하여도 각각의 고객에 따라서 만족은 달라질 수 있다. 고객만족경영은 고객만족도를 정량적으로 파악하고 또한 객관적으로 판단하여 이것을 제고시키기 위한 제반의 경영 노력의 활동이다. 고객만족 활동은 제품, 서비스 및 기업이미지 등을 기업의 입장에서뿐만 아니라, 고객의 관점에서 파악하여 경영활동에 반영시키는 경영기법이라 할 수 있다. 고객만족의 다양한 정의를 살펴보면 다음과 같다.

① 올리버Oliver(1981) : 고객이 치른 대가에 대해 적절 혹은 부적절하게 보상을 받았다고 느끼는 인지적 상태, 불일치된 기대로 감정이 고객의 구매경험 전 감정과 결합될 때 발생하는 종합적인 심리적 상태라고 했다.

② 일본능률협회JMA : 고객의 필요Need와 욕구Want에 부응하거나 그 이상의 것을 제공하여 그 결과로서 제품, 서비스의 재구매가 실시되며, 이것이 반복되어 고객의 충성도가 계속되는 상태로 정의했다.

③ 미국마케팅협회AMA : 고객만족은 고객의 필요와 요구Customer's Wants Needs에 의해

생겨난 기대를 충족시키거나 초과할 때 만족이 발생하고, 역으로 기대에 미치지 못할 때 불만족이 발생한다고 정의했다.

1) 고객만족의 중요성

현대사회는 개인의 각기 다양한 기호와 취향이 존중되어 개성이 중요시되는 시대가 되었다. 또한 급속한 기술의 향상으로 기업에서는 대량생산에 따른 생산성 증가와 이를 통한 경제성의 우위가 큰 의미를 갖지 못하게 됨으로써 기존의 공급 중심의 시장에서 수요 중심의 시장으로 바뀌게 되었다. 따라서 현대기업들은 다양한 고객의 욕구를 충족하지 않고는 경쟁에서 살아남을 수가 없게 되었다.

과거 공급자 위주의 시장구조가 시대의 변화와 더불어 소비자 의식의 성숙, 다양한 경쟁상황의 도래에 의해 구매자 중심의 시장구조로 그 양상이 많이 바뀌었다. 또한 시장 개방과 시장 포화, 그리고 산업의 성장 둔화 등의 기업환경 변화에 따라 기업경영은 더욱 어려워지고 있다.

대량생산과 다양한 경쟁제품의 출시에 의해 소비자의 선택폭이 넓어진 현 상황에서 각 기업이 최우선적으로 고려하게 할 부분은 바로 고객만족이다. 따라서 기업은 고객으로부터 외면당하지 않고 경쟁에서 살아남을 수 있는 방법의 고객만족경영Customer Satisfaction Management을 얼마나 잘 계획을 세우고 실천하느냐에 달려있다. 즉 고객만족경영은 개인의 사업은 물론 기업경영에 이르기까지 모든 기업의 성패를 좌우한다고 볼 수 있다.

많은 기업들이 성공적인 기업요건으로 '고객은 왕이다Customer is always right', '고객은 항상 옳다Customer is always right', 또는 '고객이 없으면 기업은 없다No customer, no business'라는 슬로건을 흔히 사용하고 있다. 이것은 고객들의 가격민감도를 낮출 수 있는 방안을 확보하는 것이 기업생존 및 성장경쟁력을 좌우하는 최우선 요인으로 부각되고 있음을 반영하는 것으로써 고객만족경영CSM은 바로 이러한 것을 가능케 하는 경영기법이라 할 수 있다.

3. 고객만족경영

1) 고객만족경영의 개념

기업의 모든 경영활동을 고객의 입장에서 생각하고 고객을 만족시켜 기업을 유지하고자 하는 경영기법으로, 1980년대 후반부터 미국과 유럽 등에서 주목받기 시작하였다.

고객만족경영CSM은 고객만족CS을 높이기 위해서는 고객의 기대를 충족시킬 수 있는 제품을 제공하고, 고객의 불만을 효과적으로 처리하며 사원들의 복지향상과 일체감 조성 등의 기업문화를 통해 기업에 대한 사원만족도를 높이는 것이 필수요소이다. 결국 고객만족은 제품의 품질뿐만 아니라 제품의 기획 · 설계 · 디자인 · 제작 · 사후서비스 등 모든 과정에 걸쳐 제품에 내재된 기업문화 이미지와 함께 제품 이미지 · 기업 이념 등을 고객에게 제공하여 고객만족도를 기대 이상으로 충족시킴으로써 고객의 선호도를 지속시키고 재구매율을 높이는 것이다.

2) 고객만족경영의 3대 구성요소

고객만족경영CSM을 추진하는데 가장 중요한 핵심이 되는 구성요소는 제품, 서비스, 기업이미지 등 3가지이다. 이 3가지 요소를 종합한 것이 고객만족도가 된다.

과거에는 제품의 하드적인 가치로서의 품질, 기능, 가격 등의 비중이 크게 차지했고, 제품의 품질이 좋고 가격이 저렴하면 고객은 그것으로 만족하였다. 그러나 오늘날은 공급량의 과잉으로 제품이 풍요로운 시대가 되어 고객은 그것만으로는 만족하지 않게 되고, 제품의 소프트적 가치로서 제품의 디자인, 사용의 용이성, 배려 등을 중시하게 되었다. 또한 마음의 시대로 진전됨에 따라 제품 그것만이 아니고 구매시점 점포의 분위기, 판매원의 접객서비스가 영향을 미치게 되었고 점차로 서비스가 차지하는 비중이 높아지게 되었다. 따라서 기업으로서는 판매방법과 판매시점에도 세심한 주의를 기울이고 쾌적한 판매환경을 마련하지 않으면 고객이 만족하지 않게 되었다.

이제 제품의 하드적인 측면에서는 품질의 차이가 그다지 없게 되었기 때문에, 판매방법과 판매시점의 서비스 차이가 기업의 경쟁우위를 결정하게 되었다. 고객만족의 비중이 제품에서 서비스로 이행하고 있는 것이다. 이와 같은 경향에 따라 고객만족도 조사의 항목에서 이전에는 제품의 품질에 대한 항목이 많았지만, 최근에는 거의 동일한 비율이 되고 있다.

고객만족의 구성요소는 직접적으로는 제품과 서비스 등 두 가지이지만, 간접적으로 앞으로 중요시되는 것은 기업이미지라고 할 수 있다. 기업이미지의 내용으로는 기업의 사회공헌활동 및 환경보호활동 등이 있고, 이러한 활동을 적극적으로 펼치는 것에 의해 사회 및 환경문제에 진정으로 관계하는 기업으로서의 이미지가 향상되어 고객에게 기업에 대한 우호적인 인상을 주게 된다.

다시 말하면, 아무리 제품 및 서비스가 우수하다하더라도 사회공헌 활동 및 환경문제에 진심으로 관계하지 않는 기업은 평가가 하락하고 고객만족도는 낮아진다. 기업측에는 새로운 활동이 늘어나는 것이지만, 사회적으로 그만큼 책임이 증가하고 있는 것이다. 단지 기업 측의 이윤추구만이 아니고 더욱 높은 수준의 기업 활동이 기대되어진다.

3) 고객만족경영의 전제조건

(1) 고객욕구에 대한 본질적인 이해가 필요하다.

'지피지기(知彼知己)'라는 말이 있다. 기업의 입장에서 보면 고객이 진정으로 무엇을 바라고, 추구하고 있는 것을 알아야 올바른 경영목표를 세울 수 있고, 그것을 달성하는 전략을 수립할 수 있을 것이다. 왜냐하면, 좋은 제품과 서비스란 그 제공자가 판단하는 것이 아니라 오로지 고객들이 어떻게 믿고 있느냐 하는 것만 관련이 있기 때문이다. 그러므로 어떠한 목표이든 고객이 중심이 되어야 하고, 고객의 관점에서 전략을 생각하고 평가하는 것을 기본으로 삼음으로써 고객욕구의 본질적인 이해에 도달할 수 있다.

고객만족을 지향하는 이유

- 만족고객은 자신이 만족한 기업의 제품이나 서비스에 대한 긍정적인 경험을 평균 5~6명에게 전달한다.
- 불만족고객은 보통 9~10명에게 자신의 부정적인 경험을 이야기한다.
- 불만족고객 중 아주 실망한 고객은 20명에게 적극적으로 불만을 이야기한다.
- 불만족고객 중 90%는 회사가 자신의 불만과 고충을 적극적이고 신속하게 해결해 줄 경우, 불만이 없는 고객보다 더 고정적인 고객이 될 수 있다.
- 그러나 대부분의 불만족고객은 해당기업에 불평하지 않고 조용히 경쟁회사로 이동한다.

자료 | 권금택, 「전략적 고객관계 관리」, 대명, 2005

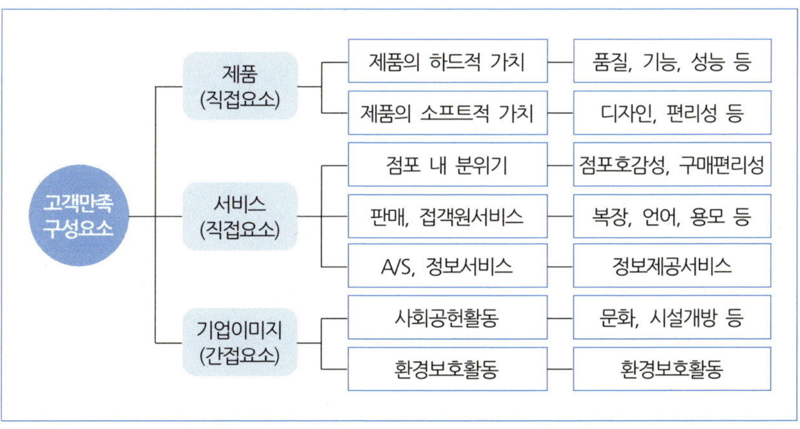

그림 3.1 고객만족의 구성요소

(2) 정확한 표적고객을 선택해야 한다.

표적고객Target Customer이란, 제품이나 서비스를 제공하는데 소요될 수 있는 비용을 비교해 보아 가장 가치가 있는 고객을 의미하고, 서비스는 경험에 의해서 좌우되며 구매 이후와 생산 · 소비되는 동안에 의미 있게 평가되는 속성이다. 즉 수요량의 증가 속도가 평균 이상으로 빠른 고객, 강렬한 구전 영향력을 지닌 고객, 충성도가 높은 고객을 말한다. 특히 구매력이 높고 정보력이 우수하거나 기술적으로 앞서 있는 구매자들이 최우선의 표적고객이 되는 경우도 있다. 왜냐하면, 이러한 특성을 지닌 표적시장에 관심을 가짐으로써 공급업자는 일반적인 고객 등이 무엇을 필요로 하는가에 대한 통찰력을 얻을 수 있기 때문이다.

고객이 만나는 다른 부류의 고객들도 서비스에 대한 고객의 기대에 상당한 영향을 미치기 때문에 모든 형태의 소통은 표적시장에 정확하게 집중되어야 한다.

(3) 제품이나 메시지를 표적고객에 따라 차별화해야 한다.

고객들은 욕구가 다양하므로 기업의 마케팅 활동도 서로 다른 소비자의 속성에 맞추어 제공되어야 선택된 표적고객들이 만족감을 느낄 수 있기 때문이다.

4) 고객만족경영의 효과

고객에게 우월한 가치를 제공하여 고객만족을 창출하는 성공한 기업은 다음과 같이 다양한 파급효과를 얻을 수 있다.

(1) 고객충성도를 높인다.

충성도가 높은 고객은 제품을 반복적으로 구매하고, 경쟁기업의 유인 노력에 잘 반응하지 않으며, 잠재고객들에게 호의적인 구전을 전달하는 등 수익성에 기여를 한다.

(2) 고객충성도는 종업원충성도 제고에 기여한다.

충성고객을 다수 확보하고 있는 기업의 종업원들은 자사에 대한 긍지와 자부심을 가지게 되어, 이직률이 낮아지고 직무만족도가 높아진다.

(3) 종업원충성도는 투자자충성도 제고에 기여한다.

종업원들의 충성도가 높아지면 생산성이 향상되고 기업의 이익이 증대될 것이다. 또한 이익을 많이 창출하는 기업은 우수한 장기투자자를 유치할 수 있어 이익의 상당부분을 재투자하는 것이 가능해진다. 그리고 이러한 기업은 결국 우월한 고객가치와 고객만족 창출을 통해 고객충성도 향상으로 이어지는 선순환 과정을 거친다.

5) 고객만족경영을 위한 제언

(1) 고객만족경영의 3요소는 제품, 서비스, 기업이미지이다.

고객만족경영CSM은 고객의 기대를 충족시킬 수 있는 우수한 품질의 제품을 제공하고 고객의 불만을 효과적으로 처리하는데 그치는 것이 아니다. 즉 제품의 기획, 설계, 디자인, 생산, 애프터서비스 등에 이르는 전 과정을 통해 제품 및 서비스로 표출되는 기업이미지를 포함하여 기업이념 등 고차원적인 개념까지 고객에게 제공함으로써 소비자들에게 만족감을 제공하는 활동이라 할 수 있다.

이러한 고객만족경영은 시장점유율 확대나 원가절감이라는 단기적인 목표보다는 고객만족을 우선적·궁극적 경영목표로 추구할 때 더욱 효과가 큰 것이다.

(2) 밖에서부터 안으로의 사고방식이 절대적이다.

기업은 고객이 있음으로써 존재하고 성장한다. 기업이 최고의 제품을 개발하여 스스로 만족해도, 고객이 만족하지 않게 여기면 의미가 없어진다. 이는 시장에서 출발하는 밖으로부터 안으로Outside-in의 사고방식이 절대적임을 강조하는 것이다.

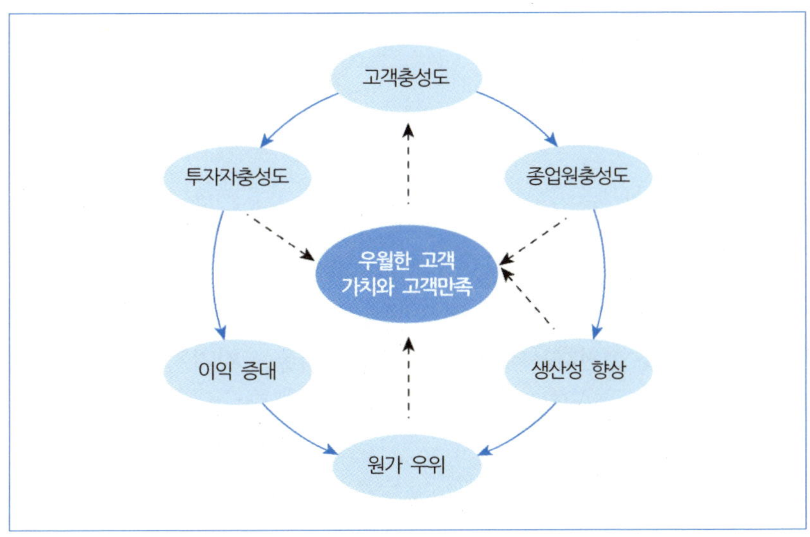

자료 : Reichheld, Frederick · Thomas Tea 「l, The Royalty Effect」, 1996.

그림 3.2 고객만족에 의한 선순환 사이클

고객만족경영의 핵심을 친절로 여기는 회사가 많다. 그리고 고객이 다른 시장으로 이동하여 시장이 작아지고 있어도 품질만 좋으면 살아남을 수 있다고 믿는 회사들도 상당수에 달한다. 그러나 고객만족경영의 핵심은 마케팅, 디자인은 물론 연구개발까지 그 출발점을 기업 외부에 두는 데에 있다. 이러한 의미에서 블루오션Blue Ocean 전략도 고객들이 진정으로 원하는 것, 즉 가치를 찾아 신제품을 개발하는 전략으로 안으로부터 밖으로Inside-out가 아닌, 밖으로부터 안으로Outside-in의 사고방식과 부합하는 것이다.

(3) 내부고객의 만족 없이 외부고객 만족도 없다.

고객만족은 기업의 전직원 모두가 함께 참여하여 전사적으로 '나부터 시작하자From Me'는 사상에서 출발한다. 전직원들은 지금까지의 수동적이고 형식적인 대고객 업무에서 벗어나 능동적이고 적극적인 자세로 고객을 만족시키기 위한 노력을 아끼지 말아야 한다. 이를 위해서 먼저 경영자와 관리자들은 내부고객을 만족시키는 것부터 출발하여 빠르게 이를 확산시켜야 한다.

고객만족경영은 '고객에게 충실하라'는 기본으로 돌아가게 만드는 마케팅 실천프로그램이며, 전직원의 의식과 관리방식을 고객지향적으로 발전시켜 나가는 경영혁신 운동이다. 그러나 처음에는 거창하게 시작한 것이 시간이 점점 지나면서 시들해지는 경우가 많다.

4. 고객의 불평

1) 고객의 불평 환경

고객만족경영CSM을 실천하는데 있어 고객이 늘어놓는 갖가지 불만의 소리는 회사의 귀중한 자산이 될 수 있다. 왜 그런지 먼저 고객 불평의 중요성부터 생각해야 한다.

(1) 문제점을 일찍 파악 / 해결할 수 있게 한다.

고객의 불평은 귀찮은 것이 아니라, 문제를 일찍 파악하고 해결할 수 있게 하는 소중한 정보이다. 즉 불평하는 고객은 기업의 제품과 기업 활동을 개선하는데 도움을 주는 유용한 정보를 자진해서 기업에게 주는 고마운 존재이다. 회사는 아무런 행동을 취하지 않는 불만고객이 불평하는 고객보다 훨씬 많다는 사실을 알아야 한다. 한 조사결과에 따르면, 불만을 가진 소비자 27명 가운데 겨우 한 명만이 불만을 바깥에 드러낸다고 한다. 이와 같이 고객의 불평이란 기업이 결코 쉽게 얻을 수 없는 귀중한 정보인 것이다.

(2) 부정적인 구전효과를 줄인다.

기업이 고객의 불만사항을 일찍 파악하고 그것들을 잘 해결해 주면 부정적인 구전효과를 크게 줄일 수 있다. 한 조사결과에 따르면, 불만을 감추는 고객 26명 가운데 4명은 최고 20명 이상에게 나쁜 소문을 퍼뜨리며, 나머지 22명도 5명에게 불만을 털어놓는다고 한다. 즉 나쁜 소문의 부정적 효과는 짧은 시간 내에 급격히 커질 수 있다. 고객 불평을 효과적으로 관리해야 하는 필요성은 여기서도 알 수 있다.

2) 고객의 불평 통제

(1) 기업의 대응

흔히 기업은 고객 불평이 많이 들어오는 부서를 냉대하는 경향이 있다. 그 결과는 고객 불평의 악순환이다. 왜냐하면, 고객 불평이 많은 부서에 대한 지원 감소는 곧바로 고객에 대한 서비스의 악화로 이어지기 때문이다.

기업의 올바른 태도는 고객 불평이 많았던 부서에 오히려 물심양면으로 더욱 많은 지원을 하는 것이다. 그래야만 고객 불평의 악순환이라는 고리가 끊어지고, 고객이 가지고 있는 근본적인 불만을 해소하여 결국에는 고객 불평을 줄일 수 있다.

(2) 고객 불평의 유도

위에서 고객이 불평을 털어놓을 수 있는 여건을 조성하는 것이 왜 중요한 것인가를 보았다. 회사는 고객이 쉽게 불만사항을 회사측에 전달할 수 있는 공식적인 기구를 만들고, 그것을 통해 각종 정보를 수집하고 불만을 해소하기 위한 여러 가지 조치들을 취해야 한다. 고객 불평을 유도하는 방안에는 다음과 같은 것들이 있다.

① 수신자부담 고객 직통전화의 설치 : 소비자 건의함의 설치
② 수취인부담 엽서의 제공
③ 고객초청 간담회
④ 고객방문제도

5. 고객충성도

고객충성도는 재방문의 횟수와 재구매의 확률이 높은 고객을 의미한다. 충성도 높은 고객을 확보하게 되면 신규마케팅 비용의 절감뿐만 아니라 구전홍보를 통해 지속적인 매출이 이뤄지므로, 수익의 향상을 위해서는 일반 방문한 고객의 충성도를 높이는 것이 중요한 사안이다.

고객의 충성도를 높이기 위한 방법으로, 고객의 불평 관리는 고객만족경영의 실천이라는 면에서 볼 때 매우 중요하기는 하지만, 그것만으로는 진정한 고객만족을 달성할 수가 없다. 고객의 로열티는 고객의 반복 구매성향으로 정의할 수 있으며 고객유지율로 측정된다. 기업경영에 있어서 고객유지, 즉 단골고객의 중요성은 아주 지대하다. 고객 1인당 이익의 크기가 해가 갈수록 점점 증가한다는 것이다. 이러한 고객충성도 제고를 위해서는 다음과 같은 단계별 관리가 필요하다.

고객충성도 제고를 위한 단계별 관리방안을 살펴보면 다음과 같다.

1) 첫째 단계

고객만족경영CSM의 구체적인 비전을 제시하여 회사의 전 사원들이 그것을 공유해야 하고, 이러한 비전을 고객들이 실제로 이해할 수 있어야 한다. 많은 기업들이 고객만족CS을 경영이념에 포함시키고 있지만, 실제로 고객만족이 무엇을 의미하는지를 회사의 구성원들과 고객들이 구체적으로 이해하는 경우는 많지 않다.

2) 둘째 단계

고객과의 접점을 파악하여 각 고객접점에서 필요한 지원시스템을 정비하고 접점 전략을 수립하는 것이다. 이 때 고객 데이터베이스를 고객접점의 지원시스템과 연계하여 각 고객별로 차별화 된 마케팅활동을 하는 것이 중요하다. 항공사, 호텔에서 실시하는 고객충성도 프로그램이 그 예이다.

제록스사

경영목표 : 고객만족, 자산수익률 증대, 시장점유율 확대

고객만족이 제록스의 시장점유율을 높여줄 뿐만 아니라 고객의 기대를 충족시켜 줌으로써 재무성과와 주가를 더욱 높일 수 있다는 제록스의 경영이념을 내포하고 있다.

최일선 관리자들에게 전폭적인 권한 부여

기업의 최우선 순위를 고객만족으로 채택한 제록스는 우선 고객의 요구, 불만, 서비스 등에 신속하게 대응하도록 현장일선 관리자들에게 대폭적인 권한을 부여하였을 뿐만 아니라, 다각적인 측면에서 고객의 욕구와 만족수준을 조사하고 반영함으로써 고객의 마음까지 복사하기 위해 노력하고 있다.

다각적인 고객조사(제품 – 판매과정 – 배달과정 – 지원활동 등 4단계)

제록스는 100% 고객만족을 목표로 제품의 기대 정도를 파악하기 위해 '제품측면'을, 판매사원의 친절도 및 응대를 측정하기 위해 '판매과정'을, 원하는 시각에 배달되고 설치가 완료되었는지를 추적하기 위해 '배달과정'을, 사용자에 대한 교육 및 매뉴얼 제공이 제대로 실천되고 있는지를 평가하기 위해 '지원활동' 등을 조사하고 있으며, 또한 다양한 제품보증제도를 도입함으로써 고객만족도를 지속적으로 높여가고 있다.

다양한 보증제도

- 서비스 보증 : 구입한 제품이 원하는 시간의 98%만 작동한다면 차기구매 시 가격할인(10%)을 제공한다.
- 환불 보증 : 제품 및 판매원에게 만족하지 않으면 반품이 가능하며, 대금은 전액 환불해 준다.
- 제품성능 보증 : 최초의 사양과 달리 작동하거나 3년 동안 제대로 작동되지 않을 때에는 아무런 대가없이 교환해 준다.
- 적합제품 보증 : 제품이 욕구에 적합하지 않으면 다른 제품으로 교환해 준다.

자료 ▎조사연구보고 : 박규남, 인천경제연구소, 연구위원

3) 셋째 단계

고객의 이탈 원인을 분석하는 것이다. 이를 위해서는 먼저 기업의 핵심 고객층을 파악하고, 이들 중 이탈하는 고객에 대해 심층면접과 같은 심도 있는 소비자 조사를 하여 이탈의 근본 원인을 규명하는 작업이 필요하다. 특히 이러한 이탈고객과의 면접은 회사의 임원들이 직접 나서서 해야 효과가 있다. 일단 이탈의 원인 규명이 되면 그러한 원인을 없애기 위한 전사적인 노력이 필요하다.

4) 넷째 단계

고객충성도의 변화를 측정하고 이에 따라 고객만족경영의 성과를 평가하는 것이다. 이를 위해서 고객을 신규고객, 거래량을 늘린 기존고객, 거래량을 줄인 기존고객, 이탈고객 등 네 그룹으로 분류하고, 각 그룹의 증감 추세를 분석해야 한다. 또한 신규고객들은 어떤 경쟁사로부터 왔는지, 그리고 이탈고객들은 어떤 경쟁사로 갔는지를 분석하여 향후 마케팅 전략을 수립하는데 활용해야 한다.

6. 고객만족도

1) 고객만족도 조사

전사원에 의한 고객만족 이념의 공유가 이루어지고 고객만족 마인드가 확립되면, 다음 단계로 고객만족도Customer Satisfaction Measurement를 측정하거나 고객의 욕구를 알기 위해 고객만족 조사를 실시하는 것이다. 전통적인 경영성과 지표를 주로 매출규모나 투자이익률 혹은 시장점유율과 같은 정량적 지표인 반면, 고객만족도 조사를 통해서 나오는 고객만족 지수는 고객의 반응에 준거해서 만들어진 거의 정성적 지표가 될 수 있다.

즉 고객만족경영CSM은 경영의 지표로서 고객만족도를 기준으로 하는 것이 원칙이다. 따라서 객관적인 조사에 근거하여 고객만족도가 비교되어야 한다. 또한 고객만족조사 결과는 상품이나 서비스개선 계획에 중요한 자료가 되므로, 체계적으로 준비한 다음에 이루어져야 한다.

고객만족경영과 일반경영과의 가장 현저한 차이는 기존의 경영은 고객의 의견을 의사결정에 반영하는 일이 적었으며, 경영자와 고객의 의견 차이가 있을 때 경영자나 관리자의 의견이 우선된다는 것이다. 고객만족경영이 이루어지기 위해서는 고객의 의견을 정기적·주기적으로 조사하여 기업의 의사결정에 중요한 지표로 삼아야 하며, 고객의 불편상태를 세부적으로 조사하여 이를 제품설계, 품질, 영업, 서비스, 관리 등 기업의 전반적인 활동에 반영한다.

2) 고객만족도 조사의 원칙

(1) 계속성의 원칙

고객만족도를 조사하는 시기와 회수에 대해서는 조사하는 목적에 따라 각각 다르지만, 고객만족도 조사는 정기적으로 또는 계속적으로 이루어져야 한다. 고객만족 조사에서 중요한 것은 이전의 평가 결과와 비교하여 종합적으로든 부분적으로든 어느 정도 잘되었는가를 비교 분석하는 것이 목적이다. 따라서 일정한 시기에 일정한 방법을 통해 계속해서 조사하는 것이 중요하다.

이에 따라 시계열적인 비교를 통해 고객만족의 상황과 문제점을 파악할 수 있고, 조사결과를 그래프하면 고객만족 효과의 패턴을 파악할 수 있다. 이 때 조사회수를 많이 하면 세세한 조사를 할 수 있고, 고객의 만족도와 의식의 변화를 알 수 있는 장점이 있으며 많은 비용이 들게 되므로 기업의 취급상품과 경영환경에 따라 1년, 6개월, 분기마다 정기적으로 계속하면 좋다.

(2) 정량성의 원칙

조사결과가 숫자로 나타나있다면, 전년과의 비교나 시계열적인 경향을 명확히 비교할 수 있다. 이와 같이 조사에는 숫자로 결과를 나타낼 수 있도록 각 기업에서는 독자적인 기준을 설정, 지수화 하는 것이 필요하다. 이 기준이 잘 확립되어있다면 전년도와의 정확한 비교를 할 수 있고, 고객만족도를 알 수 있으며 다음 개선 계획의 귀중한 자료로 삼을 수 있다.

(3) 정확성의 원칙

시간과 비용을 들여 고객만족도 조사를 정기적으로 정량적으로 조사를 할지라도 조사결과가 통계적으로 신뢰 가능한 것이 아니면 차라리 하지 않는 것보다도 못하다. 같은 내용이더라도 조사의 방법에 따라 결과가 크게 달라질 수 있으므로, 다음 사항에 대해서는 정확성을 기울여야 한다.

첫째, 조사대상자의 표본(추출방법)은 적절한가? 둘째, 조사항목이 만족 실태를 충분히 조사할 수 있는 내용인가? 셋째, 조사방법이 적절한가? 넷째, 조사담당자가 적절한가? 등 이러한 4가지 원칙 하에서 고객만족도를 조사하는 것이다.

02 내부마케팅

1. 내부마케팅의 개념

내부마케팅Internal Marketing이란, 내부시장의 직원이 활발한 마케팅 방식의 접근(활발한 마케팅 방식의 조정된 방법으로 수행되는 다양한 활동)을 통하여 서비스 마인드와 고객지향 행동에 가장 적절한 동기부여를 하는 것이다. 즉 내부마케팅은 기업의 직원을 관리하기 위해 마케팅의 역할을 활용하며, 기업 내부의 직원을 대상으로 한다.

서비스기업에서 직원은 제품을 제공하고, 그 제공을 통하여 직원은 그 제품의 일부가 된다. 경쟁 타사제품의 가시적인 부분에 대한 차별화는 곤란한 일이 많다. 같은 가격대의 병원이나 법률상담에 있어서도 마찬가지이다. 제품 차별화는 때때로 그 서비스를 제공하는 사람으로부터 생기는 일이 있다. 서비스기업에 있어서 모든 마케팅 활동은 마케팅 부문 이외의 직원에 의해 실시된다.

서비스기업의 마케팅 프로그램은 기업에 많은 고객을 유치하는 일이다. 서비스기업의 직원은 처음 찾아온 고객을 단골고객으로 만들지 않으면 안 된다. 단골고객의 인원수와 이익에는 긍정적인 상관관계가 있다. 어느 연구에 따르면, 단골고객이 5%

증가하면 순이익을 25%에서 125%까지 증가시킬 수 있다는 것이다.

서비스 매니지먼트 그룹의 노만R. Normann은 "거의 모든 서비스기업에 있어서 중요한 일은 인간의 에너지를 활동하게 하고 집중시키기 위한 약간의 혁신적인 조정방법"이라고 말하고 있다. 노만은 '진실의 순간Moments of Truth'이라는 용어를 만들어냈다. 그것을 후에 스칸디나비아항공의 칼존Jan Carl-zon 사장이 보급시켰다.

직원과 고객의 접촉은 어느 시기에 결정적 순간이 생긴다는 것이다. 노만은 "이것이 생기게 되면 이미 회사로부터 직접 영향을 받는 일은 없게 된다."고 말하고 있다. 그것은 기업의 대표자에 의해 실행되는 기능, 동기부여 및 도구이며, 서비스 제공 과정을 형성하는 고객의 기대와 행동이다.

노만R. Normann은 투우사가 투우장에서 숫소와 대치할 때의 순간을 표현하기 위해 사용한 용어를 차용한 것이다. 주도면밀한 훈련과 준비를 했음에도 투우사의 하나의 잘못된 동작 또는 숫소의 예기치 않았던 움직임이 재해를 초래시킨다. 마찬가지로 직원이 고객을 접대할 때 그 직원에 의한 부주의한 한 가지의 잘못이 그 고객으로부터 예기치 않았던 요구가 고객에게 불만을 안겨주게 된다는 것이다.

서비스기업은 직원이 그 제품의 일부를 구성한다는 점에서 독특하다. 따라서 기업들은 진실의 순간에 있어서 세련된 접객을 할 수 있는 유능한 직원을 두어야 한다. 사람들이 마케팅에 대해 갖는 생각은 통상 회사 외부인 시장에 돌려지는 일체의 활동으로 인식되고 있다. 그러나 서비스기업에 있어서 최초의 마케팅 노력은 내부직원에 관심을 집중해야 한다. 직원은 근무하는 회사와 판매하는 제품에 대하여 열정이 있어야 한다. 그렇지 않다면 고객을 감동시킨다는 것은 불가능하기 때문이다. 외적 마케팅은 고객을 기업으로 데리고 오기는 하나, 직원이 기대 이하의 서비스밖에 할 수 없다면 외부마케팅은 아무런 의미도 없게 된다. 따라서 마케팅 관리자는 직원이 훌륭한 서비스를 제공할 수 있게 하고, 그것을 적극적으로 수행할 수 있는 기법을 개발하는 것이 매우 중요한 과제이다.

2. 내부마케팅의 추진과정

보편적으로 내부마케팅은 그림 3.3과 같은 과정으로 실시된다.

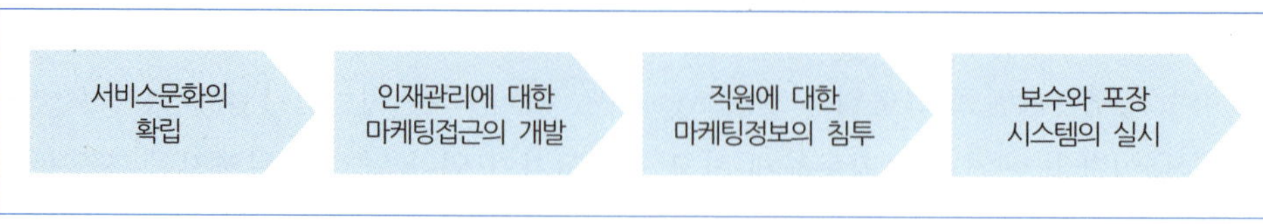

그림 3.3 내부마케팅 추진과정

1) 서비스문화의 확립

모든 조직에는 문화Culture가 있다. 몇몇 기업에 있어서 그것은 매우 미미한 것일지도 모른다. 적절히 관리된 기업에 있어서는 그 조직 내에 있는 누구도 그 문화를 잘 받아들이고 있다.

강력한 문화는 다음 두 가지 방법을 통해 조직을 지원하고 있다. 첫째로, 그것은 행동을 이끈다. 직원은 어떻게 행동할 것인가, 그리고 그들에게 무엇이 기대되고 있는가를 알고 있다. 둘째로, 강한 문화는 직원에게 목적의식을 부여하고 그 기업에 대하여 호감을 갖게 한다. 직원은 회사가 무엇을 성취하려 하는가, 그리고 목표를 달성하기 위해 어떻게 지원하면 되는가를 알고 있다.

반면, 기업문화가 약한 기업에서는 공통의 가치와 규범이 거의 없든지, 전혀 존재하지 않는다. 직원은 방침과 규칙에 때때로 속박을 받고 있다. 이러한 방침과 규칙은 고객서비스Customer Service라는 측면에서는 별 의미가 없는 것인데, 결과적으로 직원은 이 규율과 규칙의 범위 밖 문제에 대해 어떤 결정을 내릴 때는 불안감을 갖게 된다.

확립된 가치가 존재하지 않으므로 직원에게는 기업이 어떻게 행동하기를 바라는가를 알지 못한다. 그리고 직원은 행동양식을 찾는데 시간을 소비하게 된다. 직원이 해결책을 생각해냈을 때에는 그것을 그 문제에 적용하기 전에 그 문제에 대한 책임을 상층부에 보고할 필요성을 느낄지도 모른다. 결정이 내려지는 과정 중 고객은 대답을 받기까지 몇 분, 몇 일 또는 몇 개월을 계속 기다리지 않으면 안 된다. 강한 문화를 가진 기업에서는 직원은 무엇을 할 것인가를 알고 있고 그것을 실행한다. 고객은 질문에 대한 신속한 응답과 문제에 대한 신속한 해결을 얻을 수 있다.

문화Culture는 하나의 조직을 결속시키는 접착제와 같은 역할을 한다. 조직이 강력한 문화를 가질 때, 그 조직과 직원은 일체가 되어 행동한다. 그러나 약한 문화를 가진 회사는 반드시 서비스문화를 가진다고는 말할 수 없다. 강한 서비스문화는 직원에게 고객지향으로 행동하도록 방향을 제시한다. 그리고 그것은 고객지향의 조직을 구축하는 첫걸음이다.

종래의 조직구조는 삼각형의 모양을 하고 있다. 예를 들면, 호텔에 있어서는 최고경영책임자CEO : Chief Executive Officer와 최고집행책임자COO : Chief Operating Officer가 이 삼각형의 정점에 위치한다. 총지배인은 그 다음에 위치하고, 각 부문의 장 그리고 중간관리자, 접객 직원, 고객 순으로 아래로 계속되고 있다.

기업이 서비스문화를 갖게 되면 조직도는 그 반대가 된다. 고객은 조직의 최상위에 위치하고, 경영관리자는 그 구조의 최하위에 위치하게 된다. 이런 부류의 조직에서는 모두가 고객에게 서비스하기 위해 일하고 있다. 기업의 경영관리자는 총지배인이 고객에게 서비스하는 것을 지원하고, 총지배인은 고객에게 서비스하는 부문을 지원하며, 부문의 장은 중간관리자가 고객에게 서비스하는데 있어서 보다 나은 시스템을 만들어내고, 그리고 중간관리자는 고객에게 직접 서비스를 제공하는 접객 직원을 지원하게 된다.

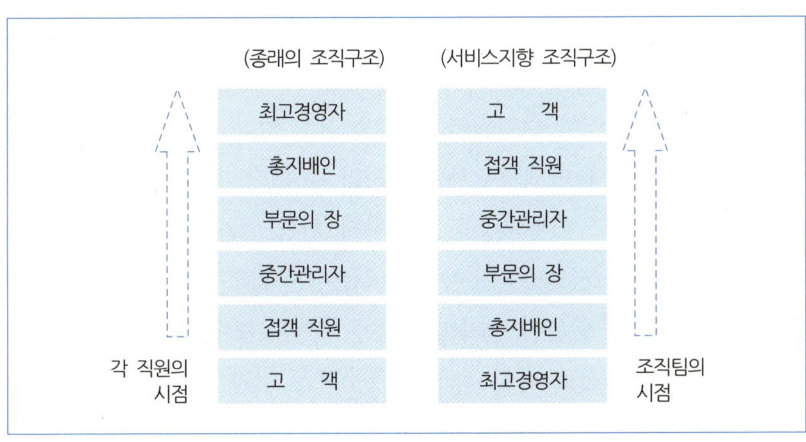

그림 3.4 고객만족을 위한 역조직 구조

고객지향적인 조직을 구축하기 위해서 경영자는 시간과 예산지원에 확고한 의지가 있어야 한다. 고객지향시스템으로 바꿔나가기 위해서는 직원에게 권한을 위양하는 것뿐만이 아니라 고용, 훈련, 보수체계, 고객의 고충처리에 관한 개선을 필요로 한다. 경영자는 고객 및 접객 직원과 대화시간을 많이 가져야 한다. 경영자는 이러한 변화에 깊이 관여하고 있어야 한다.

2) 인재관리 마케팅

(1) 우수인재의 확보

최고의 서비스를 수행할 수 있는 인재를 고용하는 것은 서비스마케팅에 있어서 가장 중요한 요인 중의 하나이다. 그러나 많은 서비스기업은 이러한 것이 중요하지 않은 것처럼 생각하고 있다. 많은 기업들은 자신들이 고용하는 종사원을 잘못 정의하고 있고, 대단히 낮은 기준을 가지고 있다. 많은 기업들은 직원을 고용하는 면접 및 선발과정에서 일부직원에게 의존하며, 때로는 이러한 업무가 완전히 인사부서에 위임되기도 한다. 서비스기업은 그들은 변화시킬 수 없는 현실이라고 가정함으로써, 상상할 수 없는 이직률에 봉착하고 있다.

경영자는 직원을 채용하여 유지하기 위해 마케팅원리를 활용해야 한다. 경영자는 고객의 욕구를 조사하는 것과 마찬가지로 직원의 욕구에 대해서도 연구·조사해야 한다. 모든 직원은 같을 수가 없다. 어떤 직원은 수입을 보충하기 위해 일을 찾고 있고, 또 다른 직원은 유일한 수입원이 될 일을 찾고 있다. 마케팅 관리자는 직원 고용시장을 세분화하기 위해 마케팅조사를 실시할 수 있다. 즉 기업을 위해 최고의 직원 세분화를 선택하고 그 세분시장을 유인하기 위한 마케팅믹스를 전개한다.

직원을 위한 마케팅믹스Marketing Mix란 업무, 급여, 복리후생, 입지, 통근, 주차장, 근무시간, 위신과 명기되어 있는 승진기회와 같은 무형의 보수 등의 대우를 말한다. 고객이 상품을 구입할 때 서로 다른 속성을 추구하는 것과 마찬가지로, 직원도 각기 다른 이익을 추구한다. 어떤 사람은 유연한 근로시간에 매력을 느낄지 모르고, 어떤 사람은 건강보험이 잘되어 있는 데에 마음이 끌릴지 모르며, 또한 어떤 사람은 탁아시설에 매력을 느낄지도 모른다.

업무와 가사와의 유연한 근무시간, 직원이 스스로의 이익패키지를 설계할 수 있는 카페테리아형Cafeteria-style의 이익프로그램 및 탁아시설을 특정 직원층을 유인하기 위해 이용할 수 있다.

광고Advertising는 장래의 직원을 염두에 두고 개발되어야 한다. 즉 현재와 미래의 직원과 고객을 위해 좋은 이미지를 확립하는 것이다. 직원은 고객이 어느 기업을 선택하든가, 다른 기업으로 변경하든가 하는 것과 마찬가지로 사용자를 선택하고 변경한다. 고객과 직원을 잃는 것은 기업으로서는 값비싼 대가를 치르게 된다. 시장에서의 위치와 기업 이익을 확보하기 위해 마케팅 접근을 이용하는 것은 우수한 직원을 유치하여 유지하는데 큰 도움이 된다.

직원의 전직(轉職)에 관련된 비용은 1980년대 말 1인당 평균 2,100달러로 추정되고 있다. 즉 어느 호텔기업이 100%의 전직률로 200명의 직원이 전직하게 되면 40만 달러 이상의 비용이 들어가게 된다. 현재는 틀림없이 그 이상의 비용이 들어갈 것이며, 따라서 전직률을 감소시키는 것은 몇 백만 달러의 절약이 되는 것이다.

(2) 채용과정

경영자는 고객서비스에 대한 기대에 기초한 각각의 직위에 이상적인 지원자들의 프로필Profile을 만들고, 모집에 있어서 이러한 프로필을 이용한다. 경영자는 면접 진행에 있어서 좀 더 많은 종사원을 참여시켜 좀 더 유능한 지원자에게 여러 차례 면접을 하는 방식을 통해 특정한 직위에 가장 적합한 지원자를 찾을 수 있도록 많은 지원자와 면접을 해야 한다.

스위스항공Swiss Air은 채용 희망자를 신중히 심사하고 개인면접 후보자를 선정하여 5~6시간의 선발 과정을 실시한다. 이 과정에서 통과된 지망자를 3개월간의 견실습을 시킨다. 서투른 직원에 기인하는 착오를 커버하기보다 우수한 직원을 선발하는데 투자하는 편이 낫다는 것을 인식하고 있으므로, 스위스항공은 각 채용대상자에 막대한 자원을 투자하고 있다. 스위스항공은 우수한 직원을 고용해야 하는 중요성을 이해하고 있는 것이다.

(3) 팀워크

서비스 업무는 고객의 욕구에 부응하는 것이며, 이러한 업무를 효과적으로 수행하지 못했을 때는 종사원은 사기가 저하되고 좌절하기도 한다. 꽉 찬 레스토랑, 매우 바쁜 은행지점에서와 같이 서비스를 해야 할 고객이 너무 많은 경우 정신적 · 신체적으로 상당한 압박감에 압도당할 수 있다.

서비스 제공자들의 동기를 지속적으로 유지하는 하나의 중요한 방법은 팀워크Team Work이다. 서로 돕고 이해하며 같이 작업을 하는 동료 간에, 서로 영향을 미치는 공동체는 서비스가 제대로 이루어지지 않을 때 강한 해결책이 된다. 이러한 팀워크는 종사원의 사기를 향상시켜 주며 재미를 느낄 수 있게 한다. 이러한 팀에의 참여는 개인적 업무 수행에 있어 종사원의 관심을 부추긴다.

(4) 교육

직원은 자기 기업에 관한 내용이나 다루고 있는 상품, 고객이 좋아 할 다른 제품에 대해 아무 것도 알지 못하는 일이 너무도 많다. 직원이 자기가 근무하고 있는 회사와 판매하고 있는 제품에 대해 열의가 없으면서 열의 있는 고객을 창조한다는 것은 곤란한 일일 것이다. 직원이 유능하다면 회사로부터 정기적으로 정보를 획득해야 한다. 회사의 연혁, 현재의 사업, 경영이념과 비전은 직원이라면 누구나 알아두어야 할 사항이다.

직원은 새로운 사용자를 긍지로 생각하도록 강력히 권고되고 있다. 기업의 성공에 기여하는 정열을 직원에게 불어넣는 것이다. 몇몇 업계에서 탁월한 서비스를 제공하고 있다고 알려진 우량기업에는 크로스 트레이닝Cross Training 연수교육을 실시하고 있다. 이러한 연수교육은 직원을 여러 부서에서 연수하게 한다. 따라서 다른 부서가 어떤 역할로 업무를 집행하는가를 알게 하고 부서 간에 협력하기 위한 업무를 익힐 수 있으며, 또한 전직원에게 일정 연수교육의 경험을 갖게 함으로써 공통된 문화를 공유하게 할 수 있다.

이러한 순환효과Circular Effect에 관한 연구결과는 다음사항을 명백히 해주고 있다. 즉 직원의 업무에 대한 만족도, 대처방안 및 안정성이 높아짐에 따라서 그들의 고객에 대한 집중도가 함께 늘어나고 있다는 것이다.

3. 마케팅 정보의 활용

1) 직원에 대한 마케팅 정보의 침투

고객과의 가장 효과적인 커뮤니케이션 방법은 접객 직원을 활용하는 것이다. 그들은 호텔의 헬스클럽이나 비즈니스센터와 같은 부가적 제품Additional Products을 추천할 수 있다. 그리고 그것이 고객의 이익이 될 때 매출액을 올릴 수 있다. 고객은 무엇인가의 문제로 당황하기 전에 직원에게는 그것을 해결할 기회가 때때로 있다.

유감스럽게도 대부분의 회사는 접객 직원을 고객과의 의사소통 사이클에서 제외시킬 경우가 있다. 마케팅 관리자는 이제부터 열릴 행사나 광고캠페인, 새로운 판매촉진에 대하여 부 · 과장급과는 상의도 하고 지시하고 있으나, 직원에게까지 이러한 정보를 알릴 필요가 없다고 생각하고 있다.

경영자Manager의 행동은 직원과 의사소통을 취하는 하나의 방법이다. 모든 직위의 관리직은 직원이 그들의 행동을 모범으로 보고 있다는 것을 인식해야 한다. 만약 총지배인이 바닥에 버려져 있는 휴지를 줍는다면, 다른 직원도 같은 일을 하게 될 것이다. 직원들이 하나의 팀으로서 협동하는 중요성에 대해 강조하는 경영자는 그 개인적인 행동을 통하여 팀워크에 대한 소망을 달성할 수 있다. 직원들의 업무에 관심을 보인다든가, 돕는다든가, 직원들의 이름을 기억한다든가, 직원식당에서 함께 식사를 하는 행동은 경영자의 말에 대한 신뢰를 갖게 할 것이다.

서비스기업은 사내에서 커뮤니케이션Communication의 한 방법으로 인쇄물을 사용하는 것이 좋다. 대다수의 복수사업부제 기업은 직원용 사내신문을 발행하고 있으며, 대규모 호텔에서도 대부분 사내신문을 발간하고 있다. 매스 커뮤니케이션과 더불어 개인적인 커뮤니케이션은 신제품이나 판매촉진 홍보의 효과적인 전달방법으로서 중요하다.

베리L. L. Berry는 주주용과 직원용의 2가지 연차보고서를 만들 것을 권고하고 있다. 현재로서는 많은 기업이 그의 권고에 따라 이를 실행하고 있다. 맥도날드는 CM을 포함한 비디오테이프에 의한 말하는 연차보고를 시작하였다. 이러한 독특하고 창조적인 접근에 따른 연차보고는 주주와 직원에 대한 바람직한 의사소통 수단이 되고 있음을 입증하고 있다. 이 비디오테이프가 최초로 작성되었을 때 주요뉴스미디어의 무료광고에 의해 거액의 가치를 낳았던 것이다.

경영자와 직원과의 계속적인 의사소통은 필요불가결하다. 그것은 단순한 집단회의가 아니라 직원과 경영층 간에 갖는 정기적인 개별회의를 말한다. 모든 접객 직원은 몇 백 명이라는 고객과 매일 같이 의사소통을 하고 있다. 경영자는 이러한 직원과 만나서 고객의 욕구를 파악하고 고객에게 서비스를 제공하는 직원이 보다 능률적으로 일하기 위해 기업은 무엇을 할 것인가를 결정해야 한다.

서비스기업은 특수한 시장의 고객을 효과적으로 유치하는 판매촉진을 개발하기 위해 시간과 노력을 쏟고 있다. 그런데 만약 고객이 판매촉진에 대해 아무것도 알지 못하는 직원을 만나서 아무런 정보도 얻을 수 없다면, 불만을 품은 채 떠나버리고 말 것이다.

기업은 제품의 지식을 직원에게 학습시키기 위해 최신장비와 훈련을 도입할 수 있다. 최신장비로는 데이터베이스Data Base의 개발이 있다. 기업의 제품과 서비스를 학습해야 할 직원으로서는 정보는 간단하게 입수할 수 있다. 따라서 직원에게는 회사의 제품을 이용할 것을 권장하고 있다. 직원은 신제품이나 제품의 변경, 마케팅홍보, 서비스 제공 과정의 변경에 관한 정보를 항상 받고 있어야 한다.

마케팅 계획의 모든 단계에서 내부마케팅을 포함할 때에는 그 실시 계획에 그 홍보를 직원에게 알리는 활동이 포함되어 있지 않으면 안 된다. 처음에는 모든 직원은 광고에 나오는 자기회사의 광고를 보고 있다. 미디어에 광고가 나가기 전에 기업은 그 광고를 직원과 공유해야 한다. 또한 경영자는 홍보의 목적과 실시에 대하여 설명해야 한다.

2) 평가 및 포상과 표창제도

직원은 효과적인 업무수행 방법을 알고 있어야 한다. 커뮤니케이션은 이들의 업무업적에 대하여 어떤 대가를 부여하도록 설계되어야 한다.

내부마케팅 프로그램은 서비스의 기준과 조직이 어느 정도로 이 기준에 합치하는가를 측정하는 방법을 포함하고 있다. 어떤 서비스의 측정 결과도 직원에게 알려져서는 아니 된다.

많은 서비스기업은 기업의 여러 가지 요소에 관한 고객만족도를 조사하고 있다. 어느 연구자는 고객으로부터 수집한 정보를 직원에게 전달하는 것만으로도 이들의 태도와 업무의 업적이 달라지는 것을 발견하였다.

고객서비스의 측정 결과가 직원에게 전달되고 좋은 서비스를 한 직원이 표창을 받든가 하면, 그 측정 자체는 직원의 태도에 플러스효과를 가져다준다. 고객지향 직원을 원한다면 그와 같은 고객서비스를 하는 우수 직원을 찾아내는 방법을 생각해 내어 그러한 노력에 대해 직원을 보상하고 표창하는 것이다.

현재 고객만족을 기준으로 하여 포상을 하기 시작한 회사가 몇 개사 있다. 그러나 이 몇몇 회사는 예외에 속하고, 대부분의 회사는 그렇지가 않다. 회사가 고객지향 직원을 원한다면 고객에게 서비스를 제공하는 직원에 대해 포상을 해야 한다. 고객만족 득점에 따라서 실시하는 포상제도와 상여금은 고객서비스를 기준으로 직원을 포상하는 하나의 방법이다.

3) 비정형 업무

훌륭한 내부마케팅 프로그램은 비정형 업무를 처리할 수 있는 권한을 직원에게 부여해야 한다는 것이다. 비정형 업무란, 업무수행에 있어 돌발 상황으로 나타나는 업무를 말하는데, 예를 들면, 호텔이 만실인 상태에서 체크아웃을 늦춰달라는 요구, 그리고 차내에서 열쇠를 두고 온 레스토랑 이용객의 도움요청 등이다.

훈련프로그램이나 매뉴얼은 고객에 대한 일상적 업무와 정형 업무에 있어서 직원이 대응할 수 있게 한 것이다. 내부마케팅 프로그램은 고객에 대해 친밀감을 가지고 적극적으로 서비스하는 직원을 지원하는 것이다. 그런데 모든 업무가 정형 업무에만 국한되지는 않았다.

비정형 업무를 처리하는 능력은 일류 서비스기업과 일반적인 평범한 기업을 구분하는 척도로도 된다. 이곳에서 비정형 업무란, 특수한 일로서 일상 업무에서는 직원이 처음으로 경험하는 고객대응을 말한다. 일어날 수 있는 비정형 업무의 종류는 매우 다양하기 때문에 트레이닝 매뉴얼로서 그것을 커버할 수는 없다.

경영자는 고객에 대한 문제를 해결하는 결정권을 직원에게 부여하지 않으면 안 된다. 경영자는 직원의 의사결정 능력을 신뢰함으로써 직원을 고용하고 훈련시킬 수 있다는 스스로의 능력에 대한 자신감을 보여주어야 한다. 적극적으로 잘 훈련되고 권한 위양이 이루어진 직원보다도 엄격한 방침과 절차에 의존하는 서비스기업에는 최대의 고객만족 같은 것을 달성할 전망은 거의 없다. 이를 루이스Robert C. Lewis는 매우 적절하게 표현하고 있다.

즉 내부마케팅 개념을 성공시킬 것인가 어떤가는 절대적으로 경영에 달려 있다. 직급이 낮은 직원의 상사가 고객에 대해 민감하지 않다면 그 직원에게 고객에 대해 민감해지기를 기대하는 것은 무리이다. 첫째로, 방침과 절차를 중요시하는 운영지향 경영자는 고객과 관계없이 실행한다든가, 기업의 내부마케팅 노력을 기반부터 무너뜨린다든가, 업무가 도전적이 된다든가, 업무로부터 자존심과 개인적 만족을 얻는 일이 거의 없는 기계적인 업무로 바꾸든가 한다. 또한 엄밀히 특수한 절차에 따르지 않으면 안 될 업무에 직원을 붙들어놓음으로써 운영지향 경영자는 직원의 손발을 묶어놓아 고객을 만족시킬 능력을 제한하고 있는 것이다.

비정형 업무에 관한 것은 장래에 있어서 더 중요한 문제로 다가설 것이다. 서비스업계에서는 현재 고객에 관한 정형 업무의 기계화가 추진되고 있다. 컴퓨터에 의한 체크인, 체크아웃이 이루어질 것이다. 따라서 직원은 비정형 업무를 더 빈번하게 처리하게 될 것이다. 자신이 사용할 줄 아는 고객은 고객서비스의 향상과 신속성을 보장하는 전자기계를 이용하게 될 것이다. 자신이 사용할 수 없는 고객은 직원에게 의존하려 할 것이다. 작업장의 자동화가 더 한층 추진됨에 따라서 직원은 질문에 응답하고 고객문제를 해결하는데 있어서 현재 이상으로 중요한 역할을 수행하게 될 것이다. 직원도 비정형 업무를 처리할 수 있게 준비해야 한다.

파라슈라만A. Parasuraman은 "몇 가지 정형 업무의 대응에서 만족할 수 있었던 고객서비스는 비정형 업무의 대응에서 단 한 번의 잘못으로 허물어지고 말았다. 어떤 많은 명문화된 절차 · 지침 또는 매뉴얼이 있었다하더라도 잘못이 일어나는 것을 방지할 수는 없다. 그것을 할 수 있는 것은 고객만족에 대한 진정한 조직적인 대처밖에는 달리 길이 없다."라고 말하고 있다. 강한 서비스문화에 있어서의 직원은 비정형 업무의 대응에 필요한 판단을 내릴 수 있게 된다.

TOURISM SERVICE

CHAPTER 04

서비스품질경영

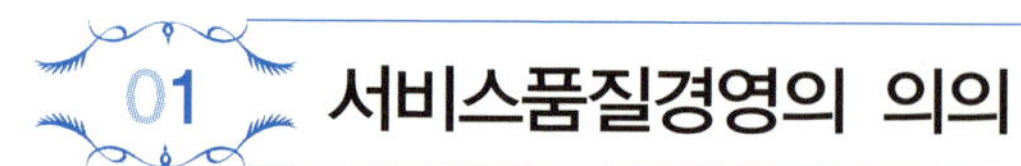

01 서비스품질경영의 의의

1. 서비스품질의 개념

서비스의 품질이란, 기업의 경쟁력 제고의 핵심 개념이다. 품질Quality이란, 고객만족Customer Satisfaction과 직접으로 연결되며, 또한 고객만족은 매출과 수익성 증대에 직결된다는 것을 무수히 보아왔다. "품질이란, 정신도 물체도 아닌 제3의 독립적인 실체이다. 비록 품질은 무엇인지 정확히 정의할 수 없을지는 몰라도, 고객은 그것이 무엇인지를 안다."라는 말이 있다.

파라슈라만Parasuraman에 의하면, "서비스품질은 서비스의 우수성과 관련된 고객의 전반적인 판단, 태도"라고 정의하고 있다. 또한 '서비스의 품질을 어떻게 알 수 있느냐'라는 질문에는 "기대된 서비스Expected Service와 지각된 서비스Perceived Service 간의 비교 · 평가로서 알 수 있다."고 하였다. 또한 칼 알브레이트Karl Albrecht는 이를 "계약에 의한 제공하고자 하는 서비스와 제공된 서비스 가치와의 차이"라고 설명하고 있다.

서비스품질 향상을 위한 노력은 조직의 서비스를 원점에서 재점검하는 데서 출발

표 4.1 주요 서비스기업의 서비스 등급 결정요인

서비스기업	등급 결정요인	주요 내용
은 행	창구직원	친절성, 신속성, 정확성, 접근성
	대출구좌	대화 가능성, 적절한 시용조사, 이자율, 대출기간, 부실대출 비율, 예대율(예금 대비 대출비율)
	예금구좌	정확성, 입 · 출금의 속도, 무담보대출(마이너스 통장) 금액
백화점	제품창고	청결, 조직적 관리, 충분한 상품 공급, 상품의 회전율
	진열지역	매력성, 잘 정리된 진열, 고객의 의견 청취
	계산대	깔끔함, 친절, 지식 있는 판매원, 대기시간, 신용카드 신용조회 및 판매처리의 정확성
레스토랑	주방	청결, 적절한 재고, 위생적인 음식, 보건규칙 이행
	계산대	신속성, 정확성, 외관성
	식사장소	청결, 편안함, 정기적인 조사

자료 : Murdick, R. G., Render, B., Russell, R. S., Service Operations Management, Allyn and bacon, 1984. p. 420.

해야 한다. 고객Customer의 사전 기대는 주관적이고 사람에 따라 차이가 있다. 그런데 이것은 일반적으로 어떻게 만들어지는가를 보면, 고객이 어떤 서비스를 받을 때(병원, 호텔, 공공행정, 은행, 음식점, 백화점 등) 그 사전 기대에 영향을 주는 것은 일반적으로 ① 광고 선전 내용, ② 판매시의 설명, ③ 그 조직에서 서비스를 이용했던 제3자의 이야기, 즉 구전(口傳)이며, ④ 고객 자신의 과거 이용경험과 인식이라고 할 수 있다.

서비스품질이 고객만족이며 결국 만족한 고객은 새로운 판매원이 될 수 있는 것이다. 그래서 품질이 판매이며 서비스 활동이 곧 판매 활동인 것이다.

2. 서비스품질경영의 개념

서비스는 객관적으로 품질을 측정하기가 어렵다. 따라서 일반적으로 서비스품질은 고객에 의해 주관적으로 인지된다. 이 때 서비스의 품질은 소비자가 제공받은 서비스에 대한 기대와 소비자가 제공받아 지각한 서비스, 즉 기대된 서비스와 지각된 서비스의 두 가지 변수에 달려있으며, 고객과 종사원 간의 접촉, 즉 서비스 전달과정에서 발생하는 것으로 알려져 있다. 결국 서비스에 대해 어떻게 지각하는가에 대한 것이 서비스품질이라 할 수 있다.

1) 서비스품질경영에 대한 학자들의 정의

루이스와 붐Lewis & Booms, 1983은 서비스품질을 "인도된 서비스가 고객의 기대와 얼마나 일치하는가의 척도"라고 정의하였으며, 서비스품질은 고객의 기대에 일치되도록 일관성 있게 서비스를 제공하는 것을 의미한다고 주장하였다.

또한 그룬누스Gronroos, 1978, 1982, 1984는 서비스품질을 "고객의 지각된 서비스와 기대한 서비스의 비교평가 결과"라고 정의하였으며, 서비스품질은 고객의 기대, 기술적 · 기능적 특성, 이미지와 같은 제변수와 함수관계에 있다고 주장하였다.

위와 같은 이 서비스품질은 주로 고객의 서비스에 대한 지각Perception과 서비스에 대한 기대Expectation로서 결정되는 고객의 지각된 서비스품질로 정의된다.

2) 서비스품질의 구성요소

전반적인 서비스품질과 서비스만족 평가에 있어서 고객과 종업원 간의 상호작용의 중요성은 서비스품질과 서비스만족에 관한 선행연구에서 확인됨을 알 수 있다. 즉 PZBParasursman, Zeithaml, Berry는 서비스를 제공하는 기업이 어떻게 이를 수행해야 하는가에 관한 고객의 일반적인 기대와 기업의 성과를 비교한 결과로써 특정기업의 서비스 질을 평가하였는데, 그들은 처음에 집중 집단면접을 통해 서비스품질의 10개 구성 차원을 알아냈으며, 후에 그들은 실증적인 타당성과 척도의 개발을 통하여 서비스 질을 종속적인 5개의 차원으로 축소하였다. 이러한 5개의 종속적인 차원은 유형성Tangibles, 신뢰성Reliability, 반응성Reactivity, 확실성Assurance, 공감성Empathy이다.

표 4.2 5개 차원의 종속적 서비스의 질

차 원	의 미
신뢰성(Reliability)	• 약속한 서비스를 믿게 하며 정확하게 제공하는 능력
확신성(Assurance)	• 서비스 제공자들의 지식, 정중, 믿음, 신뢰를 전달하는 능력
유형성(Tangibles)	• 시설, 장비, 사람, 커뮤니케이션 도구 등의 외형 • 물리적인 시설, 장비, 인원, 그리고 커뮤니케이션 도구 포함
공감성(Empathy)	• 고객에게 개인적인 배려를 제공하는 능력, 관심 및 친절
대응성(Responsiveness)	• 기꺼이 고객을 돕고 신속한 서비스를 제공하는 능력, 자발성

첫 번째, 신뢰성Reliability은 서비스성과의 신뢰성과 유형성을 포함, 회사가 특정 서비스를 한 번에 바르게 수행하고 약속을 이행하는 것을 의미한다. 청구서의 정확성, 기록을 정확하게 유지, 예정된 시간에 서비스를 수행하는 것이 있다.

두 번째, 확신성Assurance은 종업원이 제공해 줄 것이라 믿는 확신과 신뢰, 종업원의 능력, 지식, 예의 등을 말한다.

세 번째, 유형성Tangibles은 서비스의 물리적 설비와 근거를 말한다. 물리적 시설, 서비스 제공에 이용되는 근거 등이 여기에 해당된다.

세 번째, 반응성Reactivity이란 서비스를 제공하는 직원의 의지와 신속성, 서비스의 적시성을 포함한다. 즉각적인 거래 전표 송부, 직원의 지식과 기술, 조직의 조사능력 등이 있다.

네 번째, 공감성Empathy이란 고객에 대한 배려나 개인적인 친밀감에 해당된다.

마지막으로, 대응성Responsiveness이란 기꺼이 고객을 돕고 신속한 서비스를 제공하는 능력, 즉 자발성이다.

3. 서비스품질의 특징과 측정방법

1) 서비스품질의 특징

(1) 객관적 품질과 인식된 품질

많은 연구자들은 객관적 품질Objective Quality과 주관적 품질Perceived Quality의 차이를 강조해 왔다. 홀브룩Holbrook과 코프만Coffman은 기계적 품질Mechanistic Quality과 인간적 품질Humanistic Quality을 구별하였는데, 기계적 품질은 사물이나 사건의 객관적인 면이나 특징을 포함하는 것이며, 인간적 품질은 객체에 대한 사람들의 주관적인 반응을 포함한다.

서비스품질의 정의에 있어서는 '객관적 품질'을 고려하되, 이와는 다른 '인식된 품질'이 사용되어야 할 것이다. 이때의 인식된 품질은 '실체에 대하여 소비자가 판단한 보편적 우월성'으로 정의된다.

(2) 과정 품질과 결과 품질

서비스품질에는 두 개의 차원이 있다. 기술적 차원(결과 차원)과 기능적 차원(과정 차원)이다. 결과 품질Outcome Quality은 고객이 기업과의 상호작용에서 무엇을 받느냐를 나타낸다. 이는 서비스와 관련하여 생산과정이나 구매자와 판매자의 상호작용이 끝난 뒤 고객에게 남은 것을 나타낸다. 이는 보통 객관적으로 평가할 수 있는 차원인데, 그 성격상 문제에 대한 기술적인 해결책인 경우가 많기 때문에 기술적 품질Technical Quality이라고도 부른다.

그러나 품질의 가장 중요한 측면은 과정이다. 예를 들어, 항공승무원의 용모나 행동, 종업원들이 어떻게 일을 수행하는가 등이 품질에 대한 고객의 인식을 바꿀 수 있다. 즉 고객이 서비스를 어떻게 받는가 또는 서비스 제공 과정을 어떻게 경험하는

가를 나타내는 것이 과정 품질Process Quality이다.

이는 구매자-제공자 간의 상호작용에서 진실의 순간들이 어떻게 다루어지는가, 서비스 제공자가 어떻게 기능을 수행하는가를 나타내므로 과정의 기능적 품질Functional Quality이라고 부른다.

대부분의 경우 고객은 기업이나 기업의 종업원 또는 영업방식을 보게 된다. 따라서 기업의 이미지가 서비스에 있어서 매우 중요하며, 서비스품질을 평가하는데 여러 가지로 영향을 미치게 된다. 만약 서비스 제공자가 좋은 이미지를 가지고 있다면 사소한 실수는 아마도 용서될 것이다. 물론 이러한 실수가 반복적으로 일어난다면 이미지는 손상될 것이다. 따라서 서비스품질의 인식에 있어서 이미지는 필터처럼 여과하는 작용을 하는 것이다.

2) 서비스품질 차원

최근에 이르기까지 서비스품질에 대한 연구는 주로 제품의 물리적 품질에 초점을 두었다. 그러나 1980년대 중반 이후 경제에서 차지하는 서비스의 비중이 증대함에 따라 여러 분야에서 서비스에 대한 관심을 가지기 시작하였고, 특히 제품에 대비한 서비스의 차별적 특성에 대한 연구 등이 다수의 연구자에 의해 수행되어왔다. 서비스가 제품과 상이한 특성이 있다는 점에 착안하여 서비스는 제품과 다른 새로운 정의가 필요하게 되었다.

서비스품질의 측정과 향상이 기업의 경쟁우위를 결정짓는 요인으로 점차 자리를 잡아감에 따라, 서비스품질의 정의와 서비스품질의 구성 차원에 대한 연구가 다수 등장하였다. 서비스품질은 실제적인 서비스품질과 지각된 서비스품질로 구분되는데, 주요 관심사는 실제 서비스품질보다는 고객의 품질에 대한 평가 및 판단인 지각된 서비스품질에 초점을 두고 있다.

서비스품질을 구성하는 차원에 대한 연구는 서비스품질의 측정 및 향상의 기초적인 것이다. 이에 대한 기존 문헌의 연구는 크게 세 가지 접근방법으로 구분된다. 하나는 2차원 접근법이며, 또 다른 하나의 흐름은 3차원 접근법이고, 마지막은 서비스 품질 결정요인을 구체적으로 고찰하는 접근법이다.

첫째, 2차원 접근법은 그뢴누스Grönroos, 베리Berry 등의 연구에서 찾아볼 수 있다.

둘째, 서비스품질 차원의 3차원 모형은 레티넨Lehtinen의 연구와 카마카Karmarker의 연구에서 찾아 볼 수 있다.

셋째, 다항목 서비스품질 결정요인 규명에 대한 연구는 파라수라만Parasuraman 등의 연구와 존스톤Johnston 등의 연구가 있다.

여기서 제시한 연구결과를 이용하여 서비스품질 측정 설계를 할 경우에 어떤 모형을 선택할 것인가는 연구 목적에 따라 상이할 것이다. 구체적인 서비스품질 결정요인에 대한 설계는 파라수라만 등의 연구를 확장한 모형인 존스톤 등의 모형을 적용할 수 있을 것이며, 서비스 전달 프로세스에 따른 서비스품질을 측정하고자 하는 경우엔 카마카가 제시한 총체적 서비스품질 모형을 적용하는 것이 유용할 것이다. 한편, 서비스생산 프로세스를 보다 중시하는 측정에서는 레티넨의 연구가 강점을 가진다.

표 4.3 서비스품질 차원 연구의 비교

구 분	연구자	내 용
2차원	Grönroos(1983)	기술품질, 기능품질
	Berry et al.(1985)	결과품질, 과정품질
3차원	Lehtinen & Lehtinen(1991)	물리적 품질, 상호작용품질, 기업(이미지)품질
	Karmarker(1993)	성과품질, 적합품질, 의사소통품질
다항목	Parasuraman et al.(1985)	신뢰성, 유형성, 대응성, 확신성, 공감성
	Johnston et al.(1990)	접근, 심미, 관심/도움, 가용, 배려, 청결/단정, 편안, 몰입, 의사소통, 역량, 기능성, 유연성, 고결, 신뢰, 대응, 안전

3) 서비스품질의 측정방법

(1) SERVQUAL

PZBParasursman, Zeithaml, Berry(1994)은 서비스품질이 서비스 고유한 특성으로 인해 객관적으로 측정하기 어려운 추상적인 개념이라고 하였다. 그래서 기업의 서비스품질을 평가하는 가장 적절한 접근방법은 소비자의 지각을 측정하는 것이라고 주장하였다. PZB(1988)은 서비스품질의 개념을 정의한 후 서비스품질을 측정하기 위한 도구로서 SERVQUAL이라고 불리는 다항목 척도를 처음으로 개발하였다. SERVQUAL은 초기에는 서비스품질의 구성 요인을 10개 차원(97개 항목)으로 도출하였으나, 이후 5개 차원(22개 항목)으로 축약하였다. SERVQUAL은 서비스 기대 측정, 서비스 경험 측정의 2가지를 구분하여 전자를 먼저 측정한 후 후자를 측정하여 측정된 기대와 성과의 격차, 즉 차이를 이용하여 서비스품질을 평가하는 방법으로, 도식화하면 다음의 그림과 같다.

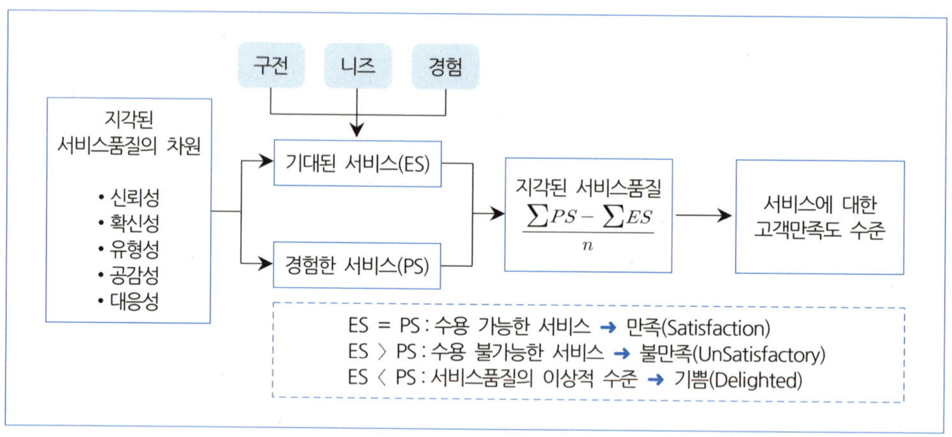

그림 4.1 지각된 서비스품질의 결정요인

그러나 SERVQUAL의 문제점을 많이 지적하고 있다. Teas(1993)는 SERVQUAL 모형에서 기대에 대한 개념 정의와 측정 타당도에 문제가 있다고 지적하였다. 기대수준은 규범적 기대 수준이므로 SERVQUAL은 어떤 이상적 기준과의 비교를 나타내며 예견된 서비스와 제공된 서비스의 차이를 나타내지는 않는다고 주장하며, 평가된 성과를 바탕으로 서비스품질을 측정하는 EPEvaluated Performance 모형과 규범화 된 품질모형을 제시한 후, 실증연구를 통해 EP모형이 우수하다고 결론을 내렸다. 또한 SERVQUAL 모형은 기대서비스 수준과 지각서비스 수준을 함께 측정하기 때문에 설문 응답자에게 정보과잉 또는 부담을 초래할 위험이 있다.

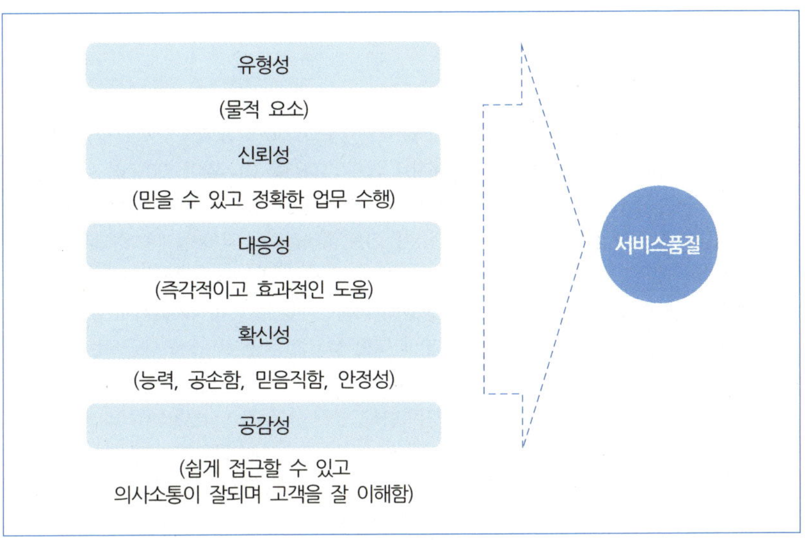

그림 4.2 SERVQUAL 모델

(2) SERVPERF 모형

크로닌Cronin과 테일러Taylor(1992)는 단순 성과만을 측정하는 SERVPERF 모형과 성과 항목에 중요도를 적용하는 가중 SERVPERFWieghted SERVPERF 모형을 개발하여, 성과 항목만으로 품질 수준을 측정하는 것이 다른 측정 항목에 비하여 우수하다고 주장하였다. 이들은 SERVQUAL에서 사용된 22개 문항의 5개 차원을 토대로 성과치만으로 구성된 자신들의 SERVPERF와 SERVQUAL 모형을 비교하는 연구를 수행하여 성과에 대한 지각만으로 서비스품질을 측정하는 것이 보다 타당하다는 것을 실증적으로 입증하였다.

표 4.4 SERVQUAL 모형과 SERVPERF 모형의 비교

	SERVQUAL 모형	SERVPERF 모형
제안자	Parasuraman, Zeithaml, Berry	Cronin and Taylor
모델의 구성	성과 – 기대	성과
기대의 정의	규범적 기대(제공해야만 할 수준)	기대 측정 안함
측정차원	5개 차원 22개 항목	5개 차원 22개 항목

리츠칼튼호텔

세계 최고의 호화롭고 고급스러운 여행 및 호텔상품과 서비스의 제공자 리츠칼튼호텔은 '최고급 호텔'이란 개념을 도입한 세자르 리츠의 정신을 이어받아 100년이 지난 지금까지 이를 믿고 전수해 나가고 있다. 18세기 베르사이유 궁전의 생활양식을 응용하여 고풍스럽고 고급스러운 내부 장식과 분위기를 현대감각에 맞춰 설계한 인테리어를 비롯하여 외관의 품질 격과 격조, 그리고 정중한 종업원들의 서비스정신으로 세계 정상을 유지하고 있다. 리츠칼튼호텔의 정상의 명예와 전통을 이어나가고자 하고 있다. 호텔 리츠칼튼 체인은 고객 한 분 한 분에 대한 철저한 개별서비스를 제공하는 것을 원칙으로 하고 있다. '개별서비스'란 고객이 전 세계 리츠칼튼호텔을 방문할 때 그 고객의 취향과 기호를 직원들이 파악해 기록화하고, 전 세계 리츠칼튼호텔들이 그 기록을 공유함으로써 고객이 리츠칼튼호텔 중 어느 곳이라도 재방문하게 되면 그 고객의 기호와 취향을 미리 파악한 호텔과 직원들이 그에 맞는 서비스를 제공한다는 것이다. 이러한 전 세계 체인호텔의 고객관리에 관한 네트워크화가 리츠칼튼호텔이 그 어느 호텔보다도 단골고객을 가장 많이 확보한 호텔 체인이 될 수 있는 원동력이 되었다.

최고의 품질경영

리츠칼튼호텔은 품질이라는 개념을 일찍부터 도입하여 성공적으로 시행해 오고 있는 대표적인 호텔이다. 이는 결점을 없앤 가장 효율적인 절차와 방법으로 호텔이 운영될 수 있도록 하는 모든 노력과 방식들을 의미한다. 이는 직원 및 호텔의 만족과 또한 고객의 만족을 극대화하는 가장 최선의 경영방법이다. 또한 취지 아래 전 직원을 대상으로 100시간 이상의 품질경영관리 교육을 전개하고 있다.

세계적인 명성의 리츠칼튼호텔이 있기까지 모든 직원 및 회사가 지켜온 서비스 철학은 94%의 고객만족을 이루어냈으며, '고객 절대만족'의 목표를 이루고 지켜나가기 위해 모든 직원과 호텔은 회사의 서비스 철학을 지속적으로 실천해 나가려 하고 있다.

4. 서비스품질의 수익성

고품질을 제공하는 기업은 그렇지 못한 기업보다 현저하게 큰 이익을 얻을 수 있다. 서비스품질 향상은 이탈하는 고객의 수를 현저히 줄일 뿐만 아니라, 고객유지율은 위의 표 4.5와 같이 구체적인 수익향상으로 나타난다.

또한 서비스품질과 수익성과의 관계에 있어 PIMS의 연구에서도 명백하게 드러나고 있다. 이들의 연구에서는 우수한 품질은 기업 간의 상대적인 투자수익률을 높일 수 있다고 지적하였다.

표 4.5 한 고객이 시간의 흐름에 따라 가져오는 수익(단위 : $)

업 종 시간(년)	신용카드업	세탁업	유통업	자동차서비스업
1	30	144	45	25
2	42	166	99	35
3	44	192	121	70
4	49	222	144	88
5	55	256	168	88

자료 : Federick F. Reichheld, W. Sasser, W. Ear, Zero Defections : Quality Comes to Service, Harvard Business Review, September-October, 1990.

1) 고객유지

고품질은 고객의 기업충성심을 높이고 호의적인 구전을 낳는다. 구매결정에 있어서 중요한 요인이다. 또한 이는 단골고객과 구전에 영향을 미치는 고객만족을 결정한다. 신규고객을 획득하는 것은 기존고객을 유지하기보다 4~6배의 비용이 들어간다는 것을 많은 조사에서 보여주고 있다.

만족한 고객은 구전을 통하여 추천해 준다. 평균적으로 1명의 만족한 고객은 5명의 사람에게 소문을 퍼뜨리거나, 1명의 불만족한 고객은 10명 이상에게 소문을 퍼뜨린다. 나쁜 구전을 좋은 구전으로 균형을 맞추려한다면 나쁜 서비스라고 느끼는 고객 1명에 대하여 2명 이상의 좋은 서비스라고 느끼는 고객을 필요로 한다.

2) 가격경쟁의 회피

PIMSProfit Impact of Market Strategy 자료에 따르면, 좋은 품질은 나쁜 품질보다 우수한 것만큼 가산할 수 있다는 것을 보여주고 있다. 탁월한 품질은 가격경쟁Price Competition을 피할 수 있어서 잠재적 수익을 최대로 잡는데 도움이 된다는 것을 의미한다.

3) 좋은 직원의 유지

종사원은 탁월한 제품을 생산하고 제공하는데 직접적으로 참여한다. 따라서 저질의 서비스는 고객의 불평을 유발시키고 고객의 불평은 다시 우수한 직원에게 사기

상실을 초래한다. 결국은 이들로 하여금 결근, 이직으로 이어지게 한다.

4) 비용의 감소

품질과 관련된 비용은 내부 비용, 외부 비용 및 품질시스템 비용으로 나눌 수 있다. 내부 비용Internal Costs은 서비스가 고객에게 전달되기 전에 기업이 문제를 미리 찾아서 바로 잡는 비용이다. 예를 들면, 부적절한 유지관리로 병실의 침대 다리가 고장이 났다면 그것이 수리될 때까지 그 침대를 판매하지 못해 발생된 손실이다. 외부 비용External Costs은 고객이 직접 체험하는 잘못과 관련된 것이다. 서비스의 문제 때문에 그 고객이 다시 그곳을 찾지 않는다면 그 비용은 매우 비싼 것이 된다. 예를 들면, 병원을 찾은 환자가 너무 오랫동안 기다렸기 때문에 다음 예약을 모두 취소함으로써 발생되는 비용이다.

품질시스템 비용Quality System Costs의 예를 보면, 고객서비스의 감사교육 훈련, 직원과 고객과의 경영회의 및 새로운 기술의 도입 등에 관련된 비용이다. 이러한 비용은 질 낮은 서비스로 기인하는 내 · 외부 비용에 관련된 비용보다는 항상 낮다. 품질시스템 비용들은 회사의 미래를 위한 투자로 보아질 수 있다. 품질시스템 비용은 고객이 다시 돌아오는 것을 확실하게 하는데 도움을 준다. 반면에, 내부 비용은 고객만족을 더하지 않을 뿐만 아니라 손상시키지도 않는다. 그것은 단순히 버려지는 돈이다. 잘못된 것과 관련된 외부 비용이 항상 높다. 품질이 떨어지는 서비스를 제공받은 고객을 단골로 유지하려면 많은 비용을 감수해야 한다. 때때로 이러한 노력은 성공하지 못하고 기업은 그 고객을 영원히 잃게 된다.

02 서비스품질 증거관리

1. 서비스품질 증거의 중요성

서비스는 무형성으로 인해 유형재와는 본질적으로 구별된다. 유형재는 대상Object

인 반면에, 서비스는 본질적으로 성과Outcome이다. 고객은 이러한 무형성 때문에 보거나, 시험해 보거나, 자체적으로 평가할 수 없다. 따라서 그들은 이러한 서비스와 관련된 여러 가지의 서비스 증거의 관리는 매우 중요한 문제라고 할 수 있다.

쇼스택G. Lynn Shostack은 유형재가 본질적으로 대상이기 때문에 재화마케팅은 추상적인 연상들Abstract Associations을 강조하는 경향이 있지만, 서비스는 무형재이므로 서비스마케팅은 유형적 단서들Tangible Clues의 조작을 통해 서비스의 실체를 제고하고 차별화하는데 초점을 맞추어야 한다고 지적하였다. 또한 베리L. L. Berry는 "서비스마케팅 관리자의 기본적 임무는 서비스에 관해 적절한 메시지가 전달되도록 유형적 측면들을 관리하는 것"이라고 하였으며, 어퍼와 풀톤Gregory D. Upah & James W. Fulton도 '상황연출Situation Creation'이라는 용어를 제안하면서 "그것은 고객이 서비스를 경험하는 동안 바람직한 태도와 행동을 배양하도록 실체적 환경을 설계하는 일"을 의미한다고 하였다. 또한 코틀러P. Kotler도 "구매자들에게 어떤 영향을 미치기 때문에 공간을 의식적으로 설계해야 한다."고 주장하면서, 분위기를 마케팅의 중요한 도구로 제안하였다. 이처럼 많은 학자들은 서비스마케팅의 품질증거가 서비스마케팅의 중심 개념이 되고 있다.

실제로 고객들은 서비스를 볼 수 없고 그 서비스와 연상되는 것, 즉 서비스 시설, 장비, 종사원들, 커뮤니케이션 체제들, 다른 고객들, 가격표 등의 여러 가지 유형 요소는 볼 수 있다. 이러한 유형 요소는 모두 무형적인 서비스에 대한 중요한 단서가 된다.

고객들은 서비스의 본질적 특성인 무형성으로 인해 보지 않고 그것을 이해하려고 하기 때문에, 그리고 그들이 무엇을 구매하고 있으며 구매 결정에 앞서 왜 구매하는지를 알고 싶어하기 때문에 서비스에 관한 단서인 서비스품질 증거에 특히 주목한다. 좋든 나쁘든 이러한 유형적 요소는 커뮤니케이션을 수행한다. 만일 잘못 관리된다면 단서들은 서비스에 관해 완전히 잘못된 메시지를 전달하여 전반적인 마케팅 전략을 심각하게 저해할 수 있으며, 잘 관리되는 단서들은 고객에게 서비스품질 지각에 강력한 강화요인으로 작용해 준다.

2. 서비스품질 증거의 형태

서비스를 보다 잘 이해하기 위해 고객들은 어떤 품질증거를 사용하는가? 마케팅 관리자들은 어떤 서비스품질 증거를 관리해야 하는가? 이러한 서비스품질 증거는 그림 4.3과 같이 세 범주로 나눌 수 있다. 그러나 물리적 환경, 커뮤니케이션, 가격은 서로 배타적이지 않으며 상호 관련되어 있다.

1) 물리적 환경

베이커Julie Baker는 서비스들이 제공되는 물리적 시설의 성격과 중요성을 나타내기 위해 표 4.6과 같이 물리적 환경Physical Situation에 대한 유용한 패러다임을 개발하였는데, 기본적으로 세 범주로 구분할 수 있다.

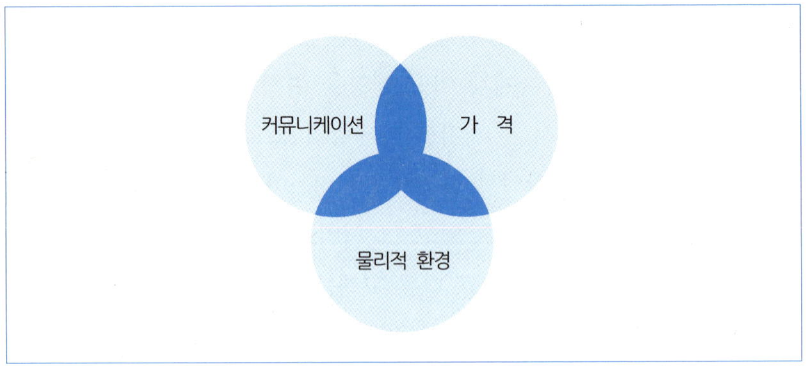

그림 4.3 서비스품질 증거의 요소

표 4.6 물리적 환경의 구성인자

배경 요인	서비스지각에 직접적인 관련이 없는 배경 상황	• 대기온도, 소음, 청결
디자인 요인	서비스지각에 직접적인 영향을 미치는 자극	• 미학적 요인 : 건축, 색상, 규모, 설비, 형태 • 기능적 요인 : 장식, 안락함
사회적 요인	서비스 제공 상황에 관련된 인적 요소	• 청중(다른 고객) : 고객의 수, 고객의 용모, 고객의 행동 • 서비스 종사원 : 종사원의 수, 종사원의 용모, 종사원의 행동

(1) 배경 요인

배경 요인Ambient Factors은 서비스 제공과 직접적인 관련은 없지만 소비자가 불만족

했을 때 즉각 주의를 기울이는 배경상황이다. 예를 들면, 대기온도와 소음이 그러하다. 일반적으로 배경 요인은 소비자에게 대체로 당연한 것으로 받아들여지기 때문에 그것들의 영향은 중립적이거나 부정적인 형태로 나타난다. 즉 이러한 배경 요인에 대한 고객인지Customer Aware-ness는 접근행동Approach Behavior보다는 회피행동Avoidance Behavior을 불러일으킬 가능성이 높다. 한편, 주변 환경 요소에 대한 고객 지각은 접근행동보다 기피행동으로 더 잘 나타난다. 예를 들면, 고객은 어떤 레스토랑을 시끄럽기 때문에 피할 수 있다. 이 때 소음은 배경 요인의 소음은 소비자에게 회피행동을 유발시킨 요인이 되었다.

(2) 디자인 요인

디자인 요인Design Factors은 배경 요인보다 고객들에게 훨씬 더 명백한 시각적 자극들Visual Stimuli이다. 따라서 디자인 요인들은 긍정적 고객 지각을 산출하고 접근행동을 격려할 수 있는 잠재력을 비교적 많이 가지고 있다. 효과적으로 전달하기가 쉬운 가시적 자극물이다. 다시 말해, 디자인 요소는 고객에게 긍정적 지각을 형성하고 접근행동으로 이끌 수 있는 많은 잠재력을 가지고 있다. 디자인 요소는 구조, 색상 등과 같이 미학적인 것과 배치, 편안함과 같은 기능적인 것으로 분류할 수 있다. 디자인 요소는 서비스 설비의 실내 외부 모두에 적응된다.

호텔을 예로 든다면, 호텔 입구에 웅장하게 서있는 휘황찬란한 간판, 호텔 로비에 아름답게 걸려있는 거대한 크리스털 샹들리에, 아늑한 객실의 안락한 침대, 투숙객의 심상과 어울리는 벽지 등이 해당된다.

(3) 사회적 요인

사회적 요인Social Factors은 고객과 서비스종사원의 서비스 환경에 대한 인간적인 부분을 말한다. 서비스 환경 내에서의 고객에 대한 종사원의 수, 외모, 그리고 행동 등은 접근행동이나 기피행동을 야기하여 주어진 고객의 서비스기대에 영향을 미친다.

서비스는 제공에서 서비스종사원의 직접적 개입으로 서비스의 성과가 발생되고, 고객이 그 성과에서 본질적 서비스와 서비스 제공자 간에 구별이 쉽지 않기 때문에 서비스종사원의 외모는 매우 중요한 요인이 된다.

살로몬Michael Solomon 교수는 "서비스에서의 유일한 차이는 상품이 대체로 사람이기 때문에 사람이 제대로 포장되어야 한다. 사람이 어떤 이미지를 커뮤니케이션 하려면 우선 그의 의상이 그러한 이미지에 어울려야 한다."고 지적하였다. 실제로 고객은 단정치 못한 웨이터가 있는 식당은 지저분한 식당으로 지각한다.

2) 커뮤니케이션

커뮤니케이션Communication은 서비스에 대한 또 다른 형태의 서비스품질 증거이다. 서비스에 대한 좋은 혹은 나쁜 커뮤니케이션은 기업 내에서 스스로 발생하기도 하고, 혹은 다른 관련 단체에 의해 발생되기도 하며, 다양한 매체에 의해 제공되기도 한다. 고객유치를 위한 기업광고를 행하는 것, 회원에게 제품 및 서비스에 대한 안내 브로슈어를 발송하는 것 등 무수히 많다. 이들의 커뮤니케이션은 서비스에 대한 전반적인 정보를 제공하는 역할을 한다.

따라서 커뮤니케이션은 마케팅 전략을 강화하기도 하며, 혹은 마케팅 전략을 혼란스럽게 하기도 한다. 효과적인 커뮤니케이션을 하기 위해서 서비스기업은 두 가지 방법을 사용하고 있는데, 첫째는 기존의 서비스품질 증거를 강조하는 것이고, 둘째는 새로운 서비스품질 증거를 개발하는 것이다. 또한 이들 기업들은 커뮤니케이션을 통해 서비스품질 증거를 효과적으로 관리하기 위해 서비스와 메시지를 더욱 유형화하려고 한다.

(1) 서비스의 유형화

서비스의 유형화Tangibilities the Service는 추상적인 서비스를 최대한 물리적으로 만들어 소비자가 쉽게 인지할 수 있도록 구체화하는 것이다. 서비스를 구체화하는 한 가지 기법은 모든 커뮤니케이션에서 서비스와 연상되는 서비스품질 증거를 강조하는 것이다. 즉 기업들은 서비스와 연상되는 유형적 측면들을 커뮤니케이션 전략에서 앞세울 수 있다. 예를 들면, 항공사의 TV 광고는 식사하고 영화를 보면서 즐거운 시간을 가지고 있는 여행객들을 묘사함으로써 소비자들이 기내에 있는 것처럼 느끼게 한다. 항공기의 유형적 측면은 운송수단이기보다 목적지로 제시한다.

두 번째 기법은, 의미에 관한 커뮤니케이션을 강화하기 위해 서비스의 유형적 표상들Tangible Representations을 창출하는 것이다. 여행사의 TV 광고는 휴양지에서 춤추는 것, 갑판에서 게임을 즐기는 것 등을 보여주는 것으로, 보통 소비자들이 여행에서 즐거운 시간을 보낸다는 것을 소비자에게 주입하고 있다.

세 번째 기법은, 성공적인 커뮤니케이션이 될 수 있도록 소비자에게 서비스의 의미와 편익Meaning and Benefits을 부가하기 위한 서비스품질 증거를 만드는 것이다. 맥도날드McDonald가 'Happy Meal' 프로그램에서 맥도날드의 사진으로 장식된 특별한 상자를 설계하여 햄버거와 프렌치프라이를 넣음으로써 즐거움과 식사를 연결시켰다.

(2) 메시지의 유형화

마케팅 관리자는 서비스에 관한 메시지를 보다 유형적인 것으로 만들 수 있다. 메시지 유형화Tangibilities the Message의 한 가지 접근방법은 긍정적인 구전커뮤니케이션을 조성하는 것이다. 서비스 공급자를 잘못 선택한 결과가 심각할 때(지각적 위험이 클 때) 고객은 구전커뮤니케이션에 대해 특히 수용적이 되는 경향이 있다. 이는 고객들이 대체로 의사, 변호사, 대학 강좌를 선택할 때 다른 사람들의 의견을 모색하는 이유이다. 따라서 현명한 마케팅 관리자는 서비스에서 구전커뮤니케이션을 수용하려는 고객들의 이러한 성향을 적극적으로 활용한다. 즉 서비스기업에서 만족한 고객들의 코멘트를 광고에서 부각시키는 것이 대표적이다.

기업들은 또한 서비스를 보증함으로써 약속의 진실성을 강조할 수 있다. 예를 들면, "당신이 우리 서비스에 대해 만족하지 않으면, 지불된 전액 또는 당신이 공정하다고 생각하는 부분을 돌려드리겠습니다."와 같은 것을 들 수 있다.

메시지를 유형화하기 위한 다른 접근법은 감각적인 광고를 사용하는 것이다. 이 경우 마케팅 관리자들은 물리적 증거를 사용하여 광고메시지가 더욱 구체적이고 보다 신뢰성 있게 광고메시지를 만드는 것이다.

3) 가격

마케팅 관리자들은 다른 모든 요소들이 비용을 초래하는 반면에, 가격Price은 수익을 낳는 유일한 마케팅믹스 요소이기 때문에 가격에 특별히 관심을 갖는다. 그러나 가격은 또 다른 이유, 즉 고객이 제품에 대한 단서로 가격을 사용하므로 제품의 신뢰에 영향을 미칠 수 있다. 가격은 고객의 기대를 높이거나(이것은 비싸니깐 좋을 것이다) 낮춘다(지불한 가격대로 얻는다).

따라서 올바른 가격을 설정하는 것은 그들이 무형적이기 때문에 서비스에서 매우 중요하다. 서비스의 무형성은 고객이 구매의사 결정을 하기 위해 보다 중요한 것까지도 볼 수 있는 것으로 만든다. 가격은 서비스 수준과 품질의 가시적 척도가 된다.

(1) 가격이 지나치게 낮을 때

너무나 지나치게 가격을 낮게 책정하는 서비스마케팅 관리자는 고객들에게 그들의 서비스 가치를 잠재적으로 깎아먹도록 한다. 고객들은 저렴한 서비스에 대해 전문성과 기술을 의심하게 된다. 따라서 품질 명성이 낮은 기업들이 그러한 결함을 보상하기 위해 저렴한 가격을 구상하는 경향이 높다. 이러한 전략은 통상 가격과 가치가 동일하지 않기 때문에 가치는 전체 코스트에 대해 고객이 제공받는 전체 편익이다. 그러나 가격은 전체 코스트Costs의 일부에 불과하다. 예를 들어, 낮은 가격을 구사하면서 부주의한 종사원과 불결한 매장을 가지고 있는 소매점은 실제로 많은 고객들에게 고비용의 소매점으로 지각된다.

(2) 가격이 너무 비쌀 때

지나치게 낮은 가격처럼 지나치게 높은 가격도 그릇된 단서를 제공할 수 있다. 지나치게 높다고 고객들이 지각하는 가격은 불량한 가치, 고객에 대해 배려의 결여, 바가지라는 이미지를 전달할 수 있다.

가격은 '빈약한 서비스' 또는 '욕구를 한껏 충족시키는 서비스'를 암시할 수 있고, 분명하거나 그렇지 못한 포지셔닝Positioning 전략을 암시하고, 고객복지에 관한 관심 또는 그것의 부족을 암시할 수 있다. 서비스의 올바른 가격 설정은 서비스에 대해 올바른 메시지를 보내는 일이기도 하며 품질의 증거이기도 하다.

3. 서비스품질 증거관리

1) 서비스품질 증거관리의 의의

서비스품질 증거관리Evidence Management의 기본적인 역할은 기업의 마케팅 전략을 지원하는 것이다. 여기에 기술된 그 밖의 모든 역할들도 마케팅 전략을 지원하는 전체 역할에 귀속된다. 서비스마케팅 전략의 개발에 있어서 마케팅 관리자들은 특히 정교하게 조작된 서비스품질 증거들을 통해 고객과 종사원들에게 전략의 심상을 제공할 수 있는 방법과, 유형재들이 고객과 종사원들이 어떻게 느끼고 반응하는지를 이해해야 한다.

서비스품질 증거는 전반적인 서비스마케팅 전략을 강화하거나 약화시킬 수 있다. 즉 호주국립항공사인 퀀타스항공Qantas Airlines이 광고에서 코알라를 지속적으로 사용하는 것은, 호주로 가며 호주를 잘 알고 있는 항공사로서의 포지셔닝Positioning을 강화한다. 반면, 많은 미국의 쇼핑몰은 왕성한 노년층을 유인하려는 전략을 약화시키고 있다. 즉 노년층이 추구하는 유형적 품질들은 어느 쇼핑센터 환경에서도 찾아보기가 어렵다. 화장실을 찾기가 어렵고, 10대들의 배회를 막기 위해 앉을 만한 장소도 거의 만들지 않았다. 상가 안내도 역시 오래된 것이며 작은 글씨로 되어 있다. 판매원은 보수가 낮고, 제대로 훈련되어 있지 않아 친절하지도 않다.

서비스품질 증거관리를 위한 마케팅 전략을 지원하는 역할에는 잠재적으로 여러 하위 역할들이 있으며, 마케팅들은 이러한 하위 역할들을 위해 서비스품질 증거를 사용할 수 있다. 이러한 하위 역할은 마케팅 전략으로 일관되고 그것을 강화할 때 매우 효과적이다.

2) 서비스품질 증거관리의 역할

(1) 고객에게 기업에 대해 첫인상을 형성하게 한다.

서비스품질 증거는 기업과의 거래 경험이 거의 없거나 전혀 없는 고객들에게 첫 인상을 형성하게 한다. 서비스에 대해 다른 정보가 없는 고객은 서비스품질 증거에 크게 의존한다. 퀘벡 몬트리올Quebec a Montreal 대학의 체뱃Jean-Charles Chebat 교수의 연구에 의하면, "고객이 전문가적인 안목을 더 많이 가지고 있으면 있을수록 서비스품질 증거에 대해 덜 민감하다." 애리조나Arizona 주립대학의 비트너M. J. Bitner 교수는 "변호사 사무실의 가구, 장식, 의복 등이 그 변호사가 성공한 변호사인지 아닌지, 의뢰비용이 비쌀지 쌀지, 믿을 만한지 그렇지 않은지에 대한 잠재적 소송의뢰인의 신념에 영향을 미친다."는 예를 제시하고 있다.

이러한 총체적 서비스품질 증거들은 의뢰인들의 능력, 공헌, 개인적 서비스에 대한 첫인상을 증진시키는 것을 돕는다.

(2) 고객에게 서비스를 제공하는데 믿음을 높여준다.

서비스기업은 보다 많은 고객에게 서비스를 보여주고 확신을 얻기 위해 서비스품질 증거를 사용하고 있다. 정형화되지 않은 인적서비스는 신뢰성을 잃을 수 있다. 그리고 편의점에서의 수작업을 통한 계산은 틀릴 수 있다. 그러나 POSPoint of Sales시스템을 통한 계산은 고객에게 계산의 정확성을 제공해 준다.

(3) 기업이 고품질 서비스를 수행할 수 있도록 도움을 준다.

서비스품질 증거관리는 또한 고객의 서비스품질 지각에 매우 중요한 역할을 수행하고 있다. 고객은 서비스 수행과정에서 서비스품질 증거의 질에 대해 평가한다. 서비스품질 증거는 고객으로 하여금 서비스 경험을 평가하는 하나의 단서로써 사용하게 된다. 고품질의 모습이 반드시 비싸거나 우아한 것을 의미하지는 않으며 오히려 청결, 질서, 고객 위주의 시스템과 같이 기본적인 것들에 대해 주의를 의미한다. 또한 표적시장과 전반적인 마케팅 전략에 적합한 서비스품질 증거의 사용을 의미한다.

고품질의 서비스를 수행하는 서비스품질 증거들을 성공적으로 관리한 사람으로는 맨해튼Manhattan의 소아과 의사인 포퍼Laura Popper가 있다. 포퍼는 대기실 벽을 딸기 그림으로 밝고 환하게 잘 정돈하였다. 그녀 자신은 전통적인 의사의 흰색 가운을 벗어버리고 화려한 색깔의 옷을 입었고, 항상 헐거운 바지를 입었다. 왜냐하면, 그런 옷들은 바닥에 아이들과 함께 뒹굴기가 좋기 때문이다. 포퍼는 다음과 같이 말하고 있다.

"개업을 했을 때, 나는 병실에 관하여 많은 생각을 했고, 환자들이 여기서 안락하고 행복하길 원했다. 나는 나의 병실이 내가 누구이며 내가 환자들에게 주고자 하는 바가 무엇인지를 보여주길 원했다. 나의 진찰실은 장난감으로 가득하다. 아이들은 병실을 떠날 때 울음을 터뜨린다."

서비스품질 증거를 통한 품질 향상이 의미하는 것은 경쟁자들이 투자하기에 사소하고 가치 없는 것으로, 고려하고 있는 가장 작은 세부사항들에 주의해야 한다는 것이다. 즉 고객들에게 배려와 능력에 관한 보다 강한 메시지를 전달할 수 있는 것들은 바로 이와 같은 가시적인 작은 것들이다.

(4) 기업의 이미지를 변화시키는데 용이한 도구로 사용할 수 있다.

서비스기업이 서비스를 시장에 맞도록 변화시키는 것이고, 또한 그 조직이 서비스가 변화하고 있다는 것을 확실하게 시장에 알리는 것은 매우 중요하다. 이미지 변신은 단순히 새로운 것을 추가하는 것이 아니라, 기존 태도를 변화시켜야 하기 때문에 매우 어려운 과제이며, 서비스의 무형성 때문에 더욱 그렇다. 새롭게 의도하는 메시지를 전달할 유형 제품이 없기 때문에 서비스마케팅 관리자들은 그것을 대신할 매체로서 여타의 서비스품질 증거를 발견해야 한다.

(5) 고객에게 감각적 자극을 제공해 준다.

서비스품질 증거는 고객에게 신기함, 흥분, 재미 등의 총체적 즐거움을 제공해 주는 역할을 한다. 그들은 고객의 지루함에 정면으로 도전하여 서비스 배경을 무대로 간주하고, 서비스 제공은 연극으로 간주한다.

건축물은 감각근거의 마케팅 전략을 위해 가치 있는 원천이지만, 그것은 바깥쪽 포장에 불과하다. 배경요인, 고객시스템들, 종사원들의 외모와 태도 등의 안쪽 포장이 최초의 메시지를 강화해야 하며, 그렇지 않는다면 그 메시지는 거짓말이 될 것이다.

(6) 종사원에게 더 많은 교육을 할 기회를 제공한다.

서비스품질 증거를 관리함으로써 마케팅 관리자는 종사원에게 더 많은 교육을 할 기회를 제공한다. 즉 서비스와 서비스 편익에 대한 교육, 서비스 수행을 위한 종사원

행동의 지침, 종사원의 복지와 안락 등에 대한 많은 관심을 갖도록 교육할 기회를 갖는다.

예를 들면, 호텔에서 새로운 예약시스템의 구입, 바Bar에서 칵테일을 만드는데 필요한 집기류 구입, 종사원의 복지와 편의를 위한 종사원 휴게실 건설 등은 마케팅 관리자로 하여금 새로운 교육을 필요로 한다.

TOURISM SERVICE

CHAPTER 05

서비스 수요와 공급능력 관리

01 공급능력 관리

1. 공급능력 관리의 필요성

서비스의 특성인 소멸성(消滅性)과 생산과 소비의 동시성(同時性)으로 인해 수요 및 공급의 관리에서 재고로 보관할 수 없다는 근본적인 문제가 발생된다. 제조업과 달리 서비스업은 성수기를 대비하여 비수기에 생산한 것을 쌓아놓을 수는 없다. 이러한 보관의 어려움은 서비스의 소멸성, 생산과 소비의 동시성이라는 근본적 특성에 기인한다. 또한 서비스기업은 주어진 한 시점에서의 공급능력이 고정되어 있기 때문에 관리의 중요성이 대두되고 있다. 구체적으로 서비스기업에서 공급능력을 제한하는 핵심요인은 시간, 인력, 장비, 시설, 그리고 이들의 조합이 될 수 있다.

일부 서비스기업에서 서비스생산을 제한하는 가장 근본적인 조건은 시간Time이다. 예를 들어, 변호사, 컨설턴트, 미용사들은 기본적으로 자신의 시간을 판매한다. 만약 이들의 시간이 생산적으로 사용되지 않는다면 이익은 감소할 것이며, 가령 초과수요가 존재한다할지라도 이를 충족시킬 만한 시간이 창출될 수는 없다. 그렇기 때문에 서비스 제공자의 입장에서 볼 때 시간은 제약조건이다.

많은 서비스 제공자를 고용하고 있는 기업의 관점에서 볼 때, 채용하고 있는 사람의 수나 수준이 공급능력의 주요 제약조건이 될 수 있다. 법률사무소, 대학, 컨설팅회사, 세무회계법인 및 보수관리업 등에 속한 직원들은 자신들이 가진 공급역량을 최대로 가동하고 있기 때문에 수요를 충족시키지 못하는 경우가 있을지도 모른다. 그러나 초과수요란 항상 발생하는 것이 아니고 때에 따라 수요가 낮은 경우도 발생한다면, 서비스 제공자를 추가로 고용하는 것이 반드시 바람직한 해결책이라고 보기는 어렵다.

또한 장비Equipment가 중요한 제약조건이 되는 경우도 있다. 즉 트럭 혹은 항공운송업에 있어서 서비스 수요를 맞추는데 필요한 것은 장비가 될 수 있다. 예를 들면, UPS와 페더럴익스프레스나 기타 택배서비스업체들은 성탄절 연휴기간 동안 이러한 문제에 직면하곤 한다. 또한 헬스클럽도 이 같은 제약을 받게 되는데, 특히 하루 중의 특정 시간대(출근 전, 점심시간, 일과 후)와 연중 특정한 달에 수요가 집중되기 때문이다. 통신회사들은 주요시간대나 연휴 동안 많은 사람들이 전화를 사용하려 하기 때문에 장비의 제약을 받게 된다.

마지막으로, 대부분의 서비스기업들이 한정된 시설Facilities에 의해 제약을 받는다. 호텔은 판매할 수 있는 객실수에 의해, 항공사는 항공기의 좌석수에 의해, 교육기관은 강의실과 각 학급의 좌석수에 의해, 음식점은 이용 가능한 테이블과 좌석수에 의해 제약을 받는다.

이러한 수요 및 공급의 문제를 해결하는 계획을 수립하는 첫 단계는 서비스 공급능력의 주요한 제약조건을 이해하고, 이러한 요인들이 결합하여 어떠한 결과를 초래하는지를 이해하는 것이다.

표 5.1 서비스 유형별 공급능력의 제약조건

제약의 본질	서비스 유형
시 간	의료, 컨설팅, 법률, 정보
인 력	보험, 회계사무소, 교육서비스, 의료서비스
장 비	배달서비스, 전화
시 설	병원, 호텔, 학교, 극장

2. 공급능력의 활용에 대한 이해

일반적으로 서비스기업에서는 무형성과 더불어 보관의 어려움으로 그림 5.1과 같이 네 가지의 상황이 생길 수 있다.

1) 수요가 공급능력을 초과

수요가 최대 공급능력을 초과하는 상황이다. 이 경우에는 고객의 일부가 서비스를 구매할 수 없게 되어 사업기회를 상실한다. 한편, 서비스를 구매한 고객도 인원 혼잡 및 시설부족으로 서비스에 대해 불만을 가질 수 있다.

2) 수요가 적정 공급능력을 초과

서비스를 구매하지 못한 고객은 없지만, 시설의 과도한 사용, 혼잡 및 직원의 업무 과다로 질 낮은 서비스를 공급할 수 있다.

3) 수요와 공급의 균등

종사원과 시설이 이상적인 수준에서 서비스를 제공하는 상황이다. 직원에게도 업무 과부화가 없고, 시설 및 가동률이 적절히 유지되어, 고객은 지연 없이 양질의 서비스를 제공받을 수 있다.

4) 공급 초과

수요가 적정 공급 수준에 미치지 못하는 상황이다. 노동, 장비 및 시설과 같은 생산자원이 제대로 활용되지 못해, 결과적으로 생산성 및 수익성의 저하로 이어진다. 이런 경우 시설을 충분히 활용할 수 있으며, 기다리는 일도 없고 직원들로부터 높은 관심을 받을 수 있다.

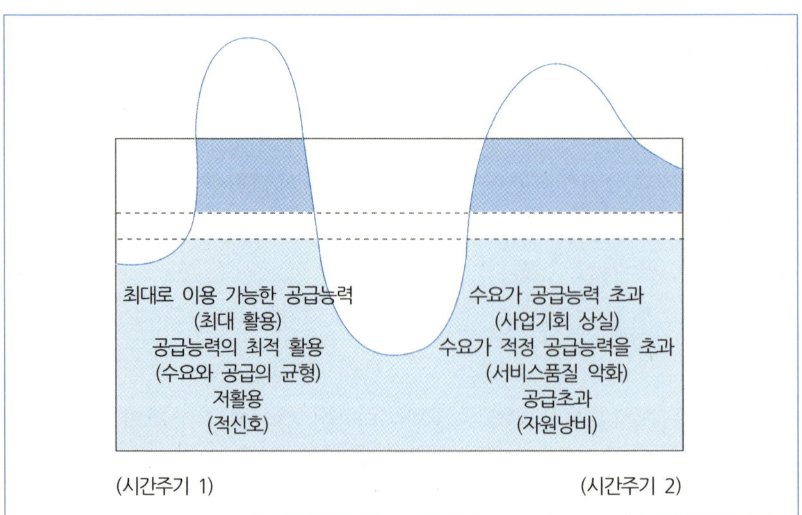

그림 5.1 공급능력 대비 수요의 변동주기

공급능력의 문제를 해결하기 위해서는 공급능력의 활용에서 최대 활용과 최적 활용에 대한 이해가 필요하다. 그림 5.1에서처럼 최적과 최대 공급능력이란 동일한 것이 아니다. 최적수준에서 활용한다는 것은 자원을 완전히 이용하지만 무리하지 않는 것이며, 고객이 적시에 양질의 서비스를 제공받고 있음을 의미한다. 한편, 최대수준이란 서비스 이용가능성의 절대적 한계를 나타낸다.

프로야구경기의 경우는 최적 활용과 최대 활용이 동일하다. 프로야구의 오락적 가치는 관중이 모든 좌석을 채웠을 때 증대되며, 이 팀의 수익성도 증대된다. 반면, 대학 강의의 경우에는 학생들로 모든 자리가 꽉 차는 것이 항상 바람직한 것은 아니다. 이런 경우에는 공급능력이 최적 활용 수준이 최대 활용 수준보다 낮다. 또 다른 경우 공급능력을 최대로 활용하는 대중음식점에서처럼 고객이 많이 기다려야 하기 때문에 불만을 초래할 수도 있다. 이런 경우에는 음식점의 최적 활용 수준이 최대 활용 수준보다 낮을 수도 있다.

전화, 헬스클럽 등의 장비가 제약요인 서비스와 호텔, 항공기, 레스토랑 등의 시설이 제약조건인 서비스의 경우에는 특정시점에서의 최대 공급능력은 분명하다. 전화의 회선수, 레스토랑의 경우 좌석수 등은 모두 일정하게 정해져 있다. 이와 같이 장비나 시설이 최대 공급능력을 초과하는 경우, 발생하는 문제를 파악하는 것은 상대적으로 매우 쉬울 수 있다.

반면, 제약조건이 시간이나 직원의 수일 경우에는 시설이나 장비보다 유연하기 때문에 최대 공급능력을 구체화하기가 매우 어렵다. 서비스 제공자 개인의 최대 공급능력을 초과하였을 경우 그 결과로 품질저하, 고객 불만족 및 종사원 이직 등의 현상이 나타날 수 있지만, 이러한 결과의 원인이 공급능력의 초과에 있다는 점을 파악하기는 쉽지 않다. 컨설팅회사가 일을 하나씩 더 할당하여 직원들의 최대능력 이상으로 일을 부담케 하는 것이나, 건강관리 클리닉이 과도한 예약을 받아서 그 직원들의 최대능력 이상으로 일을 부담하게 하는 일은 흔히 있을 수 있다.

3. 공급능력의 관리방안

관리자가 수요와 공급능력을 적응시키기 위해 공급능력을 변화시키든가, 수요를 바꾸든가 하는 두 가지의 방법을 사용한다. 예를 들면, 항공사는 혼잡한 경로에는 보다 대형의 항공기를 취항하게 함으로써 이용자가 많은 비행경로에 있어서 공급능력을 바꿀 수가 있다. 만약 대형의 항공기를 이용할 수 없는 것이라면, 할인요금을 모두 없앰으로써 수요를 떨어뜨릴 수도 있다. 여기에서는 공급능력 관리에 대해 기술하고, 그 다음에 수요의 관리에 초점을 맞추어 설명하고자 한다.

기업의 경영자는 장기적으로 공급능력과 수요를 일치시킬 책임이 있다. 그러나 각 부문관리자는 단기간에 있어서 수요의 변동에 공급능력을 대응시킬 책임이 있다. 여기에서 해설하는 내용은 단기적 수요관리를 지원하는 것을 위주로 한다. 관리자가 단기적으로 공급능력을 조정하기 위한 실행 방안은 다음과 같다.

1) 소비자 참여

서비스경영에 소비자를 참여시킴으로써 직원 한 명이 서비스가 가능한 고객수를 늘릴 수 있기 때문에 경영능력, 관리능력의 확대로 연결된다. 이 방법은 확대영역에 따라 두 가지로 구분할 수 있다.

첫째는, 서비스 제공시스템에 어느 일정 부분에 소비자가 전적으로 참여하는 것이다. 이 방법은 최근에 와서 음료서비스의 관리에서 널리 도입되어 사용하고 있다. 예를 들면, 패스트푸드점에서는 소비자가 스스로 음료수를 가지고 오게 하여 직원은 보다 많은 고객에게 서비스할 수 있게 하고 있다. 특히 요리는 그 고객의 주문에 의해 만들어지는 것인데, 고객은 요리가 만들어지기까지 기다려야 하는 레스토랑에 있어서는 효과적이다. 레스토랑에 있어서 이러한 부류의 사례로서는 버거킹Burgerking과 서브웨이Subway, 타코벨Tacobell 등이다. 과제는 고객이 기다리고 있는 동안 지루하게 기다리고 있다는 것을 느끼지 않게 하는 것이다.

둘째는, 바쁜 시간이나 성수기(성업기)에만 부분적으로 공급능력을 확대하기 위해 소비자를 참여시키는 것이다. 호텔이나 레스토랑이 평소와는 달리 휴일에 더 많은 고객을 유치하기 위해 이 방법을 많이 도입하고 있다. 통상적인 고수요기, 아침시간대에 조식뷔페를 상시적으로 시행하여 공급능력을 확대하고 있다. 또한 휴일이나 기념일(예 : 어버이날, 어린이날), 대규모 회의가 있는 날에는 일시적인 특별뷔페를 도입하여 공급능력을 확대하고 있다.

2) 시설의 차용 또는 공유

업무는 범위와 기구로 인하여 제한을 받아서는 안 된다. 화요일부터 목요일까지 연속 3일간 사용하는 예약이 들어왔을 때, 수요일 밤은 시설공간Function Space이 예약되어 있거나, 또는 수요일 밤에 그 단체에게 디너Dinner를 제공할 수 없다는 이유로 그 예약을 거절하지 않을 수 없는 경우도 있다. 이러한 경우, 그 단체의 비즈니스를 잃는 것보다 호텔 외부의 특별한 장소에서 디너를 체험하게 하는 제안을 하는 등 창조적인 해결방법도 있다.

제휴관계에 있는 호텔과 레스토랑은 업무상 융통성이 있다. 홍콩의 칸톤Canton거리에 있는 옴니Omni는 3개의 호텔을 소유하고 있다. 이들의 호텔은 상호간에 업무제휴를 맺고 있다. 시설의 공급능력이 가득 찼을 경우에 다른 기업과의 상호관계는 서로에게 유익하다. 케이터링Catering 회사는 그들이 통상 이용하는 수량만큼 기구를 구입한다. 바쁜 시기에는 외부에서 기구를 빌린다. 빌리든가, 공유하든가, 자기 시설 밖으로 단체객을 유도하든가 하는 것은 단기적인 수요에 대응하여 공급능력의 확대를 가능하게 한다.

3) 직원의 다직능교육

서비스기업에서는 모든 서비스에 대한 수요증가와 감소가 같은 수준에서 이루어지고 있지는 않다. 다른 부문에서는 통상의 수요밖에 없는 데도 다른 부문이 갑작스러운 수요증가를 초래하는 경우가 많다. 경영자는 평소에 직원을 다직능으로 교육Cross-train시키고 있었다면, 직원을 내부이동을 통해 공급능력을 확대시킬 수 있다.

호텔 내의 레스토랑에서는 하룻밤에 30명부터 40명 정도의 고객만을 접대하는데, 가령 80석이 있다하더라도 2명의 서비스 직원으로 충분하다. 그러나 그러한 적은 수의 직원으로서는 60명의 고객에게 서비스를 제공할 때, 특히 그들이 동시에 도착했을 때에는 문제가 발생한다. 만약 평상시 2명의 레스토랑 직원으로 서비스할 수 있는 이상의 수요가 있을 경우, 레스토랑 지배인은 다직능 서비스훈련을 받은 프런트 직원과 연회담당 직원을 불러올 수 있다. 또한 지배인은 근무예정 직원이 병이 났을 경우에 대체 직원으로 보충할 수 있다.

직원의 다직능교육은 직원을 필요에 따라 적절하게 이동시켜 공급능력을 늘리고 업무관리에 유연성을 부여함과 동시에, 직원의 질병 등의 경우에는 공급능력을 떨어뜨리지 않아도 되게 하는 조직구성을 가능하게 한다.

4) 시간제 근무자 활용

경영자는 특히 바쁜 날이나 식사시간대, 계절적 업무량 변동에 따라 1년 중 바쁜 달 등의 기간에 시간제Part-time 근무자를 활용할 수 있다. 여름의 휴양지는 여름동안만 일하는 시간제를 고용한다. 수요가 낮은 시기는 직원을 줄이든가, 혹은 폐쇄하는 것도 가능하다. 시간제 근무자는 호텔과 레스토랑이 공급능력을 효율적으로 증감시키는 것을 가능하게 한다.

또한 시간제 근무자는 필요한 때에 불러내어 활용할 수도 있다. 호텔은 통상 대규모 행사시 필요로 하는 연회 웨이터의 명단을 보유하고 있다. 시간제 근무자는 기업이 수요에 대응하여 필요로 하는 연회웨이터의 명단을 보유하고 있으며, 기업이 수요에 대응하여 필요로 하는 근무자수를 적절히 조정하는 것을 가능하게 한다.

5) 가동률이 낮은 기간

계절변동에 영향을 받는 리조트사업은 수요의 과잉과 부족을 초래한다. 위에서 검토한 여러 가지 대책은 수요가 최대화한 경우에 공급능력을 어떻게 확대할 것인가라는 것이었다. 그런데 수요가 낮은 기간은 공급능력을 가능한 한 떨어뜨려 업무의 효율적 수행을 생각해야 한다. 공급능력을 떨어뜨리는 하나의 방법으로서는 수요가 낮은 시기에 개·보수 및 관리를 계획하는 것이다. 수요가 낮은 시기를 골라서 직원에게 휴가를 받게 하고, 다른 활동에 동원할 수도 있다. 직원교육Training도 수요가 적은 시기를 골라 계획할 수 있다.

6) 영업시간의 연장

영업시간을 연장함으로써 공급능력을 확대할 수 있다. 예를 들면, 리조트 콘도미니엄의 슈퍼마켓은 성수기에는 레스토랑과 오락시설에 대해 영업시간을 연장함으로써 그 공급능력을 확대하고 있다.

7) 최신기술의 이용

최근 서비스기업들이 최신기술의 도입을 통해 공급능력의 확대를 도모하고 있다. 레스토랑의 경우, POSPoint of Sales시스템을 도입하여 고객에게 신속하고 정확하게 서비스를 제공함으로써 서비스지연을 방지하고 있다.

8) 서비스장소의 조절

서비스기업이 서비스 제공 장소를 조절하는 것은 고객으로 하여금 고정된 장소를 방문해서 서비스를 받도록 하는 것이 아니라, 고객이 있는 곳으로 이동하여 서비스를 제공할 수 있다. 특히 서비스기업에서 시설적 측면에서 제약이 따르는 서비스업에서 공급능력의 확충방안으로 많이 활용하고 있다. 예를 들면, 흔히 레스토랑이 배달서비스를 하는 경우도 공간적 제약을 극복하기 위한 하나의 방안으로 사용하고 있는 가장 좋은 사례라 할 수 있다.

02 수요관리

1. 수요에 대한 이해

서비스산업의 수요변화를 통제하고 조절하기 위해서는 수요패턴Demand Pattern을 명확하게 이해하는 것이 무엇보다 중요하다. 즉 서비스기업은 경영전략을 수립하기에 앞서 시간에 따라 변화하는 수요의 유형과 그에 영향을 미치는 요인들을 분석해 내야 한다.

이를 위해서는 구체적으로 ① 시간에 따라 변화하는 수요의 유형, ② 수요의 변동성, ③ 수요변동의 원인요인의 파악, ④ 세분시장별 수요패턴을 파악해야 한다. 따라서 마케팅관리자는 다음과 같은 방법을 통해 자사가 직면한 서비스 수요의 유형을 찾아낼 수 있을 것이다.

(1) 기업에서 제공하는 서비스에 대한 수요가 주기적으로 어떻게 변화하는가를 파악하고자 할 때

단위시간 동안의 수요의 수준을 도표화 할 필요가 있다. 전산화 된 고객정보시스템을 갖춘 조직의 경우, 매우 정확하게 수요수준을 도표화할 수 있을 것이다. 그렇지 않은 조직은 수작업으로 수요패턴Demand Pattern을 도표화할 필요가 있다. 일별, 주별, 월별로 수요 수준을 추적하고, 만약 계절별로 변동폭이 큰 경우에는 적어도 전년도에 수집된 정보와 비교하여 도표화해야 한다. 은행이나 호텔에 있어서는 하루 중의 시간적 변동이 또한 의미가 있을 수 있다. 어떤 경우에는 수요패턴을 도표화하지 않고도 직관적으로 명확하게 파악할 수 있다.

(2) 수요변동주기를 파악하고자 할 때

수요수준을 도표화했을 때 일별, 주별, 월별, 계절별 등의 수요패턴을 살펴본 결과 예측 가능한 주기가 존재할 때와 존재하지 않을 때로 나누어 살펴보는 것이 유리하다. 예를 들어, 외식사업인 경우에는 월별, 주별, 일별, 시간별로 변화하는 수요를 알 수 있다. 만약 예측 가능한 주기가 존재한다면, 그렇게 나타나게 한 원인을 파악해야 한다. 세무회계사들은 분기별과 세금만기일이 됐을 때의 수요를 예측한다.

예측하기 어려운 수요변동, 즉 수요패턴이 불규칙적으로 나타나 예측하기 어려운 경우도 종종 있다. 그러나 이러한 경우에도 종종 그 원인을 찾을 수 있다. 예를 들어, 날씨의 변화는 여가, 쇼핑 혹은 유흥시설의 이용에 영향을 미칠 수 있다. 먼 미래의 날씨를 예측하는 것은 불가능할지라도 하루 혹은 이틀 후의 날씨를 고려하여 수요를 예측하는 것은 가능할 수 있다.

(3) 세분시장별 수요패턴이 어떻게 다른가를 파악하고자 할 때

만약 어느 조직이 고객거래에 관해 상세한 기록을 가지고 있다면 세분시장별로 수요를 분석해 낼 수 있으며, 이를 통해 패턴 내에 존재하는 또 하나의 패턴을 알아낼 수 있다. 또한 어떤 세분시장에서는 수요가 예측 가능한 반면, 또 다른 세분시장의 수요는 상대적으로 불규칙적이어서 예측하기가 어렵다는 것을 분석을 통해 알 수 있다. 예를 들면, 의료기관의 경우 예약 없이 방문하거나, 오늘 당장 진료를 원하는 환자들이 월요일에 몰리는 경향이 있는데, 이들 중 몇몇은 주중 다른 요일에 진료를 받아도 괜찮은 사람들이다. 이러한 패턴이 있다는 사실을 알 경우 병원들은 예약스케줄을 월요일을 제외한 다른 날에 주로 잡은 후, 월요일은 당일의 예약과 예약 없이 방문하는 외래환자들을 받을 수 있도록 만들어 놓는다.

2. 수요관리의 방안

모든 서비스산업은 공급능력을 제한받고 있다. 따라서 서비스를 제한된 공급능력에 맞게 수요를 관리할 필요성이 있다. 즉 서비스마케팅 관리자는 공급능력에 맞추어 수요를 관리해야 한다. 수요관리Demand Management에 관한 내용은 다음과 같다.

1) 가격의 활용

가격Price 설정은 수요Demand를 관리하는 방법 가운데 하나이다. 모든 제품에 있어서 가격과 수요는 반대의 상호관계에 있다. 경영자는 가격을 내려서 제품에 대해 한층 많은 수요를 창조할 수 있다. 수요를 창조하기 위해 레스토랑은 수요가 떨어지는 날에는 특별서비스를 실시한다. 리조트호텔의 경우, 성수기에는 초과 수요에 대응하기 위해 할증요금을 받고, 비수기의 수요가 부족한 상태에서는 수요의 창출을 위해 할인요금을 받고 있다.

2) 예약 이용

호텔과 레스토랑은 수요를 관리하기 위해 때때로 예약Reservation을 이용한다. 공급

능력 이상의 수요가 있을 경우, 경영자는 공급능력을 보다 이익률이 높은 세분시장을 위해 확보해 둘 수 있다. 공급능력과 수요가 일치한 때에 예약에 의해 경영자는 공급능력을 초과하는 예약을 거절할 수 있다.

레스토랑의 예약은 수요관리에 도움이 되나, 그로 인하여 공급능력을 저하시키는 일도 있다. 중류급의 가격으로 서비스를 제공하는 대규모 레스토랑에서의 통상은 예약을 접수하지 않는다. 단체가 10분 늦게 도착하든가, 두 팀의 부부 중 한 팀은 시간에 맞추어 도착하고, 다른 한 팀이 나타날 때까지 기다리고 있는 일도 있을지 모른다. 고객의 도착시간과 출발시간은 예정대로 지켜지지 않으므로 테이블을 20분 이상이나 공석인 채로 두는 일도 있다. 고급레스토랑에서의 고객은 예약을 하고, 도착한 때에는 좌석이 준비되어 있기를 기대한다. 중류급 레스토랑의 고객은 그런 것은 기대하지 않으며, 인기가 있는 레스토랑에서는 다음 테이블을 비울 때까지 기다리게 하여 공급능력을 증대시키는 것이 허용된다.

행렬을 이용함으로써 경영자는 단시간 좌석수요를 재고화(在庫化)시켰다가, 좌석을 비우면 즉시 고객을 안내하여 쓸모없는 시간의 절약을 가능하게 할 수 있다. 단골고객에게는 독일의 맥주홀에서 볼 수 있는 긴 테이블로 안내하는 레스토랑도 있다. 고객은 서로 알지 못하는 사이지만 함께 앉는다. 이러한 시스템은 공급능력 문제 해소에 도움이 되나, 일반적으로 이용되는 것은 아니다.

3) 초과예약

테이블이나 객실을 예약해 둔 사람의 모두가 당일 나타난다는 보장은 없다. 계획이 변경되기도 하고 예약한 사람이 나타나지 않는 일도 있다. 초과예약Over-booking은 호텔과 레스토랑, 철도회사, 항공회사가 수요와 공급능력을 일치시키기 위해 이용하는 기법 가운데 하나이다.

이용가능한 객실수를 한도로 예약을 접수한 경우에는 결과적으로 공실이 생기는 일이 많다. 예를 들면, 보증 없는 예약 가운데 20%, 보증한 예약 중 5%의 고객은 나타나지 않는 것이 보통이다. 만약 이러한 호텔이 80실은 보증한 예약이고, 40실은 보증 없는 계약이라 한다면, 12실의 공실이 평균적으로 생긴다. 이는 평균 객실요금 75

달러의 호텔에서는 객실과 식음료 수입에 있어서 50만 달러 이상의 손실을 의미한다.

초과예약Over-booking은 신중히 관리되어야 한다. 호텔이 예약을 정당하게 실행할 수 없을 때에는 예약을 거절당한 고객뿐만 아니고, 이들이 소속하는 기업이나 여행사가 보내는 장래수요를 상실할 위험성이 있다.

정확한 초과예약 방침을 개발하는 일은 고객을 다른 숙박시설로 빼앗기지 않게 하기 위해서이다. 이에는 상이한 형태별 예약에 대한 노쇼No-show : 당일 예약한 사람이 나타나지 않는 것의 비율을 파악하는 것이 필요하다. 단체예약의 경우는 과거 어느 정도의 비율로써 그 객실을 이용하였는가를 확인해야 한다.

4) 대기행렬 이용

수요가 공급능력을 웃돌 때는 고객은 즐거운 마음으로 기다리기를 바라며, 열을 지어 설 것이다. 때로는 고객은 다른 선택의 여지가 없기 때문에 기다리기로 결심할지 모른다. 예를 들면, 레스토랑 고객에게 40분간은 기다려야 한다는 것을 전달하면, 어디엔가 다른 곳을 찾아가든가 할 것이다. 호텔고객은 체크인Check-in 시 그러한 선택을 할 수가 없다. 택시를 타고 고객은 예약한 호텔에 도착한다. 고객은 이미 비즈니스 관계의 상대방에게 체재하는 호텔이 어느 곳이라는 것을 알려놓고 있다. 그러므로 그들은 최종적으로는 체크인에서 20분을 참고 기다리게 된다. 레스토랑에서 기다리는 자발적 행렬은 수요를 관리하기 위한 효과적인 방법이다. 가장 바람직한 행렬의 관리란 고객이 기다리고 있다는 느낌을 갖게 하는 것이다.

대기시간은 항상 약간씩 늘려잡을 필요가 있다. 30분간 대기할 것으로 예측되면, 고객에게 20분 대기라고 알리기보다 35분 대기로 전달하는 편이 좋다. 만약 대기시간이 길어지면 고객을 잃게 되는 것이 아닌가를 우려하여 약간씩 짧게 말하는 경영자도 있다.

일단 고객이 대기시간을 받아들이면 그들은 앉아서 음료수를 마시고 있을지 모르나, 계속 시계를 들여다보는 경향이 있다. 약속한 시간 내에 그들을 부르지 않을 때에는 카운터로 가서 자기들의 이름이 리스트의 어디쯤에 있는가를 묻는다. 전달된 시간 이상으로 길게 기다린 후 테이블에 앉게 되면 고객은 정서불안정 상태로 빠져

들어 서비스의 결점을 이것저것 찾으려 한다. 레스토랑은 이러한 제1보의 실패를 회복하기란 곤란하고, 고객의 대다수는 불만족한 경험을 했다는 불쾌한 기억을 간직한 채 레스토랑을 떠난다.

만약 레스토랑측이 고객에게 35분간 기다려야 한다고 말하고, 30분 이내에 좌석으로 안내되면 고객은 기뻐할 것이다. 만약 고객이 기다릴 수 없이 돌아가겠다고 한다면, 레스토랑측은 어느 시간대가 그렇게 기다리지 않아도 된다는 것을 알려줄 수도 있다.

일반적으로 서비스의 수준이 높으면, 고객은 보다 긴 시간을 기다릴 것이다. 20분 대기는 착석 레스토랑에서는 받아들여지고 있으나, 패스트푸드 레스토랑에서는 5분을 기다리지 않는다. 패스트푸드 레스토랑은 수요에 맞추어 공급능력을 확대하든가, 고객을 잃든가 두 가지 중의 하나가 될 것이다.

서비스 전문가인 데이비드 마이스터David Maister는 대기행렬Waiting Line 관련에 대하여 다음과 같은 시사점을 제공하고 있다.

(1) 마음을 빼앗기고 있는 시간은 빼앗기고 있지 않은 시간보다 짧게 느낀다.

쇼보트호텔Showboat Hotel에는 프런트에서 체크인 순번을 기다리는 고객이 지루하지 않게 마술사를 두고 있다. 이 마술사의 묘기는 고객에게 기다리게 하는 시간을 지루하지 않게 하고 차라리 즐겁게 해준다. 오락공원에는 어린이가 줄서 있는 행렬에 말을 거는 특별한 직원이 있어서 기다리는 시간이 빨리 지나가도록 한다. 레스토랑은 고객이 기다리는 동안 칵테일라운지로 안내하여 그곳에서 칵테일과 대화를 즐기게 하여 기다리는 시간이 빨리 지나가게 한다.

리오호텔Rio Hotel은 뷔페행렬에 텔레비전 모니터를 설치하고 있다. 이 모니터는 그 호텔이 제공하는 각종 오락과 레스토랑 등을 안내하며 판매촉진한다. 이러한 것들은 경영자가 어떻게 하면 고객의 마음을 빼앗는 시간을 많이 갖고 기다리는 시간을 보다 즐겁게 만들기 위한 좋은 사례이다.

(2) 불공평한 대기시간은 공평한 시간보다 길다.

고객은 만약 그들이 기다리는 동안 불공평한 대우를 받으면 곤혹스러워 한다. 한정된 수의 대형 테이블만 가지고 있는 레스토랑은 그러한 테이블의 공급능력을 최대로 활용하려 할 것이다. 예를 들면, 레스토랑은 4명의 일행을 6인용 테이블로 안내하기보다는 그들의 앞에 4명의 일행이 몇 팀 있다하더라도 6명의 일행을 테이블로 안내한다. 이는 때로는 앞줄에 있는 4명의 일행으로부터 분노를 살 수도 있다. 다음 순번이기 때문에 그들이 당연히 안내되어야 한다고 생각한다. 이러한 경우 레스토랑측은 행렬의 다음 일행에게 무엇이 일어나고 있는가를 설명한다.

불공평한 대기시간의 다른 사례로, 체크인을 위해 20분간 기다리다가 자기차례가 되어 고객행렬의 맨 앞에 당도하였다고 하자. 그가 예약의 구체적인 내용을 꺼내어 말하려 할 때 전화벨이 울렸다. 그 프런트 직원은 재빠르게 전화를 들어 10분간이나 그 전화의 상대방과 통화하는 경우가 있다. 매리오트J. W. Marriott는 이러한 방해가 생겨 고객의 불공평한 대기시간을 피하기 위해 프런트데스크에 있는 전화를 모두 철거시켰다.

마이스터David Maister는 고객의 공평감은 어떤 사정 하에서도 반드시 관리될 필요가 있다고 말한다. 어떤 우선규칙이 있다하더라도 서비스 제공자는 그러한 규칙이 고객의 공평한 감각에 적합하게 규칙을 조정하든가, 고객에게 그런 규칙은 적절한 것임을 이해시킬 필요가 있다.

5) 수요 변경

연회와 회의의 수요는 때때로 변경이 가능하다. 판매관리자는 10월 하순부터 11월 초순에 판매회의를 가질 예정으로 어느 날짜가 이용 가능한가를 호텔에 확인하였다. 10월 24일이나 11월 7일도 모두 가능하나 10월 31일을 제안하였다고 하자. 회의 전날에 객실 20실과 당일의 회의실이 필요하다. 호텔은 10월 31일은 만실이 될 것으로 이미 예측을 세운 바 있으나, 현재로서는 객실을 확보할 수 있다. 그러나 현명한 관리자라면 10월 31일은 움직일 수 없는 날짜인가를 물어본다. 만약 변경이 가능하다면 만실이 되지 않을 것으로 예측되는 기일로 변경하게 할 것이다.

6) 판매담당자의 영역 변경

호텔에서는 판매책임자가 판매담당자를 특정영역에 할당한다. 만약 앞으로 2개월

동안 판매가 부진한 시기라면, 판매책임자는 단기간의 수요에 주목하여 이 기간 동안 비즈니스 획득 노력을 집중적으로 쏟는다. 예를 들면, 1년이든가, 그 이상 전부터 예약하는 대규모 단체시장으로부터 1개월이든가, 그 이내에 예약하는 법인시장으로 판매담당자의 활동영역을 변경시켜 목표를 달성하기도 한다.

7) 판매촉진 행사의 창조

판매촉진Sales Promotion의 목적은 그림의 수요곡선을 왼쪽으로 비켜놓는 일이다. 카지노는 수요가 낮은 시기에 수요에 대처하는 하나의 방법으로서 슬롯Slot 경기대회와 테이블게임 경기대회를 개최한다. 콜로라도주 스팀보트 스프링즈에 있는 쉐라톤 인Sheraton Inn에서는 'The Way It Wuz Days'라는 여름의 판매촉진 행사를 개발하였다. 이러한 캠페인은 지역기업과 공동으로 실시하였는데, 계절적인 겨울 스키휴양지에 여름 수요를 가져다주었다.

TOURISM SERVICE

CHAPTER 06

서비스요원의 기본자세

01 서비스요원의 기본요건

1. 서비스요원의 개념

고객에 응대하는 서비스요원Service Staff에게 가장 주요한 것은 고객서비스이다. 여기에서 서비스요원에 대한 개념은 참여자믹스의 하위믹스라 할 수 있으며, 일반적으로 참여자믹스란 고객의 지각에 영향을 미치는 모든 인간적인 관계자를 의미한다. 이와 같은 참여자들의 구성요소로서는 기업의 서비스요원과 기업의 물리적 서비스 환경에서 존재하는 다른 고객들로 대별할 수 있다.

즉 서비스요원이란 기업의 서비스를 고객들에게 직접 제공하는 일선 종업원을 말하며, 이들은 고객에게 서비스를 생산하는 역할을 담당할 뿐만 아니라 고객접촉 역할도 담당한다. 고객감동을 위한 친절서비스의 최일선 종사원이 바로 서비스요원인 것이다.

2. 서비스요원의 역할과 중요성

고객서비스Customer Service는 고객에 대응하는 서비스요원Service Staff을 필수적으로 요구한다. 관광산업을 포함한 모든 환대산업이 국가경제에서 차지하는 중요성이 증대하고 제품판매와 관련된 서비스부문의 비중이 증대되면서 서비스요원들은 기업에 대해 고객이 갖게 되는 이미지를 형성하는데 필수적인 요인이 되었고, 기업의 성패를 결정하는 중심적인 역할을 하고 있다.

서비스기업은 고객에게 서비스요원과의 상호작용을 통하여 서비스상품을 제공하는데, 이 때 고객은 '기술적 품질'과 '기능적 품질'의 두 가지 요소를 평가하게 된다. 여기에서 기술적 품질Technical Quality이란, 서비스기업과의 상호작용 중에서 고객이 제공받는 것을 의미한다. 예를 들면, 호텔의 객실, 식당의 음식 등이 해당된다. 기능적 품질Functional Quality이란, 서비스의 기술적인 요소가 어떻게 전달되는가를 의미한다. 고객들은 서비스상품의 두 요소를 동시에 인식하고 평가하기 때문에 서비스요원의 역할은 고객들이 인식하는 서비스의 품질에 미치는 영향은 매우 크다고 설명하고 있다. 일선 서비스요원들은 고객의 욕구와 사고를 잘 이해하고 응대함으로써 고객들이 기업과 반응하는 과정에서 생기는 만족도를 증가시킬 수 있으며, 고객의 만족도가 높아지면 충성도가 높아져 재구매 활동이 증가하고 긍정적인 구전이 발생한다. 결국 해당 서비스기업의 시장점유율과 순이익이 증가하게 된다. 일선 서비스요원들은 이처럼 중요한 일을 담당하고 있는 것이다.

3. 서비스요원의 기본정신

접객종업원으로서 갖추어야 할 정신적 요건은 투철한 직업관과 올바른 정신자세이며, 접객 업무를 성실히 수행하기 위한 전문지식의 습득을 위해 부단히 노력을 기울이는 것이다. 이처럼 접객종업원은 서비스 기본이 얼마나 중요한지 인식해야 한다. 즉흥적으로 적당히 일을 한다면 그것은 진정한 서비스맨이라 할 수가 없다.

접객종업원은 깨끗하고 예의바르며 신속하고 경제관념이 투철하며 자기의 위치·의무·역할과 보람 등을 숙지함으로써 자신의 가치관을 판단하고 자신의 보람과 긍지로 맡은 바를 수행하여 식당의 목표달성에 이바지할 뿐만 아니라 자신의 발전에도 가치가 있도록 해야 한다.

1) 청결성

청결성Cleanness은 외식업소에서 가장 기본이 되는 중요한 요건 중의 하나라고 할 수 있다. 이것을 분류하면 공중위생과 개인위생으로 분류할 수 있다.

'공중위생Public Sanitation'이란, 업소에서의 청결은 말할 것도 없이 잘 지켜야 할 것임에는 틀림없고, 다음 공공장소에서의 청결이다. 공공장소의 청결은 식당 출입구에서부터의 정돈, 식당 내의 청결, 식탁과 의자의 배열, 창문, 창틀, 쇼케이스Show Case와 유리와 진열된 상품의 정돈상태, 사이드테이블의 서랍정리, 카펫장소, 기타 사람의 눈에 잘 띄지 않는 구석진 장소의 청소와 정돈이다. 그리고 액자의 걸린 상태 확인, 집기비품의 청결을 의미한다.

'개인위생Private Ssanitation'은 자기 자신의 청결을 의미한다. 남·여 종업원의 두발상태, 양치질, 목욕, 유니폼, 와이셔츠, 구두, 양말, 화장, 액세서리, 손톱손질의 청결과 단정함이다. 특히 구강상태에 각별히 신경을 써서 식사 전·후 양치질을 하여 손님과의 대화에 지장이 없도록 철저히 하여 고객의 주문이나 서비스에 좋지 않은 인상을 주지 않도록 주의한다. 자기의 업무가 끝나면 반드시 샤워나 목욕을 하여 자신도 모르는 자기채취가 나지 않도록 깨끗한 상태로 한다. 유니폼은 항상 정해진 복장에 어떠한 오점이나 목, 소매 끝이 더럽지 않도록 청결해야 하며 와이셔츠도 매일 갈아 입도록 한다. 바지는 항상 주름이 잘 세워져 단정해야 하고, 구두는 반드시 지정된 색에 윤기가 나도록 닦여져 있어야 한다. 개인위생이 잘 지켜지지 않으면 한 사람의 소홀함이 그 업소 전체에 영향을 미쳐 좋은 시설이나 값진 식사에도 불구하고 가치는 떨어진다.

2) 환대성

접객종업원들의 업무는 사람을 다루는 일이다. 종업원의 외모가 아름답고 접객서비스의 기교만 있다고 해서 훌륭한 서비스가 되는 것이 아니다. 정신적 서비스가 결여되면 이것은 속달된 서비스는 될지언정 질 좋은 서비스는 될 수 없기 때문에, 중요한 것은 정신 혹은 마음이다. 환대정신이 바탕이 된 마음에서 우러나오는 서비스가 아니면 그 어떤 서비스기술도 빛을 내지 못한다.

환대성Hospitality이란, 고객이 만족해 하는 모습을 보고 스스로 기뻐하며 만족을 느끼는 것이다. 식당의 업무는 항상 고객을 위해 무엇을 할 수 있을까 하는데서 시작하여 고객의 심리상태, 고객의 욕구파악을 연구하고 고객만족을 위한 노력을 배가해야 한다.

3) 경제성

경제성Economics에서 자기에게 분담된 모든 업무는 자기 스스로 책임을 지고 관장되어야 한다. 주인의식을 가지고 비품과 소모품 및 기물관리를 철저히 할 것이며 원가절감을 항시 생각해야 한다. 모 식당을 개관하고 6개월 후 재물조사를 한 결과, 영업장의 집기비품의 50% 이상이 파손 손실된 것을 확인하였다. 이것은 개업 당시 보관상의 문제도 있지만, 종업원의 관리소홀, 즉 비품의 관리 및 처리방법에 대한 교육이 없었던 것이다.

그러므로 물품관리의 요령, 접시나 글라스의 취급방법, 린넨, 실버웨어 등의 취급법을 교육하고 절약하는 습관과 바른 사용을 하도록 해야 한다. 빵이나 버터 같은 식재료도 아껴 쓰고, 재활용이 가능한 것은 재활용을 하도록 하여 원가절감의 효과를 볼 수 있도록 해야 할 것이며 그만큼 영업수익의 원천이 된다.

4) 효율성

효율성Efficiency을 살리려면 능동적으로 업무처리를 해야 한다. 아무리 고급시설에 고급요리가 제공된다하더라도 접객종업원이 그 지정된 음식에 적절한 소스나 집기와 알맞은 비품을 제공하지 않는다면 그 상품은 가치를 상실하게 되며 그 음식의 맛은 잃게 되고 만다. 그러므로 고객이 원하고 필요로 하는 것을 빨리 간파하여 뜨거운 요리는 뜨겁게, 찬요리는 차게, 시간이 급한 손님은 빠르게 식사를 할 수 있도록 하는 것이 종업원의 효율성이다. 접객종업원이라면 고객의 인사에서부터 고객 접대에 이르기까지 서비스 제공에 능동적으로 대처해야 한다.

5) 정직성과 신뢰성

정직과 신뢰성Trust & Honesty은 외식사업에서만 요구되는 것이 아니다. 다른 어떤 기업체나 인간관계에서도 이것만은 신명을 바쳐 철저하게 지켜야 한다. 특히 식당에서 서비스를 제공하는 종업원은 서로 믿고 협조하는 인간관계를 형성해야 하고 경영주와 종업원 간, 상급자와 하급자 간에 서로 믿고 존중하는 관계가 조성될 때 고객은 서비스를 믿고 받을 수 있고 온화하고 분위기 있는 식당으로 멋있는 발전이 전개된다.

4. 서비스요원의 바른 직업의식

직업의식(職業意識)이란, 각 직업에 종사하는 사람들의 특유한 태도나 도덕관, 가치관을 통틀어 일컫는 말이다. 직업을 선택하고 그 직업에 종사하면서 우리는 올바른 직업윤리를 가져야 한다. 바른 직업의식을 갖기 위해서는 먼저 공동운명체 의식을 가질 필요가 있다. 조직사회이기 때문에 조직에 소속된 공동의식을 가지고 회사의 발전이 나의 발전이라고 의식하는 마음이 필요하며 자신의 삶을 실현하는 장소로 여겨야 한다. 올바른 조직이 이루어지기 위해서는 조직이 추구하는 목표를 달성하고자 하는 조직구성원 상호간의 공동의식과 협동의식을 갖추고 서로간의 지속적인 커뮤니케이션Communication이 이루어질 때 올바른 조직이 될 수 있다.

5. 서비스요원의 정신자세

(1) 가까운 곳에서부터 서비스를 실시하라!

사람들은 서비스업 안에서 종사할 때에만 서비스를 할 수 있다고 생각하고 있다. 그러나 서비스는 우리가 생활하는 모든 공간에 서비스가 존재한다. 즉 서비스의 범위는 존재하지 않는다. 출근길 버스승강장에서부터 시작하여 직장에서 동료직원, 부하직원, 상사 등 종·횡적으로 모두 서비스의 대상 직원이며 서비스 대상이다. 다시 말하면, 나 자신의 주위에 있는 모든 사람이 나의 서비스 대상인 것이다.

(2) 서비스정신을 살려라!

소비자의 편의를 섬세하게 생각하는 서비스정신만이 고객을 자극하여 끌어들일 수 있다. 이제 소비자들은 가격과 품질 이외에 서비스 수준을 고려하게 되어 서비스가 새로운 변수가 되었다. 이제 서비스정신을 제대로 발휘하지 않으면 기업은 경쟁에서 살아남지 못하게 되었다. 서비스정신이란 다름 아닌 고객을 위한 편의성, 접객직원의 태도와 외모, 신속성, 청결성, 정확성 등을 의미하며, 이를 갖춘 기업이 우량기업을 의미한다.

(3) 이렇게도 안 되면 저렇게도 해봐라!

세상에서 변하지 않는 것이 없듯이, 인간도 항상 새로운 것을 추구한다. 빠르게 변화하는 시대에 특히 고객은 더욱 그렇다. 그러므로 고객을 위해 항상 새로운 서비스를 개선해야 한다. 일본의 유명한 기업에서는 전사원이 날마다 1건 이상의 아이디어를 제출토록 의무화하여 기업발전의 밑바탕이 된다고 한다. 이러한 아이디어는 기업에서 상품, 기술개발에만 적용되는 것이 아니다. 서비스개선에 더 가치가 있다고 보는 것이다. 서비스개선에는 끝이 없다. 새로운 서비스를 다른 곳에서 선보이게 되면 고객은 그 정도 서비스를 당연하다는 듯이 받아들이고 요구한다. 그러므로 참신한 아이디어는 훌륭한 서비스상품을 생산하는 것과 같다. 고객을 향하여 새로운 서비스를 부단히 개선해야 한다.

(4) 폭넓은 업무지식과 소양을 쌓아라!

서비스업에 종사하는 사람이라면 고객에게 최고의 서비스를 제공하여 감동시키기 위해 무엇보다도 해박한 업무지식과 폭넓은 상식이 필요하다. 업무 전반에 걸쳐 골고루 지식을 갖추고 있어야만 고객을 자신 있게 응대할 수 있다. 이러한 자신 있는 업무처리는 고객에게 신뢰감을 줄 뿐만 아니라 고객을 고정고객으로 확보하는 계기가 된다.

(5) 친절은 인간의 최고 덕목이다!

친절이란 한마디로 정성을 다하는 사랑의 인간관계다. 정성을 다하는 친절은 인간의 최고 덕목이 아니겠는가? 친절하면 누구하고나 절친해지기 마련이다. 영어에서도 친절은 'Kindness'로 애정과 호의를 나타내고 있다. 친절은 돈이 들지 않는 마력을 가진 신이 주신 최고의 선물이다. 서비스종사원은 고객의 처지가 되어 고객을 보살피는 마음으로 친절한 마음가짐을 가져야 한다.

친절서비스를 저해하는 말

- "그건 안 됩니다."
- "바쁘니까, 다음에 하세요."
- "잘 모르겠습니다."
- "근무시간이 지났습니다."
- "다른 곳에서 알아보세요."
- "매우 난처합니다."
- "책임문제가 따릅니다."
- "제 소관이 아닙니다."
- "알아는 보겠습니다."
- "곤란합니다."

(6) 프로정신으로 무장하라!

미스 프랑스에 뽑힌 '이자벨 베르나르Isabell Bernard'는 당선축하 인터뷰에서 사회자가 아버지의 직업을 묻자, 그녀는 푸줏간을 경영한다고 태연스레 대답했다. 그리고 아버지 옆에서 고기를 썰며 손님을 대할 때가 가장 행복한 시간이라고 털어놓았다. 그녀의 솔직한 대답에서 확고한 직업관과 생활의 참 즐거움을 알 수 있다. 진정한 서비스, 바람직한 고객응대는 무엇보다도 자기 직업, 자기 직책에 대한 확고한 관(觀)을 정립하는 것에서부터 출발해야 한다. 언제, 어디서, 무엇을 하든지 제1인자가 되겠다는 철저한 프로근성과 전문가정신으로 스스로 무장해야 한다. "지금 존재하는 곳에서 완전히 존재하라."고 한 철학자 에리히 프롬Erich Fromm의 말을 되새길 필요가 있다.

(7) 웃지 않으려면 손님을 대하지 마라!

서비스요원Service Staff은 우선 그 인상이 좋아야 한다. 잘생겼느냐, 못생겼느냐를 말하는 것이 아니라 호감이 가야 한다는 것이다. 그러려면 웃는 얼굴이 아니어서는 곤란하다. 일찍이 상술을 발달시켰던 중국인들은 '웃는 얼굴이 아니면 가게 문을 열지 말라.'고 했다. 이처럼 웃음이란 서비스맨Service Man의 생명과 같은 것이다. 웃는 얼굴일 때 고객이 친근감을 느끼고 호감을 갖는다. 그러한 서비스맨이 있는 점포라야 분

서비스요원과 웃음의 효과

- 대화 효과 : 웃음은 그 자체가 훌륭한 대화이다.
- 마인드컨트롤 효과 : 일부러라도 웃다보면 저절로 기분이 좋아지는 게 웃음이다.
- 감정이입(Empathy) 효과 : 웃음은 서비스맨의 기분만 좋아지는 것이 아니라, 그를 상대하는 고객의 기분까지도 즐겁게 해준다.
- 건강증진 효과 : 웃음이 건강에 좋다는 것은 스탠퍼드대학의 윌리엄 프라이 교수를 비롯하여 여러 학자, 의사들의 공통된 견해이다.
- 신바람 효과 : 웃음은 수많은 고객을 상대하는 고달픈 상황에서도 그것을 극복할 수 있는 활력을 불어넣어 준다.
- 호감 효과 : 웃음은 서비스요원의 풍채와 인상을 좋게 해주어 고객으로 하여금 호감과 친밀감을 느끼게 한다.
- 실적향상 효과 : 서비스요원의 웃음은 영업실적을 증대시킨다.

위기도 밝고 좋을 것이다. 웃음 띤 얼굴은 호감을 살 수 있는 만국공통의 언어요, 서비스요원의 제1광고 수단임을 잊어서는 안 된다. 그리고 웃는다는 것은 고객을 응대하는 사람의 의무이기도 하다.

6. 서비스요원의 마음가짐 10가지

① 확고한 직업의식을 가져라! 확고한 직업의식에서 서비스정신이 나온다.
② 고객의 입장에서 생각하라! 서비스의 주체는 고객이다. 항상 역지사지(易地思之)의 정신이 필요하다.
③ 원만한 성격을 가져라! 인간은 누구를 막론하고 성격이 원만한 사람을 좋아한다.
④ 긍정의 측면에서 생각하라! 가능할 수도 불가능할 수도 있을 때는 가능을 택하라.
⑤ 고객의 마음에 들도록 노력하라! 내 마음에 들도록 애쓰는 사람이 미울 리가 없다.
⑥ 공사(公私)를 구분하고 공평하게 대하라! 서비스요원은 '공평의 안경'을 통하여 고객을 대해야 한다.
⑦ 자기 나름의 원칙을 세워라! 고객을 상대할 때 꼭 지켜야 할 자기 나름의 원칙을 세워 마음속에 새겨두어야 한다.
⑧ 참아라! 서비스에 관한 한 참는데 한계란 없다.
⑨ 자신을 가져라! 고객에게 접근하는 데에 불가결의 요소는 자신을 갖는 것이다.
⑩ 부단히 반성하고 개선하라! 서비스요원은 태어나는 것이 아니라, 부단한 반성과 개선에 의하여 육성되는 것이다.

7. 서비스요원의 마인드컨트롤

(1) 감정을 관리하라!

다양한 성향의 고객을 응대하면서도 끝까지 감정적 평온을 유지하려면 자기스스로 감정을 통제하는 요령을 익혀야 한다. 특히 사람을 대하는 직업은 대단히 피곤한 일일 수 있다. 모든 고객이 같은 계층, 같은 수준, 같은 성격이라면 문제는 간단하다.

또한 획일적인 서비스를 요구하는 고객만이 있다면 보다 쉬울 것이다.

그러나 고객은 10인 10색이란 것이다. 오히려 서비스를 제공하면서 서비스를 받는 기분이 들 정도로 친절한 고객이 있는가 하면, 정반대의 불친절한 고객도 많다. 이렇게 천차만별, 각양각색의 고객을 응대하면서도 늘 바람직한 고객 응대가 이루어지기 위해서는 무엇보다도 자기 자신의 감정을 조절할 줄 알아야 한다. 즉 자기 자신의 마인드컨트롤Mind Control이 필요하다는 것이다.

(2) 웃음을 통한 마인드컨트롤을 하라!

웃음은 습관이다. 미국의 '제임스William James'와 덴마크의 '랑케Karl Lange'는 "사람이 슬퍼서 우는 것이 아니라 울기 때문에 슬퍼지며, 즐거워서 웃는 게 아니라 웃기 때문에 즐거워진다."는 심리이론을 발표한 바 있다. 언짢은 일이 있더라도 웃다보면 즐거워지고 그래서 다시 웃게 되는 것이다. 웃음은 스트레스에 대한 최고의 해소책이자 스트레스 자체의 발생을 막아주는 예방주사와 같다. 웃음은 체내 면역체를 강화시켜주는 세균의 침입이나 확산을 막아주는 천연적인 진통제인 엔도르핀Endorphin을 분비시켜 육체의 고통을 덜어주는 무형의 보약이다.

나를 속상하게 한 고객은 그 나름대로 사정이 있을 것이라고 생각하고 풀어버릴 줄 알아야 한다. 서비스요원이라면 즐거워서 웃는 것도 좋지만, 스스로를 즐겁게 하기 위해서 달관한 듯 웃을 수 있는 여유를 터득해야 한다.

(3) 인내하는 자에게 복이 있다!

참는다는 것은 감정 관리의 첫걸음이다. 한 순간을 인내하지 못하여 감정을 폭발시키고 나면 그 뒤에 오는 것은 무엇인가. 잠깐은 시원한 마음도 들겠지만 후회스러움이 점점 더 들 것이다. 수준 이하의 고객을 대하게 될 때에도 감정이 상하고, 화가 나더라도 한 번 더 참고 대해야 한다. 고객이 신경을 건드릴 일이 있을 때를 오히려 서비스 능력을 발휘할 수 있는 기회로 생각하면 내 마음도 가볍고 고객의 기분도 좋을 것이다. 누가 고객을 잘 대하느냐 하는 것은 누가 잘 참느냐와 직결될 만큼 인내의 슬기는 서비스의 성패를 좌우하는 관건이 된다. 각양각색의 고객을 대함에 있어서 참음의 지혜만 터득했다면 당신은 이미 훌륭한 서비스요원이라 할 수 있다.

(4) 잊을 것은 빨리 잊자!

서비스요원이라면 기분 나쁜 일은 곧 잊어버릴 줄 알아야 한다. 고객을 상대하면서 지난 일을 곰곰이 되씹어 스스로 감정을 할퀴지 말아야 한다. 잊을 것은 빨리 잊어야 한다. 고객을 상대하고 서비스를 제공하는 과정에서 기분상하는 일이 발생했다면 가능한 빨리 잊는 것이 좋다. 마음에 담아두고 있는 서비스요원은 좋은 서비스를 제공할 수 없다. 얼굴에는 결코 미소가 띨 수 없고, 말씨 또한 밝지 못할 것이다. 감정의 평온을 빨리 찾아서 명랑한 마음으로 고객을 대하도록 해야 한다.

02 식음료종사원의 용모 및 복장

고객에게 좋은 서비스와 이미지를 제공하기 위해서는 호텔 맨으로서 지녀야 할 올바른 태도 및 깨끗하고 단정한 용모와 복장이 필요하다. 특히 첫인상은 중요한 것으로서 아무리 전문적인 기술을 갖추고 있고, 능숙하다하더라도 외모가 단정하지 못하면 훌륭한 서비스요원Service Staff이 될 수 없다. 호텔에서 태도, 용모, 복장을 비롯하여 보행, 대기, 전화응대 등에 대해 각별히 신경을 쓰는 것은 이러한 것도 대고객서비스로 간주하기 때문이다.

1. 용모 및 복장

고객에게 좋은 서비스를 제공하기 위해서는 깨끗하고 단정한 용모 및 복장이 필요하다. 즉 용모와 복장은 행동예절의 기초이다. 식당 종사원의 복장과 용모는 그 사람의 품격을 높임과 동시에 호텔의 품격을 높인다. 접객 태도는 그 식당의 품위를 대변한다. 그러므로 종사원들은 근무에 임하기 전에 자신이 갖추어야 할 몸가짐을 점검하는 자세를 습관화하여 항상 고객에게 깨끗하고 단정한 인상을 주도록 하는 것이 종사원으로서의 가장 기본적인 요건이라 할 수 있다.

1) 용모와 복장(남성)

(1) 두발

① 앞머리가 이마를 덮지 않도록 뒤로 빗질하여 넘긴다.

② 뒷머리는 Y셔츠 깃에 닿지 않도록 하고, 옆머리는 귀가 덮이지 않게 깎는다.

③ 항상 머릿기름(포마드, 젤, 무스)을 바르고 드라이를 하며 파마는 불허한다.

(2) 얼굴

① 면도는 매일 하며 깔끔한 상태를 유지해야 한다.

② 얼굴의 종기, 상처 등은 신속히 치료하되, 반창고, 붕대 등을 감고 영업장 내 출입을 금해야 한다.

③ 근무 시에는 가능하면 안경보다 콘택트렌즈를 착용한다.

④ 식사 후 반드시 양치질하여 구취제거를 없애야 한다.

⑤ 고객 앞 또는 업장 내에서 재채기, 기침, 딸꾹질을 하지 않는다.

(3) 유니폼

① 항상 청결을 유지하고 다림질을 하여 착용한다.

② 단추이탈 및 바느질이 터진 것은 즉시 수선하여 착용한다.

③ 착용 시 먼지, 비듬 등이 묻어 있어서는 안 된다.

④ 주머니에 불필요한 물건을 넣어 흉하지 않게 한다.

(4) 손톱

① 손을 항상 깨끗이 씻어 청결을 유지해야 한다.

② 상처가 난 손으로 서비스에 임해서는 안 된다.

③ 근무 중 손으로 코를 후비거나 머리, 입, 코 등 안면부위를 만져서는 안 된다.

④ 반지를 끼어서는 안 된다.

(5) 구두 및 양말

① 회사 지급품 또는 검정단화(끈 매는 것)를 착용한다.

② 항상 깨끗하고 광택이 나도록 손질한다.
③ 절대 구겨서 신어서는 안 된다.
④ 밑창이 떨어졌거나, 뒷굽이 많이 닳은 것은 고객에게 좋지 못한 인상을 주므로 수선하여 신도록 한다.
⑤ 양말은 검정색을 착용하고 매일 깨끗한 것으로 갈아신도록 한다.

(6) 와이셔츠

① 회사에서 지급된 것으로 다림질이 잘 된 것으로 착용한다.
② 소매 끝과 깃 등이 더러운 와이셔츠를 입어서는 안 된다.
③ 옷자락이 바지 바깥으로 보여선 안 되며, 소매의 길이는 3~5mm 정도 유니폼 소매보다 조금 더 긴 것이 알맞다.

(7) 액세서리

① 시계는 실용적이며 화려하지 않은 작은 것이어야 한다.
② 반지는 결혼반지 이외에는 불필요하게 착용하지 않는다.
③ 팔찌와 목걸이, 체인 등은 착용을 불허한다.

(8) 명찰

① 명찰은 복장 규정의 일부이다.
② 명찰은 항상 부착해야 하며, 부착하지 않으면 근무를 할 수 없다.
③ 명찰의 패용상태를 수시로 확인한다.
④ 명찰은 옷깃에 가리지 않게 왼쪽 가슴에 정위치에 패용한다.

2) 용모와 복장(여성)

(1) 두발

① 머리는 얼굴에 흘러내리지 않게 손질한다.
② 이마가 보이도록 뒤로 넘겨 회사에서 지급한 망사를 착용한다.

③ 뒷머리는 블라우스의 깃에 닿지 않게 올려 묶거나 짧은 머리로 깎아서 활동하기가 편하도록 해야 한다.
④ 자주 세발하여 윤기 있고 아름다운 머리를 유지한다.
⑤ 긴 머리를 늘어뜨리는 모양은 불허한다.
⑥ 고객에게 불쾌감을 유발시키는 요란한 파마를 해서는 안 되며, 검정색 이외 다른 색으로 염색하지 않도록 한다.

(2) 얼굴

① 항상 밝은 표정과 미소를 유지한다.
② 화장은 밝고 자연스럽게 하며, 자연미를 살리며 야하거나 진한 화장을 하지 않도록 한다.
③ 립스틱은 생동감을 줄 수 있는 핑크, 오렌지, 빨간 계열을 한다.
④ 식사 후에는 반드시 양치질을 해야 하며, 립스틱을 반드시 수정한다.

(3) 유니폼

① 항상 청결을 유지하고 다림질을 하여 착용한다.
② 스커트의 길이는 회사에서 지급된 표준사이즈를 지켜야 하며, 임의로 조정 착용해서는 안 된다.
③ 주머니에 불필요한 물건을 넣어 흉하지 않게 한다.
④ 단추이탈 및 바느질이 터진 것은 즉시 수선하여 착용한다.
⑤ 속옷이 비치거나 밖으로 나오지 않도록 한다.

(4) 손톱

① 손은 항상 깨끗이 씻어 청결을 유지한다.
② 상처 난 손으로 서비스에 임해서는 안 된다.
③ 손톱은 단정하게 적당한 길이로 손질하고, 손톱보호제를 사용해서 손톱의 손상을 방지한다.

④ 손톱은 반드시 짧게 깎고, 불순물이 손톱 사이에 끼이지 않도록 가꾸어야 한다.
⑤ 근무 중 손으로 코를 후비거나 머리, 얼굴, 입 등 안면 부위를 만져서는 안 된다.
⑥ 매니큐어의 색깔은 투명색과 살색 이외에는 금지한다.

(5) 구두 및 스타킹

① 구두는 여성의 또 다른 얼굴이며 자신의 걸음걸이를 균형 있게 유지해 주는 것으로 선택한다.
② 구두는 매일 깨끗하고 빛이 나게 손질하여 착용한다.
③ 밑창이 떨어졌거나 뒷굽이 닳은 것은 고객에게 좋지 않은 인상을 주므로 수선하여 신도록 한다.
④ 뒤꿈치를 꺾어서 신거나 끌고다니지 않는다.
⑤ 스타킹 색은 각 업장의 규정에 맞는 색을 착용하도록 한다.
⑥ 스타킹의 올이 빠지거나 흘러내리는 것에 주의한다.

(6) 블라우스

① 회사에서 지급된 것으로 다림질이 잘된 것으로 착용한다.
② 소매 끝, 깃 등이 더러운 블라우스를 입어서는 안 된다.
③ 옷자락이 바지 바깥으로 보여선 안 되며, 소매 길이는 3~5mm 정도 유니폼 소매보다 조금 더 긴 것이 알맞다.

(7) 액세서리

① 영업상 필요에 의한 착용 외 규정 이상의 액세서리를 착용하지 않는다.
② 시계는 단정하고 작은 것이어야 한다.
③ 반지는 링 반지 한 개 이외는 불허한다.
④ 귀걸이와 목걸이는 지나치게 크지 않은 것으로 한다.

(8) 명찰

① 명찰은 복장 규정의 일부이다.

② 항상 부착해야 하며, 명찰을 부착하지 않으면 근무를 할 수 없다.
③ 명찰은 옷깃에 가리지 않도록 한다.
④ 명찰의 패용상태를 수시로 확인한다.

(9) 머리띠

① 회사에서 지급된 것으로 착용하여 통일성을 갖게 한다.
② 항상 흘러내린 머리가 없도록 유의한다.
③ 단정하게 빗어 제 위치에 잘 담아 매어져 있는지 확인하는 습관을 갖는다.

향수 사용법

- 보석, 모피에 뿌리는 것을 삼간다.
- 향취는 밑에서 위로 올라오는 성질이 있으므로 무릎이나 복사뼈, 스커트단 등 움직이는 부분에 사용하면 움직일 때마다 은은한 향기가 감돌게 된다.
- 향력을 증가시키려면 맥박이 뛰는 부분에 사용한다(귀 뒤, 손목, 목 뒤, 발목).
- 향수는 섞어 쓰지 않는다.
- 병문안, 행사, 선을 볼 때 등은 신중히 사용한다.
- 머리카락 등과 같이 직사광선이 직접 닿는 곳을 피해서 사용한다.
- 향수는 자신이 희미하게 느낄 정도로 바르는 것이 적당하다.

TOURISM SERVICE

CHAPTER 07

직장예절

01 직장예절의 개요

1. 직장(회사)예절의 필요성

인간은 사회적 동물Social Animal이기에 사회생활을 영위하고 있으며, 이러한 사회에는 그곳 특유의 예절과 도덕이 있기 때문에 밝고 명랑한 분위기에서 공동의 목표를 달성하고 있는 것이다. 직장이란 출생, 성장, 교육, 전공, 취미, 소질, 가치관이 다른 이질적인 개성들이 모인 조직사회Society Organization이다. 이렇게 각기 이질적인 개성과 특성을 하나의 목표를 지향하여 조화, 규율하기 위해 통일된 생활 규범이 요구되는 것이다. 일반적인 예절관이 확립되고 생활예절이 바른 사람이라도 일정한 조직사회에 들어오면 나름대로의 전통과 특색 있는 예절이 새롭게 요구된다.

그런데 우리나라의 현실은 가정과 교육과정을 통해 만족할 만한 예절지도를 받지 못한 상황에서 직장생활을 하기 때문에 이에 대한 교육이 더욱 절실함을 느끼게 된다.

2. 직장 근무예절

① 하루의 마음가짐

- "고맙습니다." : 감사의 마음
- "미안합니다." : 반성의 마음
- "덕분입니다." : 겸허한 마음
- "하겠습니다." : 봉사의 마음
- "그렇습니다." : 긍정의 마음

② 누구에게나 호감을 줄 수 있는 유연함은 상대방에 대한 배려가 느껴지는 언어를 사용하는 것에서 시작된다.

- "먼저 하시지요."
- "…해도 괜찮으시겠습니까?"

③ 공적인 자리에서 만큼은 개성보다는 예의를 우선한 옷차림을 갖추는 것 역시 중요하다. 아울러 적극적인 감사표현까지 한다면 반듯하고 경우가 바르다는 인상을 심어준다.

④ 배려하는 자세와 언어는 신선한 호감과 함께 신뢰감을 쌓을 수 있는 지름길이다.

3. 대인예절의 태도

① 눈꺼풀을 올린다.
- 우선 눈썹을 한 번 위로 올려보자.
- 이때의 표정 그대로 상대방의 이름을 부르는 것이다.
- 눈꺼풀이 기분 좋게 떠지면 마음도 열리기 때문이다.

② 인사는 주고받는 것이다.

③ 단정한 옷차림
- 앞 · 뒤가 깨끗하게 닦이고 뒤축까지 깔끔한 구두를 신은 사람은 신뢰감을 준다.

④ 완전한 말
- 정중하고 완전하게 표현하는 습성이 필요하다.
- "잠깐만요" 하기보다는 "잠시만 기다려 주시겠습니까?"
- 그냥 "네?"라고 하기보다는 "죄송합니다만, 다시 한 번 말씀해 주시겠습니까?"

⑤ 의미 있는 악수
- 자신 있게 손을 내밀어 힘 있고 따뜻하게, 또 진지하게 악수를 했다면 첫 출발은 잘한 것이다. 반대로, 손목을 떨어뜨리고 눈을 쳐다보지도 않고, 간단히 악수를 했다면 일이 잘되기가 힘들 것이다.

⑥ 모임에서 자신감 있는 사람이 돋보인다.
- 어디서든지 자기 자신을 자신감 있게 표현하고 자신을 바르게 소개해야 한다.

고객을 위한 10계명

- 항상 상대방의 의견을 겸허하게 듣고, 자기의 부족한 점을 반성하고 있는가?
- 주어진 직분을 잘 지키며, 있는 힘을 다해 회사 전체의 능률을 향상시키도록 노력하고 있는가?
- 상대방의 마음에 상처를 주지 않으며, 회사 전체의 분위기를 밝게 이끌기 위해 마음을 쓰고 있는가?
- 정정당당한 경쟁을 통해 스스로의 능력을 발휘하며, 동료의 약점을 들추는 비겁한 행동은 하지 않는가?
- 동료 누구에게나 똑같은 친절을 베풀고 있는가?
- 언제나 동료들과 책임질 수 있는 교제를 하고 있는가?

4. 하급자에 대한 예절

① 상사는 스스로 모범이 되어 솔선수범해야 하며, 상사의 솔선수범은 부하직원을 따르게 하는 통솔력이 된다는 것을 명심한다.

② 부하직원에게 주의를 줄 때는 감정을 자제하고 냉정한 기분으로 말을 한다.

③ 부하직원에게 주의를 줄 경우 둘이서만 만날 수 있는 장소를 선택해야 한다.

④ 다른 사람과 비교하는 일을 삼간다.

⑤ 상사는 "수고했어", "잘했어" 등 칭찬과 격려를 아끼지 말아야 한다.

⑥ 자신이 저지른 과오를 부하직원에게 전가시키는 것은 금물이다.

⑦ 부하의 인격을 존중하며 사적인 심부름은 삼가야 한다.

⑧ 상사는 항상 부하직원이 최대한의 창의력을 발휘하여 일할 수 있도록 분위기 조성에 힘써야 한다.

5. 직장인의 자세

올바른 자세는 상대방에게 좋은 인상을 준다. 자세를 바르게 하는 것만으로도 모습이 바뀔 수 있다. 약간의 자각과 주의를 기울인다면, 자세의 교정은 가능해진다. 다음의 몇 가지 주의할 점을 참고로 자신의 자세를 체크해 보자.

(1) 머리

① 머리를 흔드는 것은 꼴불견으로, 시선이 고정되지 않을 뿐만 아니라 좋은 인상을 줄 수 없다.

② 위에서부터 발끝까지 하나의 선으로 연결된 듯한 느낌으로, 동시에 턱과 지면이 평행을 유지하도록 한다.

(2) 어깨

① 긴장감을 갖는 것은 좋지만, 어깨에 지나치게 힘이 들어가 있으면 보는 사람이 피곤하다.

② 좌·우의 높이가 같도록 몸을 풀자.

(3) 양손

① 대기할 때는 손을 포갠다.

(4) 발

① 발의 움직임은 의외로 눈에 잘 보인다.

② 똑바로 서 있는 경우 양 발 뒷꿈치를 붙이고, 발끝은 60~90도 정도로 벌린다.

(5) 등

① 등을 쭉 펴는 것은 기본이다.

② 옆에서 몸을 봤을 때 귀 - 어깨 - 허리 - 무릎 - 복사뼈 - 뒤꿈치가 일직선이 되도록 한다.

6. 보행

걸음걸이는 그 사람의 품성과 교양 및 직업까지도 나타낸다. 그러므로 아름다운 걸음걸이를 걷도록 각각 연구하고 훈련을 쌓아야 한다.

1) 보행자세의 기본

발을 옮기는 모양은 똑바로 딛고 직선으로 걷는 것이 가장 아름다울 뿐만 아니라 시간과 에너지 절감도 된다. 발끝을 밖으로 내딛는 걸음, 또는 안으로 딛는 걸음 등은 모두 늠름하지 못하다. 그리고 다리 사이를 벌어지게 걷는 갱년기 부인의 걸음은 보기에도 좋지 않다. 또 젊은 여성 중에는 발을 옮길 때마다 포물선을 그리며 다니는 것을 볼 수 있는데, 무용Dance과 보행Walk의 구별을 하는 것이 좋다. 또 걸음을 걸을 때에는 팔의 운동이 수반된다. 팔을 군대의 행진같이 어깨높이로 높게 젓거나, 실의에 빠진 사람같이 맥없이 흔들리거나, 앞 · 뒤로 팔자형으로 걷는 보행은 아름답지 못하다. 걸음은 반드시 자기 몸과 평행하여 전 · 후로 알맞게 흔들어야 한다.

2) 계단을 오르내릴 때의 자세

계단을 오르내릴 때에는 상체를 굽히지 않고 꼿꼿한 자세로 오르내려야 한다. 특히 미니스커트를 입고 계단을 오르내릴 때에는 남성보다 앞서 올라가는 것을 삼가야 한다. 반대로, 내려 올 때에는 여성이 먼저 내려오도록 한다. 한복 및 스란치마입으면 발이 보이지 않는 폭이 넓고 긴 치마나 이브닝 드레스차림으로 계단을 오르내릴 때에는 옷자락을 살짝 들고 걷는 것이 매력적이다. 치맛자락으로 계단을 휩쓸어 마치 걸레질하는 것 같은 인상을 주는 것은 현명하지 못하다.

3) 문을 열고 닫을 때의 자세

창문이나 방문을 열 때에는 여는 방향을 향해서 걸어가며 연다. 이 때 자기의 자세를 흐트러뜨리는 것은 좋지가 않다. 문을 닫을 때에도 닫아야 할 방향을 향해서 걸어가며 닫는다. 특히 소리가 나지 않게 조심스럽게 꼭 닫아야 한다.

(1) 앞으로 당겨서 여는 문

① 손잡이 가까이 있는 손으로 잡고 당긴다.

② 당긴 채로 비켜서 고객이 들어가도록 안내한 후 마지막으로 들어간다.

(2) 밀어서 여는 문

① 손잡이 가까이 있는 손으로 잡고 민다.

② 먼저 안으로 들어가서 안쪽 손잡이를 잡고 맞아들인다.

③ 이 때 머리만 내밀지 말고 몸의 반 정도가 보이는 위치에 선다.

(3) 미닫이문

① 미닫이문을 이용할 때에는 자기 몸이 드나들 만큼 열어야 하는데, 조금 열어서 몸이 미닫이 양편에 부딪힌 후 더 열고 들어가는 사람도 있다.

② 처음부터 문을 넉넉하게 열든지, 아니면 몸을 모로 하여 들어가든지를 미리 생각하여 행동해야 한다.

4) 보행 시 주의사항

① 바른 걸음걸이는 바른 자세에서 시작된다. 바로 선 자세로 등을 펴고 턱을 당기며 그대로 똑바르게 걸으면 된다.

② 항상 경쾌하나 조용하게 걷는다. 긴급 시 이외에는 결코 달려서는 안 된다. 질질 발을 끌면서 걷거나 불안스런 걸음걸이는 금하도록 한다.

③ 복도에서 중앙은 고객의 전용통로로 생각하고 우측으로 걷도록 하며, 코너에서는 주의해서 돌도록 한다.

④ 복도에서는 상사나 고객을 앞지르지 않는 것이 원칙이다. 급한 용무나 부득이한 때에는 반드시 "실례합니다." 하고 사과를 하고 앞지른다.

⑤ 고객이나 상사와 엇갈릴 때에는 공손히 목례(반절)를 한다(고개를 숙인다).

⑥ 여럿이 걸을 때에는 종으로 걸으며, 횡으로 통로를 가리는 일이 없도록 한다. 큰소리로 이야기하거나 콧노래 또는 휘파람을 불면서 걷는 것을 금한다.

⑦ 고객을 안내할 때에는 고객에게 유의하면서 조심성 있게 한 걸음 앞에서 선도한다. 고객을 수행할 때에는 고객의 좌측 1보 뒤나 또는 후방에서 걷는다.

⑧ 보행 중에는 담배를 피우거나 껌을 씹으며 다녀서는 안 된다.
⑨ 보행 중에는 주머니에 손을 넣거나 팔짱을 끼거나 뒷짐을 져서는 안 된다.
⑩ 보행 중에는 눈망울이 초롱초롱하며 얼굴 표정에 생기 있게 보여야 한다.
⑪ 보행 중에는 소리가 나므로 주머니에 소리 나는 것을 넣지 말도록 한다.
⑫ 휴식 시 유니폼을 입은 채로 건물 밖에 나가서는 안 되며, 휴식 장소에서 휴식을 취해야 한다.

5) 걸음걸이

① 서비스공간을 걸을 때에는 항상 바른 자세로 앞서 가는 고객을 앞지르는 행위는 좋지 않으며, 불가피한 경우에는 고객에게 "죄송합니다.", "실례합니다." 등의 예의를 반드시 표시해야 한다.
② 눈은 전방 15도를 향하며, 고객과 마주칠 때에는 가벼운 목례를 하고 가능한 벽 쪽에 붙어 걸어야 한다.
③ 걷는 자세는 시선이 15도 상단이며, 턱은 앞으로 당기고, 어깨를 펴며, 팔은 흔들지 않고, 손을 가볍게 사뿐히 리듬 있게 걷도록 한다. 보행 중에는 항상 주위의 신경을 써서 벽 · 천장 · 전기 · BGMBackground Music에 이상이 있는지, 카펫에 오물이 있는지 항상 관심을 가져야 한다.

02 직장예절의 실제

1. 근무 예절

① 출근은 근무시간 전에 근무 장소에 도착해서 근무 준비가 되도록 한다.
② 사무용 소모품을 아끼고, 비품을 정결하게 다루며 근무 주변을 정리 정돈한다.
③ 다른 사람의 일에 간섭하지 않으면서도 서로 협조하며 자기 일을 다른 사람에게

미루지 않는다.

④ 직장 업무는 모든 일이 다른 사람과 연계되어 있으므로, 다른 사람의 업무에 지장이 없도록 자신의 책임을 다한다.

⑤ 개인적인 전화를 억제하고, 회사용품도 개인적으로 사용하지 않아야 한다.

⑥ 개인적 방문객으로 회사의 업무에 지장을 가져와서는 안 된다.

⑦ 개인적인 방문인 경우는 상급자의 양해를 받아 근무장소가 아닌 곳에서 대하는 것이 예의이다.

⑧ 출장 등 사외근무 시에는 들고나는 예의를 지키고, 사내 관계자가 기다리거나 궁금하지 않게 수시로 보고한다.

⑨ 퇴근할 때는 업무를 중단하고 퇴근시간을 기다리지 말고, 퇴근시간이 된 뒤에야 정리할 것이며, 가능하면 하던 일을 끝내는 성의가 있어야 한다.

근무시작 5분 전의 금기

- 책상 위에 엎드려서 어두운 분위기를 조성하지 않는다.
- 멍하니 할 일 없이 앉아있지 않는다.
- 아침식사 시간으로 삼지 않는다.
- 주간지나 만화 따위를 읽지 않는다.
- 일의 의욕을 저하시키는 말을 하지 않는다.

2. 사무실 예절

상사, 동료, 부하와 협력 하에 활기찬 직장분위기로 만들어 가기 위한 근무예절은 다음과 같다.

① 서로를 존중하고 약속을 꼭 지킨다.

② 직원 간에 서로를 이해하는 기회를 많이 갖는다.

③ 맡은바 업무에 충실히 한다.

④ 긍정적인 자세로 지시받고, 기한과 수량 등을 꼭 확인한다.
⑤ 끝나면 바로 보고하고, 경우에 따라 꼭 중간보고를 한다.
⑥ 어려울 때 서로를 위로하고 격려한다.
⑦ 가까울수록 예의를 갖추고 언행에 서로 주의한다.
⑧ 내방객 앞에서는 직원 간에 상호존대 표현을 한다.

3. 내방객 응대

① 내방객의 입장에서 적극적이고 친절하게 응대한다.
② 내방객에게 "안녕하십니까? 무엇을 도와드릴까요?"라고 먼저 인사한다.
③ 면회가 불가능한 경우, 메모를 받거나 차를 권한다.
④ 음료접대 시에는 반드시 취향을 묻고 기분 좋게 대접한다.
⑤ 배웅 시 출입문 또는 엘리베이터 앞까지 나가서 인사한다.

4. 불만고객 응대요령

서비스의 중요성을 잘 알고 있어야 한다. 우선 불만을 하는 고객이 발생하지 않도록 노력해야 한다. 불만고객 100명 중 4명만이 불만을 제기한다고 한다. 또한 불만을 제기하는 고객은 보통사람의 두 배 이상 이용도가 높다고 하며, 불만고객의 영향은 만족한 고객의 영향보다 두 배나 강하다고 한다. 그러나 불만고객 발생 시 어떻게 응대하느냐에 따라서 더 좋은 결과를 얻게 될 수도 있다.

① 불만고객 발생 시 신속하게 접수한다.
② 잘잘못을 따지지 않도록 한다.
③ 우선적으로 "죄송합니다."로 시작하며 긍정적 인상을 전달하도록 한다.
④ 고객의 상황을 이해하고, 고객이 편안한 마음으로 돌아갈 수 있도록 성의 있게 응대한다.
⑤ 불만고객을 다른 고객보다 정중한 언행으로 최선을 다해서 응대한다.

⑥ 불만사항은 끝까지 경청하며 반드시 메모한다.

⑦ 차후 서신이나 전화를 이용해서 성의 있게 마무리한다.

5. 상담예절

① 명함 및 준비자료와 용모를 점검하고 약속에 늦지 않도록 출발한다.

② 사전에 확인연락을 다시 한 번 하고, 늦게 되는 경우 반드시 미리 알린다.

③ 만나자마자 바로 본론으로 들어가지 않고, 정중하고 기분 좋게 인사말과 안부 등을 묻는다.

④ 시간적 여유가 없는 경우, 미리 양해를 구하여 결례되지 않도록 한다.

⑤ 서류가방은 의자의 측면이나 발 옆에 놓는다.

⑥ 상담 중 화법과 태도에 주의하여 오해받지 않도록 한다.

⑦ 용건은 간결, 명확하게 전달하고, 상대의 말을 적극 경청한다.

⑧ 상담의 결과에 집착하지 말고, 결과가 어떻든 기분 좋게 마무리하는 여유를 갖는다.

6. 명함 주고받기

① 자기를 먼저 소개하는 사람이 자기의 명함을 두 손으로 명함의 위쪽을 잡고 정중하게 건넨다.

② 명함을 받은 사람은 두 손으로 명함의 아래쪽을 잡아서 받는다.

③ 한쪽 손으로는 자신의 명함을 주면서, 한쪽 손으로는 상대의 명함을 받는 동시 교환은 부득이한 경우가 아니면 실례이다.

④ 상대에게 받은 명함은 공손히 받쳐 들고 상세히 살핀 다음 정중하게 간수한다.

⑤ 상대방으로부터 받은 명함을 접거나 구겨가며 대화를 나누거나 상대방이 보는 앞에서 명함에 낙서나 메모를 하면 안 된다.

⑥ 명함을 받은 뒤 곧바로 셔츠의 윗주머니에 꼽거나 지갑에 넣으면 안 된다.

⑦ 한자로 된 명함을 받고 글자를 모르는 경우는 물어봐도 결례가 되질 않는다.

7. 회의 예절

① 회의의 목적을 이해한다.

- 배포된 자료는 사전에 읽어본다.
- 의제에 대한 의견 · 견해를 정리해 둔다.

② 개최시간을 엄수한다.

- 일시와 장소를 확인해 둔다.
- 먼 거리는 교통편을 확인해 둔다.

③ 회의 참가자의 시선이 발표자 이외의 곳에 향하지 않도록 한다.

④ 허락받기 전까지는 담배를 피우지 않는다.

⑤ 회의 규칙을 존중한다.

⑥ 감정을 자제해야 한다.

⑦ 잡담을 한다거나 자세를 흐트러뜨리지 않는다.

⑧ 상대방이 말하는 도중에 질문하지 않는다.

8. 전화 예절

1) 전화 받을 때의 예절

(1) 전화벨이 울리자마자 받는 것이 예의이다.

① 세 번 이상 벨소리가 울린 후에 받을 때에는 "늦어서 죄송합니다." 하고 전화를 받는 것이 상대방에 대한 예의이다.

② 담당자가 바쁠 경우 옆 사람이 받고, 같은 부서에 걸려 온 전화를 받을 사람이 없을 때에는 자기 자리에서 멀더라도 달려가 받는다.

③ 자기가 속해 있지 않은 부서에 온 전화라 해도, 받을 사람이 없으면 스스로 달려가 수화기를 잡는 마음가짐이 필요하다.

(2) 전화 받는 사람의 목소리가 그 회사에 대한 첫인상!

① 수화기를 들면 직장 이름을 밝히고 인사부터 한다. "안녕하십니까? ○○회사 총

무부 ○○○입니다."

② 교환대를 거쳐서 오는 경우에는 "○○과 ○○○입니다." 혹은 직장 내 전화일 경우 "○○과입니다."라고 한다.

③ 전화 통화는 항상 존댓말을 쓴다.

(3) 메모를 위해 펜과 종이를 준비한다.

① 상대방의 신분이나 성명을 확인하고, 수화한 내용이 분명하지 않을 때는 양해의 말을 한 뒤 재확인한다. 이것은 상대방에게 실례되는 일이 아니다.

(4) 전화를 받을 사람이 통화중일 때

① "지금 통화중이니 잠깐 기다려 주십시오." 등의 이야기로 찾는 사람이 전화를 받을 형편이 아님을 밝힐 필요가 있다. 또 "○○○의 통화가 길어질 것 같으니, 통화가 끝나는 대로 전화를 다시 걸어드리면 어떨까요?" 하고 예의바르게 양해를 구한다.

② 급한 용건일 경우, 메모를 써 보내어 통화중인 전화를 일시 보류하고 긴급전화를 받도록 한다.

(5) 용건은 간단명료하게 메모한다.

① 메모 준비가 안 되어 있으면, "죄송합니다. 메모를 해야겠으니 잠깐 기다려 주십시오."라고 양해를 얻은 다음, 준비가 되면 "네, 말씀하십시오."라 하고 메모한다.

② 메모가 끝나면 받아 적은 쪽에서 "다시 메모한 것을 읽어 볼 테니 확인해 주십시오."라 하고 용건을 바르게 적었는지 확인한다.

(6) 전화를 받을 사람이 자리에 없을 경우

① "○○○는 지금 자리에 없습니다."라고 말한 다음 "용건을 일러주시겠습니까?"라든가, "들어오는 대로 전화를 걸도록 하겠습니다." 하고 말하는 것을 잊지 말아

야 한다.

② "OOO는 2시경에 돌아오리라 생각됩니다."라고 구체적으로 대답하는 것이 좋다. 2시가 넘어도 담당자가 돌아오지 않으면, 반드시 상대방에게 늦어진다는 사실을 전화로 알려주는 것이 상대방을 초조하게 하지 않아 회사의 인상도 더 한층 좋아진다.

(7) 전화를 끊을 때는 작별인사를 잊지 말아야 한다.

① 전화의 용건이 끝나면 간단하고 따뜻한 작별인사를 잊지 말아야 한다. 전화가 용무를 위한 기계라고 하지만, 인사도 없이 끊어버리는 행위는 예의 없는 몰상식한 행동이다. "실례했습니다." 또는 "그럼 안녕히 계십시오." 하는 인사말 정도는 하고나서 끊도록 해야 한다.

(8) 생각하면 행동이 바뀝니다.

① 수화기를 들기 전에 심호흡하듯 자세를 바르게 잡는다.

② 상대를 기다리게 할 때는 "죄송합니다만, 잠시만 기다려 주십시오."라고 정중하게 양해를 구한다.

③ 전화 대화중에 다른 사람과 상의할 일이 있으면 양해를 구하고, 이쪽의 대화가 들리지 않도록 수화기를 막는다.

④ 전화가 잘못 걸려오면 "잘못 걸었습니다. 여기는 OOO국의 OOOO번입니다." 등으로 수신자 쪽을 밝히는 것이 좋다.

2) 전화 걸 때의 예절

(1) 자신의 소속과 이름을 먼저 밝힌다.

① "OO회사 총무과 OOO입니다.", "죄송합니다만, 김 과장님 계시면 부탁드립니다." 하면 된다.

② 찾는 사람이 없는 때에는 전화 받는 사람에게 "바쁘신데 대단히 죄송합니다. OO회사 총무과 OOO가 어떠한 일로 전화했었다고 전해주시면 고맙겠습니다. 수고

하십시오."라고 정중하게 부탁하도록 한다.

(2) 용건의 명제를 먼저 상대방에게 알린다.

① 용건의 명제를 먼저 말하면 상대방이 용건을 빨리 이해할 수 있다. "오늘 모임에 대한 일입니다만" 또는 "○○회사와의 상담에 대해 말씀드리고 싶습니다." 등 간결하고 요령 있게 한다.

(3) 전화가 잘 안 들리는 때에는 서슴지 말고 그 사정을 알린다.

① 상대방의 소리가 적거나 잡음이 나서 잘 안 들릴 때가 있다. 이럴 때에는 서슴지 말고 미안하다는 인사말과 함께 "전화가 잘 안 들립니다만……" 하고 상대방에게 말하는 것이 바람직하다. 대화 내용을 잘 알아듣지 못하여 자꾸만 재차 묻는 것보다는 실례가 되지 않는다.

(4) 업무전화를 건 쪽에서 먼저 끊는다.

① 용건을 들을 사람 쪽이 먼저 끊으면 상대가 용건을 모두 말하기 전에 통화가 끝날 염려가 있기 때문이다. 그러나 전화를 걸었을 때, 상대방이 아주 윗사람이거나 경의를 표해야 할 사람일 때에는 상대방이 끊은 것을 확인하고 수화기를 놓는 것이 역시 예의에 맞는 방법이다.

(5) 자주 거는 전화번호는 일람표를 만들어 둔다.

① 자주 쓰는 전화번호는 외워두고, 그밖에는 일람표를 만들어 두는 것이 여러 모로 편리하고 유익하다.

3) 핸드폰 사용 예절

① 공공장소에서는 이동전화 전원을 끈다. 음성사서함이나 번호호출 기능을 이용하면 된다. 유럽 등지에서는 식당에 들어갈 때 카운터에 이동전화를 맡기는 경우가 많다.

② 병원이나 항공기, 상가 등에서는 이동전화를 사용하지 말아야 한다. 이동전화의 전자파가 작동이상을 불러일으킬 수도 있고, 환자나 보호자, 상주 등의 기분과는 어긋나는 경우가 많다.
③ 강의시간에 핸드폰이 울린다고 해서 전화를 받기 위해 나가는 일이 없도록 한다.
④ 벨소리나 대화소리를 너무 크게 해서 주위 사람에게 거부감을 주지 않도록 한다.
⑤ 운전할 때 이동전화 사용은 금물이다. 그만큼 사고의 위험이 높아진다.

9. 기타 예절

1) 출근과 퇴근

일반적으로 회사의 근무시간은 오전 9시에서 오후 6시까지로 정하고 있다. 이는 9시부터는 일을 시작하므로 근무시작 전 일찍 출근하여 여유를 가지고 근무에 필요한 준비를 해야 하고, 또 오후 6시에 일을 마친다면 6시 이후부터 퇴근 준비에 들어가야 한다.

주위 사람에게는 밝고 친절한 인사를 먼저 한다. 서로간의 정겨운 인사는 명랑한 직장 분위기를 이룬다. 그리고 근무복장이 따로 있으면 복장을 바꾸어 입고 주변정리 등 근무준비를 철저하게 한다. 근무시간이 끝난 뒤에는 오늘 한 일을 점검하고 내일 할 일을 메모하면서 퇴근 준비를 한다. 의자는 책상 밑으로 반듯하게 밀어 넣고 주변을 깔끔하게 정돈한다. 퇴근할 때에는 근무복 정리, 전등, 전열기, 환기장치, 서랍, 문단속, 캐비닛 등을 점검한다. 그리고 상사에게 보고한 후 퇴근한다. 퇴근 시에는 하루의 수고를 서로 위로하는 인사를 한다. 남아 있는 사람이 있으면 "도와드리겠습니다."라고 하든가, "먼저 퇴근하게 되어 죄송합니다.", "부득이한 약속이 있어 먼저 퇴근합니다."라는 인사를 한다.

2) 지각과 조퇴

아침시간은 매우 중요하다. 아침 조회나 회의 등을 통해 상사로부터 지시나 명령을 받고 부서간의 업무협의가 주로 이루어진다. 지각할 경우, 반드시 직장에 연락해야 한다. 먼저 사과와 함께 사유를 간단히 말하고 출근 예정시간을 보고한다. 지각하게 되었을 때 거래처 전화나 내방손님이 있을 경우에는 동료에게 협조를 요청하여 사전조치를 취한다. 상사는 물론, 동료에게도 "늦어서 죄송합니다."고 인사를 한 뒤 자기 자리에 앉는다. 조퇴할 경우에는 업무 마무리에 최선을 다하며, 하던 일은 상사의 지시를 받아 마무리하고 간다.

3) 휴가와 결근

갑작스런 결근이나 휴가는 업무에 막대한 지장을 가져다준다. 결근이나 휴가를 해야 할 경우에는 사전에 승낙을 받도록 하고, 사후에는 꼭 결근계를 제출한다.

4) 이석과 외출

근무 중 자리를 뜰 때에는 반드시 상사나 옆자리에 있는 직원에게 행선지와 용건, 소요시간 등을 분명히 말해야 한다. 오랜 시간 멋대로 자리를 비우는 것은 업무의 흐름을 중단시키는 행위이며 용납되지 않는다. 적어도 30분 이상 자리를 비울 때에는 책상 위를 말끔히 정리해야 하며, 외출시간이 지연되면 그 사유를 전화로 연락해야 한다. 일을 끝내고 집으로 귀가할 때는 반드시 회사에 전화를 걸어 활동사항을 보고하고 회사로부터 긴급 지시사항이 있는지도 확인한다.

5) 출장

출장이란, 회사를 대표하여 회사의 직무를 수행하기 위해 목적을 가지고 떠나는 여행이다. 출장을 떠나기 전에 목적을 정확히 파악하고 사전에 치밀한 계획을 세워야 한다. 일정표 작성, 업무 수행에 필요한 서류나 지식을 준비하며, 상사나 동료의 의견이나 도움을 청하는 것이 바람직하다. 출장지에서는 숙소 연락처, 업무진행 정도, 중간변경 사항 등을 중간보고(수시보고)하는 것이 좋다. 출장에서 돌아오면 우선 상사에게 구두나 전화로 보고하고, 차후에 공식 보고서를 제출해야 한다. 출장이나 사외 근무를 빙자하여 통상 업무를 지체하거나 남에게 미루는 일이 없도록 한다.

6) 휴식, 점심, 음료 등의 예절

정해진 휴식시간, 점심시간이라도 하던 일을 마치고 주변을 정리한 다음 남에게 방해되지 않는 범위 내에서 휴식, 점심식사를 한다. 다시 근무에 임할 때는 아침 출근 때와 같이 한다.

TOURISM SERVICE

CHAPTER 08

인사예절

01 인사예절의 개요

1. 인사의 의의

인사Greeting는 모든 예절의 기본이다. 인사는 상대방의 인격을 존중하는 경의의 표시이고, 정성의 마음으로 친절과 협조의 표시이다. 인사는 상대의 응답보다는 자기가 하는데 의의가 있고, 즐겁고 명랑한 사회생활을 하고 원만한 대인관계를 유지하기 위해 모든 사람이 기본적으로 갖추어야 할 필수적인 요소라고 할 수 있다.

인사는 평생을 남과 더불어 사회생활을 하는데 기본적으로 갖추어야 할 가장 중요한 것으로, 습관화가 이루어지기 위해서는 인사예절 교육이 절실히 요구된다. 인사예절 교육이 중요한 이유는 다음과 같다.

첫째, 인사는 상대방을 인정하고 존경하며, 친밀감을 나타낼 수 있는 사람들 간의 기본적인 예의이다.

둘째, 인사는 사람을 처음 만나면 서로의 관계를 형성하는 중요한 도구가 된다. 인사를 통해서 내가 누구라는 것을 상대방에게 알리고 상대가 누구인지 알게 된다. 인사는 우리의 생활에서 없어서는 안 되며, 제대로 익혀 실천해야 하는 것이 인사이다.

셋째, 기본적 예절과 규범을 습관화하여 도덕적으로 건전한 사회생활을 하는 것은 물론이고, 사회화 과정에서 사회적 통합을 이루는 핵심적인 역할을 한다.

넷째, 인사예절 교육은 사회의 변화가 급속해지고 세계 여러 나라의 사람과 문물을 접하게 되는 현재와 미래의 세계에서 꼭 필요한 덕목이다.

이러한 인사예절 교육의 중요성에 비추어, 학교에서는 체계적으로 지도할 내용을 선정하여 교육과정을 통해 지도하고 다양한 실천 기회를 제공하여 습관화시켜서 평생을 남과 더불어 살아 갈 때 필요한 기초적인 자질을 길러주어야 한다.

2. 인사의 시기

① 일반적으로 30보 이내에서(인사 대상과 방향이 다를 때)
② 가장 좋은 시기는 6보 정도 앞에서(인사 대상과 방향이 마주칠 때)
③ 측방이나 갑자기 만났을 때에는 즉시 인사한다.
④ 상대가 너무 멀리 떨어져 있을 때에는 상대가 보든 말든 그 자리에서 인사를 하고, 가까이 마주칠 때 다시 한 번 인사한다.

02 인사방법

1. 인사의 상식

1) 인사의 방법

① 인사는 먼저 할수록 좋다.
② 인사라는 말에는 적극적이라는 뜻이 포함되어 있다.
③ 감사하는 마음을 어떻게 상대에게 나타낼 수 있을까?
④ 인사 하나로 회사의 사활이 결정될 수 있다.
⑤ 차별을 둔 인사는 많은 고객을 잃는다.
⑥ 인사의 기본은 "안녕하세요?"이다.
⑦ 웃는 얼굴을 잊지 말아야 한다.
⑧ 인사말을 생략해서는 안 된다.
⑨ 지나치게 정중하면 헛인사가 된다.
⑩ T.P.O에 따른 인사Time, Place, Occasion를 해야 한다.
⑪ 흉내를 내는 것이 인사를 잘하게 되는 지름길이다.
⑫ 대답은 어떤 경우에도 "네!" 한 번이다.

⑬ 인사에도 한계를 짓는 것이 좋다.

⑭ 기계적이 아닌, 마음이 담겨져 있는 인사를 해야 한다.

⑮ 인사의 가치는 상대를 안심시켰는가에 있다.

2) 인사의 요령

① 곧은 자세를 취한다.

② 상대의 눈을 본다.

③ 정중하게 마리를 숙인다. 이 때 등은 펴고 허리에서 직선으로 숙여야 한다.

④ 손은 양 옆에 붙인 채 자연스레 몸을 따라서 내린다.

⑤ 수그린 마지막 시점에서 잠깐 멈추고, 시선은 상대방의 발끝에 둔다.

⑥ 숙일 때보다 조금 느린 속도로 몸을 일으킨다.

⑦ 다시 상대의 눈을 본다.

3) 인사하는 방법

① 호칭하며 인사하기 : 항상 손님에게 관심을 가지고 직책과 성함을 알려고 노력하자.(예 : "○○○ 사장님", "○○○ 선생님 안녕하십니까?")

② 미소 지으며 인사하기 : 마음속으로 항상 웃으며 모든 손님과 직원 간에 미소를 짓는 습관을 기르자.

③ 정중하게 인사하기 : 손님을 존경하는 마음으로 고개를 숙이고 인사한 후, 1초 정도 쉰 다음 고개를 든다.

4) 인사의 종류와 대상

① 최경례 : VIP

② 보통절 : 일반고객

③ 반절 : 엘리베이터 안과 같이 좁은 장소 · 통로에서 상사를 만났을 때, 또는 동료 간에 실시한다.

표 8.1 인사요령

구 분	가벼운 인사	보통 인사	정중한 인사
인사의 각도	15도	30도	45도
인사의 속도	구부린 다음 바로 편다.	구부린 다음 1초 동안 멈추었다가 편다.	구부린 다음 1초 동안 멈추었다가 편다.
용 도	고객이 들어올 때의 환영인사		
시 선	발끝 2미터 정도 앞		
양 손의 위치	남 · 여 모두 차렷 자세에서 가운데 손가락을 재봉선에 가볍게 대고 떨어지지 않게 한다.		
발	뒤꿈치를 붙이고 30~40도 정도로 벌린다.		
표 정	가볍게 미소를 띤다.		
다 리	곧게 편다.		
엉덩이	뒤로 빼지 않도록 한다.		
허리와 머리	허리에서 머리까지 일직선을 유지한다(머리만 숙이거나 허리만 굽히지 않게 한다).		
주 의	눈을 치켜뜨지 않아야 한다.		

(1) 15도 인사법

(2) 30도 인사법

(3) 45도 인사법

2. TPOTime, Place, Occasion에 맞는 인사법

일반적으로 인사의 시기는 30보 이내일 때이고, 가장 좋은 시기는 6보이다. 하지만 측방이나 갑자기 만났을 때에는 그 즉시 하는 것이 기본이다.

① 서 있을 때 : 남자는 차렷 자세로 바로 서서 바지 재봉선상의 중앙에 살며시 손을 대며, 여자는 차렷 자세에서 오른손의 엄지를 왼손의 엄지와 인지 사이에 끼어 하복부에 가볍게 댄다.

② 걸을 때 : 2~3미터 가까이 가서 상대를 향해 선 후 기본자세를 취하고 인사를 한다. 이 때 상급자인 경우에는 지나간 후에 움직인다.

③ 계단에서 : 계단을 오를 때 위에서 상사나 고객이 내려오면, 상사나 고객이 내려갈 수 있도록 물러서서 상사나 고객이 같은 계단까지 오도록 기다렸다가 가볍게 인사한다.

④ 앉아있을 때 : 상급자인 경우 일어서서 인사하는 것이 원칙이다.

⑤ 전화통화 중일 때 아는 사람을 만났을 경우 : 중요한 전화가 아니라면 상대에게 양해를 구한 후 전화를 끊고 인사를 나눈다.

⑥ 하루에 여러 번 상대와 마주칠 경우 : 자주 마주칠 경우에도 간단한 목례를 하는 것이 예의이다.

⑦ 나이가 어린 사람을 만났을 때 : 부하직원으로부터 인사를 받았을 때 거드름을 피운다거나 못 본 체하는 것은 실례이다.

⑧ 연세가 많은 어른을 만났을 때 : 바르고 정확한 인사말과 함께 정중하게 한다. 이 때 지나치게 허리를 굽히는 것은 바람직하지 않다.

⑨ 상대방이 먼저 인사했을 때 : 지체 없이 바로 답례를 해야 한다. 인사는 먼저 보는 사람이 먼저 하는 것이 바람직하며, 반드시 답례를 해야 한다.

⑩ 외출 시의 인사요령 : 외출 시 상사나 동료에게 인사하고 출발하며, 돌아왔을 때에도 해야 한다.

⑪ 퇴근 시 인사요령 : 상사보다 먼저 퇴근하게 될 경우, 책상을 정리하고 의자를 책상 밑으로 밀어 넣은 다음 상사에게 다가가, "OO님! 죄송하지만 먼저 퇴근하

겠습니다."라는 인사를 한 후 퇴근한다. 동료에게도 "OOO씨! 죄송하지만 먼저 퇴근하겠습니다."라는 인사말을 한다.

표 8.2 상황에 따른 인사말

상 황	인사말
자주 만나는 사람에게	"그동안 안녕하셨습니까?"
머뭇거리는 상대방에게	"무슨 일로 오셨습니까?", "무엇을 도와드릴까요?"
사과할 때	"정말 죄송합니다."
누군가에게 대답할 때	"네, 그렇습니다.", "잘 알겠습니다."
누군가에게 반복해서 물을 때	"죄송합니다만, 다시 한 번 말씀해 주시겠습니까?"
거절할 경우	"죄송합니다. 다음에 도와드리겠습니다."
무엇인가를 안내할 때	"이쪽으로 오시겠습니까?"
출근하면서	"안녕하십니까?"
근무 중 외출할 때	"OOO 다녀오겠습니다."
먼저 퇴근할 때	"먼저 퇴근하겠습니다.", "내일 뵙겠습니다."
외출에서 돌아왔을 때	"다녀왔습니다."
지나가다가 부딪쳤을 때	"죄송합니다.", "실례했습니다."

표 8.3 인사 체크리스트

• 항상 그렇다 : 10점 • 때때로 그렇다 : 5점 • 전혀 그렇지 않다 : 0점 • 당신의 점수는? _____점	점 수
아침에 "안녕하십니까?"라고 가족이나 동료에게 밝게 말을 걸고 있습니까?	
가정에서 출 · 퇴근 시 안부 인사를 명랑하게 하고 있습니까?	
이웃 분, 아는 분과 스쳐지나갈 때, 미소를 지으며 인사하거나 미소 띤 얼굴을 하고 있습니까?	
사람 사이를 지나갈 때 "실례하겠습니다."라고 말을 합니까?	
엘리베이터에서 내릴 때 다른 사람에게 "먼저 내리겠습니다."라고 말하고 있습니까?	
상대방에게 사소한 것이라도 도움을 받았을 때, "감사합니다."라고 말하고 있습니까?	
공중전화에서 뒤에 서 있는 사람에게 "오래 기다리셨습니다."라고 말할 수 있습니까?	
"변명할 여지가 없습니다.", "죄송합니다."라고 솔직하게 말할 수 있습니까?	
누군가 불렀을 때 상냥하게 "예"라고 대답할 수 있습니까?	
"잘 먹겠습니다.", "잘 먹었습니다."가 습관화되어 있습니까?	

표 8.4 인사의 5가지 포인트

내가 먼저	대화의 주도권을 잡는 것은 바로 당신
상대방의 눈을 보고 미소지으며	매혹적인 Eye Contact
상대방에게 맞춰서	상대의 마음을 사로잡자.
큰소리로 명랑하게 호칭하며	용기를 가지고 하자.
지속적으로	+, α(알파)로 인간관계를 풍부하게

3. 직장에서의 바른 인사

회사 내에서의 인사는 가능한 한 적극적으로 하는 것이 바람직하다. 아울러 상황에 따라 인사하는 센스도 갖추고 있어야 한다. 상황에 맞지 않거나 형식을 제대로 갖추지 않은 인사는 오히려 결례나 군더더기에 불과하다.

1) 상황에 따른 인사법 몇 가지

(1) 상사나 동료들과 만날 때마다 인사를 해야 하는가?

처음 만났을 때는 정중하면서도 밝고 명랑하게 인사를 하고, 다시 만나게 될 때는 밝은 표정과 함께 가볍게 목례를 하는 것이 좋다.

(2) 작업 중일 때의 인사는?

작업 중에 인사할 정도의 여유가 있다면 상황에 맞게 가볍게 목례를 한다. 그러나 도저히 인사를 할 수 없는 경우에는 하지 않아도 좋다.

(3) 모르는 타부서 사람이 인사를 하는 경우는?

우선 인사를 한 후에 주위 동료에게 누구인지 물어보고, 다음에 마주쳤을 때 가벼운 인사말을 먼저 건네면 더욱 좋다.

(4) 화장실에서의 인사는?

화장실에서는 인사를 하지 않는다. 다만, 눈이 마주칠 경우 목례한다.

2) 출·퇴근 및 외출 시 인사

(1) 출근인사

① 아침에는 활기찬 표정과 태도로서 명랑한 인사를 나눈다.
② 윗사람이 들어서면 일어서서 인사를 한다.
③ 늦었을 때는 상사 앞에까지 가서 사유를 겸손하고 분명하게 말한다. 이 때 먼저 사과부터 해야지, 이유나 변명부터 하는 것은 예의가 아니다.

(2) 퇴근인사

① 서로간에 수고의 위로로 인사를 나눈다.
② 아랫사람이 윗사람에게 "수고하셨습니다. 또는 수고하세요."의 인사는 사용하지 않는다.
③ 상사가 일이 끝나지 않았는데 먼저 나갈 경우에는, "아직 일이 많으신가보죠? 제가 할 일은 없는지요."라고 하는 것이 예의이다.

(3) 외출 시 인사

① 외출할 때에는 가능하면 사전에 상사에게 말씀을 드린다.
② 반드시 언제, 어디로, 무슨 일로 가는 것을 서면으로 하되, 부득이한 경우 구두로라도 꼭 보고를 하고서 나간다.

4. 절

1) 큰절

'큰절'은 혼례 때나 제사 때에 주로 한다. 남자의 큰절은 마주 쥔 두 손을 눈높이까지 올렸다가, 몸을 구부리며 동시에 같이 앞으로 내려 방바닥을 짚고 절하고, 일어설 때에도

마주잡은 두 손을 눈높이까지 올렸다가 내린다. 여자의 큰절은 한복을 입고서 하는데, 두 손을 펴서 모아잡고 눈높이로 든 채 발목을 서로 포개어 앉는다. 그리고 모아잡은 손을 그대로 둔 채 고개를 숙여 절하고, 일어서면서 손을 모아 잡은 채 조용히 눈높이까지 들어 올렸다가 내려서 마주잡고, 그 자리에 서서 어른의 분부를 기다린다.

2) 평절

남자의 '평절'은 두 손을 가볍게 마주잡고, 약간 들며 한쪽 발을 뒤로 밀고 다리를 구부려 무릎으로 방바닥을 짚은 다음, 다시 한쪽 다리도 같이 구부려 두 무릎을 가지런히 하고 엎드려 손을 내려 방바닥을 짚고, 손등 위에서 15~20cm 거리에 얼굴이 오도록 숙여 절을 한 다음, 일어서서 마주 잡은 두 손을 올리다가 내리며 두어 걸음 물러나서 두 손을 모아잡고 어른의 분부를 기다린다.

여자의 '평절'은 한쪽 발을 약간 뒤로 밀고 조용히 앉으면서 뒤로 민 다리를 방바닥에 놓고, 다른 쪽 다리는 세운 후 팔은 자연스럽게 따라 내려가 방바닥을 짚은 다음, 완전히 앉으면 고개를 숙여 절을 한다. 이때에 손은 몸 옆에 놓이게 되며, 손끝은 바깥쪽을 향하도록 한다.

절이 끝나면, 한쪽 발을 뒤로 밀며 조용히 일어서 두 팔을 모은다. 양장일 때에는 두 무릎을 꿇고 두 다리를 살며시 옆으로 보내며 앉아서 절을 한다.

5. 경례

1) 큰경례

대개 집안의 웃어른이나 나이가 있는 분들에게 하는 인사로써, 윗몸을 45도 정도 굽혀서 공손히 머리를 숙여서 인사하고 서서히 윗몸을 일으켜야 한다. 밝은 표정을 띠고, 시선은 인사 올리는 분을 부드럽게 바라보는 자세가 좋다. 상대방과의 거리는 1.5~2미터 정도면 충분하다.

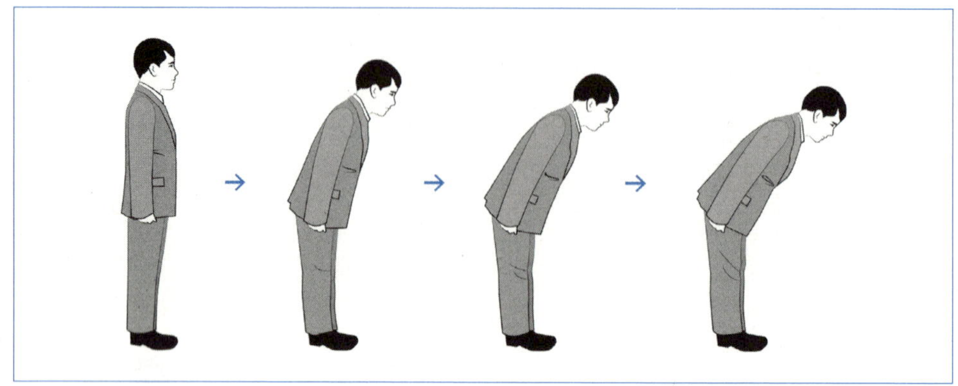

2) 거수경례

주로 제복차림일 때 하는 인사방법이다. 군인, 경찰, 소방관, 청소년 스카우트 등에서 주로 볼 수 있다. 거수경례를 할 때는 윗사람이 인사를 받고 손을 내린 후에야 자신의 손을 내리는 것이 예의이다.

3) 목례

길을 걸어갈 때 실내 · 복도에서 자주 만나는 사람에게 건네는 인사로, 가벼운 미소를 띠며 고개를 약간 숙여 예의를 표하는 방법이다. 회사의 동료나 대개 가까운 친구 사이에는 괜찮지만, 웃어른에게의 목례는 실례가 될 수 있다. 그러나 시간적인 여유가 없을 경우에는 윗사람일지라도 가던 걸음을 멈추고 가볍게 고개를 숙여 예의를 표할 수도 있다.

6. 악수

악수는 서구적인 인사로, 우리나라에서도 생활화되었다. 원래 악수는 빈손을 내밀어 자신의 손에 칼이나 무기 같은 것이 없다는 것을 보여 줌으로써 상대방에게 우호적인 감정을 나타내기 위한 데서 유래하였다.

오늘날 악수는 상대방에 대한 자기표현이다. 악수는 손을 잡음으로써 마음의 문을

열고 일체감을 나타내는 의미가 있으므로 정중하게 해야 한다. 서양에서는 악수를 사양하는 것을 불쾌하게 생각할 수 있기 때문에, 바른 악수법을 익혀 두는 것도 중요하다. 악수는 매우 경건한 마음으로 해야 하며, 미소 띤 얼굴에 허리는 곧게 펴고 마음에서 우러나는 태도를 취하는 것이 중요하다. 그리고 악수는 방법이 간단하면서도 지켜야 할 사항이 많으므로, 결례가 되는 일이 없도록 주의가 요망된다.

1) 악수하는 순서

여성이 남성에게, 연장자가 손아랫사람에게, 기혼자가 미혼자에게, 상급자가 하급자에게 손을 내민다.

2) 악수를 청할 때

① 남성은 반드시 일어서야 한다.

② 여성은 앉은 채로 악수를 받아도 상관없다. 그러나 연배의 여성은 제외하더라도, 젊은 여성이 앉아있는 모습은 보기에 좋지 않으므로 일어나는 것이 좋다.

3) 올바른 악수법

① 악수는 윗사람이 먼저 청하는 것으로, 지위가 낮은 사람이나 나이가 어린 사람이 먼저 손을 내밀어서는 안 된다.

② 여성과 악수할 때는 여성이 먼저 손을 내밀 때까지 청하지 않는다.

③ 상대가 악수를 청할 때 남성은 반드시 일어서야 하며, 여성은 앉은 채로 악수를 받아도 상관이 없다.

④ 상대의 눈을 보고 부드럽게 미소를 지으며, 손은 너무 강하지 않게 기분 좋을 정도로 힘 있게 잡는다.

⑤ 손을 흔들 때는 자신의 어깨보다 높이 흔들어서는 안 되며, 상 · 하로 가볍고 자연스럽게 흔든다.

⑥ 악수하면서 지나치게 머리를 숙이며 굽실거리는 행동은 비굴하게 보이므로 바람직하지 않다.

⑦ 장갑을 끼고 있을 때 악수를 할 경우에는 반드시 장갑을 벗어야 하지만, 행사를 위해 끼고 있을 때에는 무방하다. 또한 여성은 장갑을 끼고 악수를 해도 무방하다.

⑧ 악수는 인사할 때 사람과 사람이 손을 마주잡고 정을 느낄 수 있게 해야 한다.

⑨ 악수를 할 때는 수줍어하지 말고 당당하게 한다.

⑩ 반드시 선 자세로 오른손을 내밀어 자연스럽고 가볍게 쥐는 것이 예의이다.

⑪ 처음에는 가볍게 쥐고 차차 손에 힘을 주어 서로의 정성과 호의를 나타내야 한다.

⑫ 손을 쥐는 시간은 장소와 친밀도에 따라 다르겠지만, 보통은 2~3초가량이 적당하다.

⑬ 악수할 때에는 상대방의 눈이나 얼굴을 주목하도록 하며, 절을 같이 할 필요는 없다.

⑭ 허리를 너무 뒤로 젖히지 않고 상체를 다소 앞으로 기울이는 듯한 기분으로 한다.

⑮ 손을 너무 꽉 쥐거나 손끝만 힘없이 내미는 것도 실례가 된다.

⑯ 악수를 할 때에 꽉 잡고 크게 흔드는 것은 경망스러워 좋지가 않다.

⑰ 손에 땀이 많이 나는 사람은 땀을 닦는 것이 바람직하다.

⑱ 악수는 사회적 신분이 높은 사람이나 연장자 또는 여성이 먼저 청하는 것이 예의이나, 사회관계 속에서 남성이 먼저 악수를 청할 때 응하는 것이 예의이다.

⑲ 신분이 높은 사람이 연소자일 경우에는 연장자라도 먼저 손을 내밀어서는 실례가 된다.

⑳ 이성 간에 악수할 때에는 여성이 먼저 손을 내밀되, 이 때 남성이 장갑을 끼고 있으면 반드시 벗는 것이 예의이다. 여성의 예장(禮裝)으로서의 장갑은 실내에서도 벗지 않는다.

㉑ 나이에 차이가 많거나 사회적 신분이 높은 사람과 악수할 때는, 오른손 손목을 왼손으로 가볍게 잡고 받들어 모시는 듯한 동작을 취하는 것이 정중함을 나타내는 자세이다.

㉒ 슬픈 일, 좋지 않은 일에 있어서는 악수를 하지 않아야 한다.

TOURISM SERVICE

CHAPTER 09

사교예절

01 초대와 방문예절

1. 초대하는 예절

① 손님을 초대할 때에는 그 목적이 분명해야 한다.
② 초대를 하려면 상대방에게 불편이 없도록 충분한 시간적 여유를 두고 미리 통지한다.
③ 초대 대상을 정할 때는 합석하기가 거북한 사람을 동시에 같은 장소에 초대하지 않는다. 가능하면 초대를 할 때 초대 범위를 구두로 통지하거나 초대장에 명시하는 것이 좋다.
④ 초대받는 사람이 부담스럽게 생각할 대상은 초대하지 않는다.
⑤ 초대받는 사람이 유의해야 할 사항이 있으면 초대 시에 미리 통지한다.
⑥ 초대 장소에 대한 위치와 약도, 교통편과 주차시설 등을 자세하게 안내한다.
⑦ 주인측은 손님에게 불편이 없도록 세심한 배려를 한다. 만일 준비관계로 필요하다면 참석여부를 묻는 것도 좋다.
⑧ 주인측은 손님을 맞이함에 있어서 좌석배치 등에 실례가 되지 않도록 위계질서에 유의한다.
⑨ 주인측은 초대한 모든 손님을 따뜻이 맞이하고 예의를 정중히 갖추어야 한다.

2. 초대에 응하는 예절

① 초대를 받으면 참석여부를 연락해 준다.
② 옷차림과 몸차림을 초대의 목적에 알맞게 준비한다.
③ 초대시간에 늦지 않도록 교통편 등을 미리 점검한다.
④ 초대의 목적이 사례나 부조를 해야 할 일이면 형편에 맞게 준비한다.
⑤ 초대받지 않은 사람을 임의로 동행하지 않는다.
⑥ 초대 장소에서 초대 목적 이외의 화제나 일로 분위기를 흐리거나 어지럽게 하

지 않는다.

⑦ 초대 장소에 지나치게 늦게까지 머물지 말고 목적한 행사가 끝나면 물러난다.

⑧ 어떤 경우라도 주인에게 부담이나 불쾌감을 주지 않도록 한다.

3. 방문하는 예절

남의 집이나 거래처를 방문할 때는 목적과 용건을 분명히 하고, 충분한 준비를 하여 상대방의 형편을 알아본 뒤 방문하는 것이 예의이다. 만약 급한 용무 때문에 사전에 양해를 얻지 못하고 방문해야 할 때라도, 아침 이른 시간이나 저녁 늦은 시간은 피해야 한다.

1) 남의 집을 방문할 때

① 남의 집을 방문할 때는 적어도 2, 3일 전에는 미리 연락하여 양해를 구한다.

② 옷차림을 단정히 한다.

③ 사전에 약속한 시간은 반드시 지킨다.

④ 초인종을 다급하게 울리거나 대문을 요란하게 두드리지 않는다. 또 자동차의 경적을 울리지 않는다.

⑤ 방문 시에는 아이들을 동행하여 소란을 피우거나 엉뚱한 사람과 동행하여 주인을 당황하게 해서는 안 된다.

⑥ 실내에 들어갈 때는 방한용 겉옷 등을 벗는다.

⑦ 대화는 용건 중심으로 요령 있게 말하고, 장시간 있지 않는 것이 좋다.

2) 거래처를 방문할 때

① 방문을 원활히 하기 위해서는 방문 전에 사전약속을 하는 것이 중요하며 예의이다. 돌연한 방문은 일정이 있는 상대에게 폐를 끼치기 쉽다. 또 상대가 부재중이어서 헛걸음을 치는 경우도 있다. 그러므로 반드시 사전에 상대와 약속을

해야 한다.

② 약속을 정한 날로부터 약속 당일까지 날짜의 간격이 많은 경우에는 2~3일 전에 다시 한 번 확인전화를 하도록 한다.

③ 단순히 서류 등을 전달하려고 방문할 때는 반드시 본인을 만나지 않아도 된다. 그러나 이때에도 사전에 전화를 해두는 것이 좋다. 서류를 전해 줄 시각을 알려주면 상대도 업무계획을 세우기 쉽고, 부재중일 경우에는 대비할 수 있기 때문이다.

④ 업무상의 용건으로 방문한 것인 만큼, 복도를 걸어가면서 두리번거리거나 응접실 안을 이리저리 걸어다니면 안 된다.

⑤ 응접실에 안내되었을 때 권하기도 전에 상석에 앉아서는 안 된다. 문에서 가까운 곳에서 기다리다가 상대의 권유에 따라 상석에 앉도록 한다.

⑥ 응접실에서 기다리고 있을 때는 바른 자세로 조용히 기다린다. 의자 등받이에 머리를 기대거나 다리를 꼬고 있어서는 안 된다.

⑦ 차가 나오면 정중히 예를 표하고, 식기 전에 마신다.

⑧ 최근에는 담배를 피우지 않는 사람이 늘고 있다. 그러나 담배를 피울 때는 상대에게 먼저 권하거나 양해를 구하고서 피우도록 한다. 만약 응접실에 재떨이가 놓여 있지 않은 경우는 금연의 표시이므로 담배를 자제한다.

⑨ 상대가 응접실에 들어오면 즉시 일어서서 명함을 교환한다. 상사의 소개장이나 명함이 있으면 함께 전한다. 그런 다음 상대가 착석을 권하면 자리에 앉는다.

⑩ 용건을 말할 때는 먼저 포괄적으로 방문 목적을 말한 후 세부사항을 설명한다. 이야기 중에 그 자리에서 대답을 해야 할 상황인데 스스로 판단할 수 없는 경우는, 애매한 대답을 하지 말고 상사나 선배에게 전화를 걸어 확인을 해서 확실한 대답을 하도록 한다. 이러한 행동은 결코 수치나 결례가 아니다.

⑪ 용건이 끝나면 바로 일어서도록 한다. 상대에 따라서는 방문객을 현관까지 배웅하는 경우도 있으므로, 응접실에서 나와 적당한 곳에서 “이만 됐습니다. 바쁘신데 들어가시지요.”라고 말하여 상대의 수고를 덜어주려는 배려를 보여주는 것이 바람직하다.

02 선물예절

선물은 자신의 성의와 감사하는 마음을 전하기 위한 것이다. 그러나 그것이 제대로 전달될 수 없다면 하지 않는 것보다도 못하게 된다.

1. 선물하기

① 선물은 받는 사람의 형편이나 환경, 취미 등을 고려하여 적절한 것을 선택해야 한다. 채식을 하는 사람에게 갈비를 선물한다거나, 치아가 건강치 못한 사람에게 딱딱한 음식을 선물한다면 받는 쪽에서는 난감하게 여길 것이다. 비싸지 않더라도 상대방을 생각하여 신중하게 고른 선물은 남다른 감동을 준다.

② 선물은 자신의 형편에 맞춰서 해야 한다. 그러나 될 수 있으면 품격 있는 선물을 하는 것이 좋다. 예상보다 조금 더 지출을 하더라도 훨씬 고급스러운 제품이 있다면 그것을 선택한다.

③ 속옷처럼 너무 사적인 선물은 좋지 않다. 선물을 받는 상대가 즐겨하는 것이라도 상식수준을 넘지는 말아야 한다.

④ 약품이나 건강식품 등 부작용이 염려되는 선물은 될수록 피해야 한다. 잘 모르는 사람에게 아무런 정보 없이 선물을 보내야 할 때는 상품권과 같이 교환이 가능한 것으로 선택한다. 그러나 이러한 경우에 정성을 담아 보내기는 힘들 것이다. 선물은 될 수 있으면 보내는 사람이 직접 전하는 것이 좋다. 어쩔 수 없이 다른 인편이나 택배 등을 통해 보내게 될 때는 서신이나 카드, 명함 등을 곁들이는 것이 성의 있어 보인다.

⑤ 백화점이나 전문상점에 배달을 의뢰하는 것은 가까운 친구라면 모를까 윗사람에게는 실례가 될 수 있다. 부득이하여 다른 편으로 선물을 보낼 때는 직접 선물을 고르고 내용물을 확인한 후 보내야 결례를 예방할 수 있다.

2. 선물받기

① 선물은 받는 자리에서 직접 풀어보는 것이 예의다. 한 자리에서 여러 사람으로부터 선물을 받게 되더라도 하나하나 풀어보며 감사의 표시를 한다. 그러나 받은 선물을 비교하는 것은 금물이다.
② 선물을 받을 때는 상대방의 호의에 대해 마음에서 우러나는 감사의 표시를 한다. 직접 만든 물건이나 식품이라면 상대의 솜씨에 대한 칭찬을 곁들인다.
③ 선물을 직접 풀어볼 수 없는 상황이라면, 소홀히 다루지 않도록 해서 상대의 성의에 손상이 되지 않도록 한다.
④ 선물을 배달받은 상황이라면 즉시 전화나 전자우편 등으로 잘 받았음을 알리고 감사의 인사를 전한다. 될 수 있으면 답례를 빠뜨리지 않도록 하고 돌, 결혼식 등 여러 사람으로부터 많은 선물을 받았을 때도 일일이 감사를 표한다. 직접 답례인사를 하기 어려운 경우에는 서신으로라도 하는 것이 좋다.

03 경조사예절

다른 어떤 경우보다도 경조사 예절에서의 결례는 그 실수를 만회하기가 힘들다. 그런 만큼 경조사 예절에 대해서는 보다 주의를 해야 한다.

1. 결혼 예절

1) 결혼의 의미

혼인잔치에 갈 때 축의금 겉봉투에 '축 결혼(祝 結婚)'이라고 쓰는 경우가 많다. 그러나 시집가는 여자 측에 주는 봉투에 화혼(華婚)이나 결혼(結婚)으로 쓴다면 예의에 어긋난다고 한다. 글자 그대로 보면, 시집가는 여자에게 장가드는 것을 축하하는 것이 된다. '혼(婚)'은 신랑이 신부에게 장가간다는 뜻이고, '인(姻)'은 시집간다는 뜻이다. 따라서 화혼이나 결혼은 신랑 측에게 써야 맞는 용어라는 것이다.

신부 측에는 대신 '축 혼인(祝 婚姻)'이라는 용어가 있다. '축의(祝儀)', '하의(賀儀)', '경하혼인(慶賀婚姻)' 등도 바람직한 표현이다. 이 표현은 신랑에게도 공통으로 쓸 수 있다. 이처럼 무심코 지나치는 일상 곳곳에서 자신도 모르는 사이에 예법을 소홀히 하는 경우가 많다.

요즘은 축의금 봉투에 돈만 넣고 단자(單子 : 부조하는 물건의 품목과 수량을 적은 종이)를 쓰지 않는 예도 많다. 그러나 단자에 축하의 말과 물목이나 금액, 날짜, 이름을 정성스럽게 쓰고 축의금을 싸서 넣는 것이 바람직하다. 이렇게 하는 것이 축의금을 받는 쪽에서 누가 얼마를 보낸 것인지를 확인하는 데도 도움이 된다.

결혼식장에서 신랑 · 신부나 혼주가 위치를 어디로 잡아야 할지 허둥대는 경우도 간혹 있다. 신부 입장 때는 아버지가 왼손으로 딸의 오른손을 잡고 입장해야 맞다.

신랑은 주례의 왼쪽에, 신부는 주례의 오른쪽에 서야 한다. 혼주 중 남자는 주례 가까이, 여자는 하객 가까이 자리 잡고 앉는다. 하객에게 신랑 · 신부와 혼주가 함께 인사하는 것도 맞지 않다. 하객은 신랑 · 신부의 절에는 축하의 박수를 치는 것이, 혼주가 인사할 때는 박수를 치지 말고 답례를 하는 것이 좋다. 폐백상 앞에 앉을 때는 남자혼주의 오른쪽이 여자혼주의 자리이다.

웨딩디자인 컨설팅의 ○○○ 실장은 "결혼예법은 제대로 격식을 갖추자면 한없이 까다롭지만, 실천 가능한 것들은 가급적 지켜주는 것이 그 소중한 의미에 맞는 것입니다."라고 이야기한다.

2) 가족 호칭법

신랑과 신부는 결혼을 통해 상대의 가족들과 새로운 가족관계를 형성하게 된다. 명절은 물론이고, 집안 대소사로 가족들이 함께 하는 자리가 많이 생기는데, 적절한 호칭 · 지칭법을 몰라 난처했던 경우가 한 번쯤은 있었을 것이다. 올바른 호칭 · 지칭법을 익혀 당황하지 않도록 해야 한다.

결혼을 하면 나이에 관계없이 상대의 서열에 따라 동기의 배우자에 대한 호칭과 경어 사용이 정해진다. 얼마 전까지만 해도 남편은 아내의 동기들에게 아내의 서열에 관계없이 남자들 나이에 따라 호칭과 경어를 사용했다. 하지만 지금은 처남과 매부가 친형제 이상으로 가깝게 지내는 일이 많아지는 등의 현실을 반영하여, 아내의 오빠는 '형님'으로 호칭을 정하고, 자신보다 나이가 어릴 경우 '처남'이라고 부를 수 있다. 결혼 후 상대의 가족을 어떻게 칭해야 하는지 적절한 호칭법을 익히는 것은 서로의 가족에 대한 예의를 지켜 새가족으로 받아들이는 첫걸음이다.

(1) 명칭(호칭)

① 처가

- 장인 : 장인어른, 빙장어른, 아버님
- 장모 : 장모님, 어머님
- 아내 : 여보, 당신
- 아내의 오빠 : 형님, 처남
- 아내의 동생 : 처남, 처제
- 아내의 언니 : 처형
- 아내 오빠의 아내 : 아주머니, 처남댁
- 아내 동생의 아내 : 처남댁
- 아내 언니의 남편 : 형님, 동서
- 아내 여동생의 남편 : 동서, ○서방(성씨를 붙임)

② 시댁

- 시아버지 : 아버님
- 시어머니 : 어머님
- 남편 : 여보, 당신
- 남편의 형 : 아주버님
- 남편의 누나 : 형님
- 남편의 남동생 : 도련님(미혼), 서방님(기혼)
- 남편의 여동생 : 아가씨, 애기씨
- 남편 형의 아내 : 형님

- 남편 누나의 남편 : 서방님(성씨를 붙임)
- 남편 남동생의 아내 : 동서
- 남편 여동생의 남편 : 서방님

(2) 가족지칭법

웃어른 앞에서는 남편을 높여 말하지 않는다. 아내를 처부모님과 처가식구에게 지칭할 때는 어미 · 집사람 · 안사람이라고 부르며, 남편을 시부모님과 시댁식구에게 지칭할 때는 아범 · 애비 · 그사람 · 그이라고 부르고, 웃어른 앞에서 남편을 높여 말하지 않도록 주의해야 한다. 이렇듯 '가족지칭법'에서는 손윗사람과 손아랫사람에 따라 표현이 달라지는 것에 주의해야 한다.

나이가 어린 손윗동서도 '형님'이다. 한 집안의 며느리가 된 이상 그 집안의 며느리들과 돈독한 관계를 유지하는 것이 무엇보다 중요하다. 때문에 동서지간에서는 지칭과 경어사용에 주의해야 한다. 손윗동서가 자기보다 어릴지라도 '형님'이라 부르고 존대해야 하며, 손아랫동서가 자기보다 나이가 많은 경우에는 '동서'라고 부르고 존대를 해주는 것이 바람직하다. 그리고 주변사람에게 시댁식구를 지칭할 때는 시아버님, 시어머님, 시아주버님, 시누이, 동서 등의 지칭어를 사용한다.

3) 결혼과 관련하여 잘못 알려진 관습들

① 출산 · 축하 문안이나 가내의 출산 관계로 결혼 축하 참례에 참석을 못하는 경우가 있는데, 현대의 출산은 대개가 병원에서 이루어지고 출산 당사자가 아닌 이상 가족이 다른 핑계는 이유가 서지 않는다. 소위 '부정탄다.'는 관념상의 집착은 버려도 좋다. 잘못된 관습이다.

② 흔히 말하기를 "올해는 결혼운이 안 좋다고 하여 명년운으로 하기로 해서 동지를 지내고 택일을 해야 한다."는 말이 있다. 동지는 명년운이 아니다. 어디까지나 '입춘'에 닿아야만 새해의 운이다. 12절과 12기가 합쳐 1년 24절기라 하는데, 동지는 12기 중의 하나이고, 입춘은 12절의 첫 절로서 '절(節)'이라는 한계로 하여 명년 새해의 운이다.

③ 요즈음 흔히들 자기 자녀 결혼일자를 정해놓았을 때는 다른 친인이나 지인의 결혼식에 참석하지 못하게 하는 관념이 어느 때부터인가 확산되고 있음을 본다. 대단히 잘못된 생각이다. 현대인들의 이기주의 · 핑계주의에서 생긴 관습이다. 내 자녀의 결혼에서만 축하를 받겠다고 기다리기만 해서는 안 된다. 친인 · 지인들의 경사에 부지런히 참례해 주어야 그들도 나의 자녀 결혼에 축하하러 올 것이 아닌가? 전혀 나쁜 의미의 이유를 부여할 필요는 없다.

요즘에는 예식장, 기타 여건으로 가을에 결혼할 예정이면 그 전의 봄에 이미 택일하는 경우가 많다. 또 다가오는 봄에 할 예정이면 그 전의 가을에 이미 택일을 해놓는다. 이런 경우 친인 · 지인들의 결혼이 가장 많은 시기에 참례하지 않는다면 어떤 때 참례할 것인가?

옛날 결혼식에는 모든 음식준비와 예단준비 및 청첩의 전달을 인편으로 직접 하여 시간적인 여유가 없는 상대의 사정을 생각해서 양해할 사항이었지, 다른 이유가 있을 것이 없다. 부지런히 상부상조 차원에서 참례해야 한다. 부정을 타는 것하곤 관계가 없다.

④ 부모님의 결혼한 달과 같은 달의 자녀 결혼은 피해야 한다는 관습이 너무 강하다. 이것 역시 근거 없는 이유이다. 사실 결혼 택일을 할 때 아라비아숫자 1, 2, 3…… 등으로 결정된 것이 아니고, 육십갑자, 즉 갑자 · 을축 · 병인 등 음양오행의 논리에 의하여 정해진 것이기 때문에, 부모님의 결혼한 달과 지금 자녀의 결혼할 달은 분명 다르다는 것이다.

2. 조문 예절

1) 마음가짐

상가(喪家)는 대부분 사랑하는 가족을 잃은 슬픔으로 마음의 안정을 찾기 힘든 상태이므로, 그 어느 때보다 예의에 어긋나지 않게 신경을 써야 한다. 그리고 유가족은 슬픈 감정 때문에 이성적으로 장례 일을 처리하기가 어려우므로 가까운 친척 · 친구 · 직장의 상사 · 부하 등은 소식을 들으면 곧바로 상가로 달려가 유족을 대신하여 장례 절차 및 조문객 안내 등 상가 일을 도와주는 것이 좋다.

2) 복장

남성은 검정색 또는 회색 계통의 양복 · 넥타이 · 양말 · 구두 등이 좋고, 와이셔츠는 흰색 또는 회색, 하늘색 계통의 화려하지 않은 것이 좋으며, 여성도 너무 눈에 띄는 색상이나 화려한 색상은 피하는 것이 좋다. 대체로 검정색 · 회색 계통이 무난하고, 외투도 모피 등은 피하고, 화려한 보석이나 머리핀 같은 것도 피하는 것이 좋다.

3) 조화

고인(故人)에 대한 조의(弔意)와 유가족에 대한 동정의 표시로 고인의 영정에 꽃을 바치기도 한다. 보통 조화는 바구니 · 1단 · 2단 · 3단 등이 있는데, 화원에 주문을 하면 전달이 된다. 조화에는 '삼가 고인의 명복을 빕니다.' 등의 내용과 함께 보내는 이의 이름을 붙이는데, 보통 개인 · 부서 · 단체 · 회사의 이름 등으로 보낸다.

최근에는 장례식도 간소화하는 추세여서 부고장에 조화사절이라고 기재하여 보내기도 하는데, 이런 경우에는 따라주는 것이 예의이다. 그리고 조화를 보내는 경우 늦게 보내기보다는 가능한 한 신속하게 보내는 것이 좋다.

4) 문상

사망소식을 들으면 문상(問喪)을 위해 방문을 하는데, 부모가 죽으면 자식에게, 자식이 죽으면 부모에게, 부인이 죽으면 남편에게, 남편이 죽으면 부인에게 조의를 표한다. 그리고 장례식 후에도 유족의 슬픔을 위로하기 위해 방문하기도 한다. 시간은 15분 정도가 적당하다.

5) 조문 절차

① 영정 앞에서 간단한 목례 정도로 조의를 표한다.

② 영정 앞에 꿇고 앉아 향 1개 정도에 불을 붙여서 꽂는다. 이 때 불을 끌 때 입으로 불면 안 되고, 손으로 가볍게 부쳐서 끈 다음 두 손으로 공손히 향로에 꽂는다.

③ 고인의 영정에 절을 한다. 남자는 2회, 여자는 4회를 하고, 가볍게 목례를 하고 2보정도 뒤로 물러서서 상주를 향해 맞절을 한다.

④ 애도의 말을 표한다.

6) 조문할 때의 인사말

(1) 상제의 부모인 경우

- "얼마나 망극하십니까?"
- "상사 말씀 무어라 드릴 말씀이 없습니다."

(2) 상제의 자제인 경우

- "얼마나 애통하십니까?"
- "얼마나 가슴 아프십니까?"

(3) 상제의 형제인 경우

- "백씨 상을 당하여 얼마나 비감하십니까?"
- "계씨 상을 당하여 얼마나 애통하십니까?"

(4) 상제의 남편인 경우

- "상사에 어떻게 말씀드려야 할지 모르겠습니다."
- "상사에 여쭐 말씀이 없습니다."

(5) 상제의 아내인 경우

- "위로할 말씀이 없습니다."
- "얼마나 상심이 되십니까?"

(6) 자식이 죽었을 때 그 부모에게 말할 경우

- "얼마나 상심하십니까?"

- "참척(慘慽)을 보셔서 얼마나 마음이 아프십니까?"

(7) 조문할 때 덧붙여 말할 수 있는 말

- "천수(天壽)를 다하셨습니다."
- "호상(好喪)입니다."
- "춘추는 얼마나 되셨습니까?"
- "장지는 어디로 정하셨습니까?"

7) 조문 시 삼갈 일

유족에게 계속 말을 시키지 말아야 한다. 장례 진행에 불편을 주고, 유족에게 정신적 피로감을 주는 일이기 때문이다. 반가운 친구나 친지를 만나더라고 큰 소리로 이름을 부르지 말고 낮은 목소리로 조심스럽게 말하고, 조문이 끝난 뒤 밖에서 따로 이야기하도록 한다. 고인의 사망 원인 · 경위 등을 유족에게 상세하게 묻지 않는다.

8) 장례 후

장례(葬禮)가 끝나고 다시 직장이나 사회에서 만났을 때도 심심한 위로의 말과 인사를 하는 것이 좋다. 보통은 상주가 조문객들을 일일이 찾아다니며 감사의 뜻을 전하는 경우가 대부분이다. 하지만 요즘은 정보통신망의 발달로 문자 및 메일로 조문객들에게 감사의 뜻을 보내는 것이 상례이다.

3. 기타 예절

1) 임신과 출산

① 친척이나 친지가 임신을 했을 경우에는 전화, 편지, 방문 등의 방법으로 축하인사를 한다.

② 인사말은 임부의 건강과 건강한 아기의 출산을 기원하는 말로 한다.

③ 선물을 할 경우에는 임부에게 필요한 의류나 음식류가 좋다.
④ 어떤 경우라도 임부에게 정신적 부담이 되거나 두려움을 주는 인사는 피한다.
⑤ 출산에 대한 인사는 산부가 몸을 추스를 수 있는 출산 7일 이후가 좋다. 물론 가까운 근친은 상관없다.
⑥ 출산 선물은 아기에게 필요한 것으로 한다.
⑦ 방문을 했을 때 아기에게 손을 대거나 추스르는 행동은 하지 않는다.

2) 아기의 백일

① 아기의 백일에는 가까운 친척이나 친구, 직장동료 등을 청한다.
② 백일선물은 아기의 노리개, 장난감, 의복 등이 좋다.
③ 손님들에게는 간단한 음식을 대접하며 아기를 손님에게 보여준다.

3) 아기의 돌

① 아기의 첫 번째 생일인 돌이 되면 돌잡이를 한다.
② 돌잡이상은 예부터 수수팥떡을 위시한 떡과 쌀, 책, 붓(연필), 벼루(필통), 종이, 타래실, 돈 외에 남자아이는 활과 칼, 여자아이는 바느질도구 등을 차렸다. 그리고 아이를 상 앞에 앉혀 아이가 무엇을 잡느냐에 따라 아이의 장래를 예측하며 축복했다.
③ 돌떡은 이웃과 나누어먹으며 서로 축복의 말을 나눈다.
④ 아기의 돌에는 장난감이나 옷을 선물하고, 축의금 봉투나 선물의 포장에는 '첫 돌을 축하합니다' 또는 '하 수연(賀 晬筵)'이라고 쓴다.

4) 생일과 생신

① 아랫사람이 태어난 날은 '생일'이라 하고, 윗사람의 경우에는 '생신'이라 한다.
② 갓난아이와 어린아이의 생일은 그 어머니의 노고를 치하하기 위해 차리고, 소년기의 생일은 그 아이를 기쁘고 성숙시키기 위해 차리며, 젊어서의 생일은 자

기를 낳으신 부모의 은혜를 기리기 위해 차리고, 어른의 생신은 어른의 수복강녕(壽福康寧)을 송축하기 위해 자손들이 차린다.

③ 자기의 생일이 되면 부모님께 상을 차려 올리고 노고와 은혜를 치하한다.

5) 회갑 등 수연

① 회갑(回甲) : 61살의 생일이다. 간지(干支)의 태세수가 다시 돌아왔다는 뜻으로 가장 귀하게 여긴다.

② 미수(美壽) : 66살의 생일이다. 이 명칭은 '미'라는 글자가 육십육(六十六)을 아래위로 붙인 것과 같은 데서 유래했다.

③ 고희(古稀) · 희수(稀壽) : 70살의 생일이다. 사람의 나이 70이 드물다는 뜻인 '인간칠십고래희(人間七十古來稀)'에서 유래했다. 현대에는 대부분 장수한다.

④ 희수(喜壽) : 77살의 생일이다. '희' 자를 초서로 쓸 때 칠칠(七七)의 형태가 되는 데서 유래했다.

⑤ 팔순(八旬) : 80살의 생일이다. '순'이 열을 뜻한다.

⑥ 미수(米壽) : 88살의 생일이다. '미' 자가 '팔십팔(八十八)'을 아래위로 붙인 것과 같은데서 유래했다.

⑦ 졸수(卒壽) : 90살의 생일이다. '졸' 자의 초서 모양에서 유래했다.

⑧ 백수(白壽) : 99살의 생일이다. '백' 자가 '백(百)' 자에서 위의 일(一)을 떼어낸 모양이라는 데서 유래했다.

⑨ 60세 이후의 생일잔치는 모두 수연이라고 할 수 있다. 즉 더욱 오래 사시기를 기원하는 생일잔치라는 뜻이다. 수연에는 자손들이 상을 차리고 어른의 만수무강을 비는 잔 올림, 즉 헌수의식을 행하며 친지를 청해 어른을 즐겁게 해드린다.

⑩ 수연의 선물은 노인에게 필요한 물건이나 덕을 기리는 것들로 한다. 축의금 봉투나 선물 포장에는 회갑 이후의 모든 수연에 '축 수연(祝 壽筵)'이라 쓰고, 수연의 종류에 따라 '축 OO'라고 써도 된다.

⑪ 회혼(回婚)은 혼인의 회갑, 즉 혼인 60주년이다.

⑫ 혼인기념일로 동혼(銅婚 : 15주년) · 은혼(銀婚 : 25주년) · 금혼(金婚 : 50주년) 등이 있다.

⑬ 회혼례는 수연과 같이 하는데, 그 의식 절차는 먼저 혼례복장으로 혼인예식을 재현하며 수연 때처럼 자손들의 헌수를 받는다.

⑭ 회혼례의 축의금 봉투나 선물포장에는 '축 회혼연(祝 回婚筵)'이라고 쓰는 것이 무방하다.

6) 문병

① 병환이나 사고로 고생하는 사람에게 위문한다.

② 경건하고 조용하게 위문하면서 적절한 인사말을 한다. 복장은 너무 화려한 것을 피한다.

③ 만일 금품을 전하려면 그 포장에 '기 쾌유(祈 快癒 : 사고 시와 병환 시)', '기 회춘(祈 回春 : 노환 시)'이라고 쓴다.

7) 도난과 화재, 수재

① 도난을 당했거나 화재, 수재 등 재난에는 위로와 재기를 비는 인사를 한다.

② 위로금품의 포장에는 도난 시는 '위 도재(慰 盜災)', 화재 시는 '위 화재(慰 火災)', '기 재기(祈 再起)' 등이 무난하다. 수재에는 '위 수재(慰 水災)'가 좋다.

04 파티예절

1. 파티의 기본예절

(1) 초대장은 반드시 자필로

정식 초대장은 직접 손으로 쓰는 것이 원칙이며, 충분한 여유를 두고 10~20일 전에 발송하는 것이 예의이다. 대개 이렇게 보내는 초청장에는 R.S.V.P(참석여부를 연락 바란다는 뜻의 약어)를 기입하는데, 초청을 수락하는 경우라면 흰색 카드나 편지지에 적어 회답해주고 R.S.V.P 밑에 전화번호가 적혀 있을 때는 전화로 회답해도 무관하다. 요즘은 이런 형식을 생략하고 인쇄된 초청장을 사용하는 경우가 많은데, 약식 초대장이라 하더라도 첨언이나 서명 정도는 자필로 써서 보내는 것이 좋다.

(2) 파티 참석시간은 제시간에 맞추도록

파티를 여는 장소가 공공장소라면 조금 일찍 도착해도 무관하나, 가정에서 치르는 파티라면 일찍 도착하는 것이 실례가 될 수 있다. 파티의 마지막 손질이나 화장을 하느라고 바쁜 여주인을 곤란하게 할 수도 있기 때문이다. 그러므로 빨라도 5분 전, 늦어도 10분 이상을 넘지 않도록 한다. 부득이 늦은 경우라면 먼저 여주인에게 양해를 구하는 것이 예의이며, 주인은 늦은 손님에게 미리 제공되었던 음식은 생략하고 앞으로 나올 음식만 대접해도 무방하다.

(3) 만찬석상에서 지켜야 할 예절 몇 가지

① 파티에서 손님을 기다리며 식전주로 칵테일이나 셰리Sherry : 스페인산 백포도주 맛이 담백하고 곰팡내가 나는 듯한 특색이 있음가 제공되곤 하는데, 이를 한꺼번에 마셔서는 안 된다. 카나페나 그 외의 간단한 음식 정도가 제공되는 경우가 있으므로, 천천히 여유를 두고 마시며 너무 많이 마시지 않도록 한다. 아울러 안주인은 이 시간에 손님의 인원을 다시 한 번 확인해 보는 것이 좋다.

② 식사가 준비되면 안주인을 따라 들어가는 것이 일반적이나, 사실 들어가는 순서도 나라마다 다르다고 한다. 대개 여자 손님이 먼저, 그 뒤를 남자 손님이 따라 들어가는 것이 보통이다. 최근에는 약식이 되어 여주인이 주빈이나 서열 1번의 손님 부부를 안내하고 가면, 다른 손님들이 이어서 들어가는 식이다.

③ 식탁 위에 이름표가 있거나 자리가 지정된 경우라면 해당 자리를 찾아서 앉고, 그렇지 않은 경우에는 남자주인과 여주인이 마주 앉고 그 옆으로 남·여 번갈아 앉는다. 이때에는 의자 왼쪽으로 들어가 앉으며, 남자는 자신의 오른쪽에 있는 의자를 뒤로 당겨 여자 손님의 앉기를 도와주어야 한다. 나올 때는 앉을 때와 마찬가지로 의자의 왼쪽으로 돌아서나오는 것이 바람직하다.

④ 영국 식탁에서는 식사가 서브되면 곧 먹기 시작하는 반면, 미국은 모든 손님에게 서브될 때까지 기다리는 것이 일반적이다. 그러나 서양요리는 뜨거운 요리건 찬 요리건 가장 먹기 좋은 온도일 때 손님에게 제공되므로, 자신에게 요리가 나오는 대로 먹어도 실례가 되지 않는다. 다만, 5~6명 정도가 모인 조촐한 파티라면 전원에게 모두 서브된 후 함께 식사하는 것이 좋으며, 윗분의 초대를 받은 경우는 더욱 그렇다.

⑤ 약식만찬에서는 음식을 더 부탁해도 괜찮으나, 정식만찬에서는 음식을 더 청하는 것이 오히려 실례가 된다. 아울러 음식이나 음료 등을 남기는 것은 주최자에 대한 커다란 실례이므로, 모두 먹거나 마시기 어렵다면 사전에 거절하는 것이 올바른 매너이다.

⑥ 서양식 식사예절에서는 식사 중에 주위 사람들과 가벼운 담소를 나누는 것이 분위기를 편안하고 자연스럽게 하는 중요한 예절이다.

(4) 담배는 먼저 권하는 것이 예의

원래 담배의 에티켓은 까다로웠으나, 오늘날에는 그 격식이 많이 완화되었다. 그러나 담배가 각자의 기호와 취향에 따른 개인적인 것이라 해도 상대방에게 피해를 줄 수 있으므로 각별히 주의해야 한다.

① 메인 코스가 끝날 때까지 담배를 삼간다. 이로 인해 무뎌진 혀로 정성껏 준비한 음식을 맛보는 것은 실례가 될 수 있다. 공식만찬에서 고기요리가 끝날 때까지 담배를 내지 않는 것도 이런 이유에서이다.

② 안주인은 손님의 동정을 살펴 담배를 권할 시기를 놓치지 않도록 주의를 기울여야 한다.

③ 식사가 끝나고 자유시간을 가질 때 여성의 면전에서나 함께 서 있을 경우, 담배를 피우지 않는 것이 좋다.

(5) 파티가 끝나면 곧바로 떠나도록

원래의 격식대로라면 주빈이 먼저 자리를 뜨기 전까지는 남아있는 것이 예의이나,

먼저 자리를 떠야 할 경우라면 파티의 즐거운 분위기를 흐트러뜨리지 않는 배려와 함께 정중한 인사로 양해를 구하고 나오도록 한다. 파티가 끝나고 손님들이 돌아갈 때는 머뭇거리지 않고 곧바로 떠나는 것이 좋다.

2. 주인과 손님으로서의 예절

(1) 주인으로서의 예절

① 적어도 일주일 전에 초대장을 보내거나 초대의 뜻을 전화로 알리고, 손님의 참석여부를 미리 확인해 둔다.

② 주인은 현관이나 입구에서 손님을 맞고, 여주인은 조금 떨어진 곳에서 맞이한다.

③ 손님이 오면 별실에서 서로 인사를 나누게 하고, 안면이 없는 사람끼리는 인사를 나눌 수 있는 자리를 주선하거나 주인이 직접 소개하여 서로 자연스러운 분위기를 느낄 수 있게 한다.

④ 식사 시 음료수는 손님의 오른편 뒤에서 권하며, 요리는 왼편에서 권한다. 또 식사가 끝난 후 손님의 빈 그릇은 오른쪽에서 내가도록 한다.

⑤ 과일이나 빵 등을 함께 준비할 때에는 손님의 기호에 따라 선택할 수 있도록 여러 가지 것들을 준비하는 것이 좋다.

⑥ 사전 준비만큼 부드럽고 즐거운 화제로 식사 분위기를 리드하며 진행하는 것도 주인의 역할임을 잊어서는 안 된다.

⑦ 손님에게 음식을 무리하게 권하는 것은 예의가 아니며, 손님의 편의를 생각하는 친절한 마음을 지나치게 표현하는 과잉서비스도 손님을 부담스럽게 할 수 있으므로 적당히 대접하도록 한다.

(2) 손님으로서의 예절

① 빠른 시간 내에 참석여부를 알리고, 부담스럽지 않은 범위에서 선물을 준비하는 것이 좋다.

② 함께 초대받은 사람이나 초대된 시간, 목적에 따라 예의에 벗어나지 않는 적절한 옷차림으로 방문하는 것은 기본이다(여성의 경우, 화장에도 신경을 써야 한다).

③ 밝은 얼굴과 정중한 태도를 유지하며 심각하거나 부담스러운 이야기는 되도록 피하는 것이 좋다.

④ 전화 등 급한 볼일은 식탁에 앉기 전에 미리 끝내고, 식사 중에는 되도록 자리를 뜨지 않도록 한다.

⑤ 식사가 끝나면 바로 일어서지 말고, 주인이 다른 장소로 안내하거나 참석자들 대부분이 식사를 마쳤을 즈음에 천천히 함께 일어서는 것이 좋다.

(3) 파티의 형식과 예절

① 만찬(晩餐)

각종 파티 중에서 가장 비중 있고 그 격식과 절차가 엄격한 것이 만찬이다. 만찬은 형식에 따라 공식Formal, 비공식Semi-formal, 약식Informal으로 나눌 수 있다.

정식만찬은 가장 공식적인 것이고, 비공식만찬은 초청장 또는 구두(口頭)로도 초대가 가능하나 옷차림은 턱시도를 통례로 한다. 비공식만찬은 서양에서의 가장 실질적인 만찬이다. 약식만찬은 구두로 초청을 하며, 옷차림은 특별히 지정되지 않는 한 그 사회의 관습에 따른다.

② 오찬과 조찬

오찬은 정식이나 약식이나 그 예법은 만찬과 같은데, 만찬에 비해 훨씬 약식이 된다. 예를 들면, 오찬 때 여주인은 손님을 맞이하기 위해 굳이 입구에 서 있지 않아도 되며, 특별한 경우가 아니면 샴페인을 내지 않는다. 조찬시간은 나라에 따라 약간씩 다르다. 영국에서는 8시경, 미국에서는 7시 30분경, 프랑스에서는 8시 전·후이다.

프랑스식 조찬은 커피에 밀크를 탄 '카페오레Cafe au lait'와 빵, 달걀에 과일 정도로 가볍게 나오고, 미국식은 오렌지주스, 오트밀, 콘플레이크, 햄, 베이컨, 토스트, 커피와 달걀이 나온다. 그리고 영국식은 미국식에 대구나 훈제청어 등 생선이 더 나오고, 커피 외에 홍차도 나와 푸짐하다.

③ 다과회

다과회는 가벼운 마음으로 손님을 초대할 때, 예를 들면 새로 이사 온 이웃을 위해,

혹은 가까운 친구들과 함께 한가롭게 이야기를 나누고자 할 때, 혹은 이사 후 집들이를 겸하여 베푸는 파티이다. 보통 오후에 열리며, 케이크나 쿠키와 함께 홍차는 물론, 커피나 코코아를 내기도 한다.

④ 칵테일파티

칵테일을 중심으로 하는 식전파티로서, 여러 종류의 카나페를 곁들여 손님을 대접한다. 결혼식, 창립기념, 환영 또는 환송, 개업축하 등을 위해 크리스마스나 신년에 주로 많이 열리나, 마음에 맞는 친구들끼리는 특별한 이유 없이 열기도 한다. 파티시간은 오후 5~7시 또는 6~8시 등 식사 전이 보통인데, 지정시간 내라면 언제든 가도 좋으며, 보통 20분 내지 30분 정도 있으면 된다. 초대 받은 사람이 언제 파티에 참석하든, 또 언제 돌아가든 상관없다는 것이 칵테일파티의 매력이다.

⑤ 리셉션

리셉션이란, 원래 지위가 높은 정부의 공직자나 외교관이 공식적으로 베푸는 칵테일파티에 한해서 쓰던 용어였다. 그러나 오늘날에는 대부분 특정한 사람이나 중요한 사건을 축하 또는 기념하기 위해 베푸는 공식적인 모임을 가리킨다. 음식은 칵테일파티와 마찬가지로 준비하거나 다소 푸짐하게 하기도 하며, 칵테일파티와는 달리 주최자 혹은 주빈의 신분과 개최 목적에 맞는 옷차림을 하는 것이 예의이다.

05 테이블예절

1. 기본적인 매너

테이블매너가 완성된 것은 19세기 영국의 빅토리아여왕 때라고 한다. 이 시대에는 역사상 형식을 매우 중시하고 도덕성을 까다롭게 논하던 때였다. 요리의 맛은 기본적으로 요리사의 솜씨나 재료에 따라 결정되는 것이지만, 함께 식사하는 사람이 어떻게 행동하느냐에 따라서도 식사의 맛과 질이 달라질 수 있다. 즉 요리를 맛있게 먹으려면 미각 외에도 시각 · 후각 · 청각 · 촉각의 5감이 만족되어야 한다. 냄새, 스테이크에서 지글거리는 소리나 아름다운 음악소리, 빵의 촉감, 실내온도 등은 요리의 맛 이상으로 인간의 식욕을 자극하거나 만족시켜 주는 요인인 것이다. 따라서 이러한 분위기를 깨뜨리는 복장이나 냄새가 강한 향수, 큰 웃음소리, 은식기에서 나는 소리 등은 삼가도록 서로 신경을 써야 한다.

1) 예약

레스토랑Restaurant에서 누군가와 즐거운 식사를 하고 싶다면, 반드시 예약을 하도록 한다. 예약을 할 경우에는 우선 자신의 성명을 명확하게 밝히고 일시 및 참석자의 수를 알려준다. 테이블매너에서는 시간의 엄수를 특히 요구하므로, 확실히 지킬 수 있는 시간에 예약을 해놓고 테이블의 준비를 위해 함께 갈 사람의 수를 미리 알려준다.

또한 모임의 목적, 예를 들면 생일 · 기념일 등을 미리 알려주면 레스토랑 측에서도 그 모임에 알맞은 서비스를 해 준다. 요리에 대한 협의도 잊어서도 안 된다. 특히 시간이 걸리는 로스트비프Roast Beef와 테린Terrine 같은 요리 등은 미리 주문을 해두는 것도 좋다. 한편, 예약 당일에 사정이 발생하여 변경사항이 발생했을 경우에는 미리 연락을 해주는 것도 에티켓이다.

식당의 예약서비스는 일반적으로 활성화되지 않았지만, 고급 식당일수록 예약을 접수하여 자리를 배정하는 경우가 많다. 식당에 대한 예약 문화가 발달한 선진국에서는 식사 전 예약을 생활화하고 있다. 예약을 접수할 경우에는 식사의 목적이나 성격을 정확하게 파악하여 그에 알맞은 좌석의 위치나 좌석의 배열을 하도록 해야 한다. 좌석의 예약은 반드시 좌석에 '예약석Reserved Seat'이라는 표시를 해두어 다른 고객이 앉지 않도록 한다.

2) 착석

레스토랑을 이용할 때 입구에 들어서면 반드시 지배인Manager 혹은 리셉셔니스트

Receptionist가 맞이하며 테이블까지 안내해 준다. 그러나 이러한 일반적인 관례를 무시하고 레스토랑에 들어서서 곧바로 아무 테이블이나 앉아버리는 행위는 에티켓에서 벗어나는 일이다. 반면, 안내받은 테이블이 마음에 들지 않는 경우에는 안내자나 책임자에게 다른 좌석으로 바꾸어 줄 것을 요구할 수 있다.

(1) 일반적인 착석

서양에서는 여성우위 원칙Lady First의 여성존중 사상이 에티켓의 기본으로 되어 있다. 따라서 자리에 앉을 때도 여성이 먼저 착석한 후에 남성이 앉도록 되어 있다. 여럿이 식사를 할 때에도 마찬가지이다. 고령자나 연장자 및 여성들과 함께인 경우라면, 남성은 그들이 앉을 때까지 의자 뒤에 서서 기다리거나 여성의 착석을 보조해 주는 것이 신사의 에티켓이다.

(2) 상석의 선택

레스토랑에서의 좋은 자리조건으로는 앉았을 때 전망이 좋은 자리가 최상석이다. 창가라면 외부의 경치가 내려다보이는 곳, 스테이지Stage나 플로어Floor에서 쇼Show를 관람하는 경우라면 스테이지가 제일 잘 보이는 곳이 좋다. 다음으로는 마음이 편한 곳이 좋다. 즉 업소에서 통로가 되는 곳, 사람들이 많이 오가는 곳, 의자의 등받이가 스치는 곳이라든지 입구에서 가까운 곳 등은 좋은 자리라 할 수 없다.

(3) 착석의 순서

종업원이나 남성이 의자를 빼주면, 여성은 왼쪽에서부터 의자 앞으로 다가가 앉는다. 의자에 착석할 때의 손은 자연스럽게 테이블 위나 무릎 위에 올려놓는다. 그러나 팔꿈치를 테이블 위에 세우거나 턱을 괴는 등의 행위는 삼가야 하며, 정식 디너 레스토랑에서는 대개 안내자가 제일 먼저 상석의 의자를 빼주도록 되어 있으므로 상석에 그날의 주빈이 앉도록 한다.

(4) 테이블에서의 올바른 자세

부드러운 움직임과 자연스러운 자세는 몸과 테이블 사이의 간격을 바르게 했을 때

비로소 이루어진다. 몸을 앞으로 구부린다거나 어깨나 팔꿈치를 뻗치는 등의 보기 싫은 모습은 대개 테이블과 몸 사이의 거리가 너무 멀거나 가깝기 때문에 생겨난다. 테이블에서 가슴까지는 대개 주먹 두 개 만큼의 거리를 두면 된다. 한편, 식사가 시작되고 나서 의자의 위치를 바꾼다며 소리를 내는 것은 큰 실례이다.

3) 소지품

레스토랑에서 들어갈 때나 연회에 참석할 때는 모자나 코트 · 가방 등의 짐은 클락룸Cloak Room에 맡기는 것이 원칙이다. 다만, 여성의 경우 핸드백은 화장품이나 손수건 등 항상 곁에 두고 써야 하는 물건들이 들어 있기 때문에 클락 룸에 맡길 수가 없다. 이럴 경우 핸드백은 자신의 등 뒤 의자의 뒤쪽에 놓으면 된다. 또 긴 장갑을 끼었을 경우에도 이를 핸드백 속에 넣거나 핸드백과 함께 의자 뒤에 놓으면 된다.

4) 주문

손님이 식탁에 착석하면 음식의 주문을 접수하는데, 대부분 주요리Main Dish는 미리 염두에 두고 오지만, 음료나 기타 서비스는 종업원의 추천에 의존하는 경우가 많다. 이와 같이 식당 종업원에게 추천해 줄 것을 요구하는 행위는 결코 실례가 되지 않기 때문에 종업원의 조언을 구하는 것도 바람직하다. 그렇지 않고 메뉴의 내용을 이해하지 못한 상태에서 동료들과 동일한 메뉴를 주문하는 것은 어색할 수 있다.

2. 식사 중 매너

1) 냅킨 사용

(1) 냅킨의 유래

냅킨Napkin의 역사는 고대 로마시대 하인들이 식사 후에 타월과 물그릇을 들고 돌면서 식사하는 사람들의 손을 씻게 했다는 것에서 비롯되었다. 이러한 타월을 매파Mappa라고 했는데, 오늘날 레스토랑에서 사용하는 클로스 냅킨Cloth Napkin의 기원이 되었다. 오늘날의 냅킨이 등장한 것은 19세기에 들어와 직물업이 발달함에 따라 일반화되었다.

(2) 냅킨의 사용법

냅킨은 자리에 앉자마자 성급하게 펴는 것이 아니라, 테이블을 둘러보고 모두가 자리에 앉고 난 것을 확인한 후에 무릎 위에 펼친다. 비행기나 기차 등 흔들리는 곳에서 식사를 할 때에는 와이셔츠나 조끼의 단춧구멍에 꽂기도 한다.

냅킨을 무릎 위에 펼쳐 놓는 것은 음식물이 잘못 떨어지더라도 옷이 더러워지지 않도록 하려는데 그 목적이 있다. 그 밖에 입을 닦는다든지 핑거볼Finger Bowl을 사용한 후 물기를 닦을 경우에도 사용한다.

그러나 입을 닦을 시에는 힘주어 세게 닦지 말고 가볍게 눌러가며 닦는다. 특히 어떤 여성은 입술의 립스틱Lipstick을 냅킨으로 닦아내기도 하는데, 이는 에티켓에서 벗어난 행위이므로 삼가도록 한다. 또한 냅킨은 적당히 접어 테이블 위에 놓아야 하며, 의자 위에 놓는 것은 금기시되어 있다. 이 때 지나치게 깨끗이 접어놓으면 잘못하면 사용치 않은 냅킨으로 착각할 수 있다.

냅킨은 주빈이나 초청자가 먼저 편 다음에 편다. 냅킨은 사용 중에 식탁 위에 놓아서는 안 되며, 자리를 뜰 경우에는 의자 위에 놓는다. 여성이 냅킨을 사용할 경우에는 립스틱이 묻어나지 않도록 주의한다. 식사가 종료되면 냅킨을 적당히 접어 식탁의 왼쪽에 놓는다. 냅킨으로 입을 닦을 때에는 모서리나 가장자리를 이용한다.

2) 나이프와 포크의 이용

중앙의 접시를 중심으로 나이프Knife와 포크Fork는 각각 오른쪽과 왼쪽에 놓이게 된다. 따라서 있는 그대로 나이프는 오른손에, 포크는 왼손에 잡으면 된다.

양식에서의 나이프와 포크는 하나만을 계속 사용하는 것이 아니라, 코스에 따라 각각 다른 것을 사용한다. 포크와 나이프는 대개 각각 3개 이하로 놓여 있게 마련인데, 바깥쪽에 있는 것부터 순서대로 사용한다.

나이프와 포크를 동시에 사용하여 고기를 자를 때에는 끝이 서로 직각이 되도록 하며, 팔꿈치를 옆으로 벌리지 말고 팔목 부위만을 움직여 자르는 것이 좋다. 나이프는 사용 후 반드시 칼날이 자기 쪽을 향하도록 놓는다.

식사 중의 나이프와 포크는 접시 양 끝에 걸쳐놓거나 접시 위에 서로 교차해서 놓으며, 포크의 경우 접시 위에 놓을 때는 엎어놓는다. 식사가 끝났을 때는 접시 중앙의 윗부분에 나란히 놓는다. 나이프 · 포크 · 스푼을 사용했을 경우에는 바깥쪽부터 나이프 · 포크 · 스푼의 순으로 가지런히 모아놓는다. 음식물을 입 안에 넣고 씹을 때에는 포크와 나이프는 접시 위에 놓도록 하며, 나이프의 경우 입 안에 직접 넣는 것은 금기로 되어 있다.

3) 식사 중의 에티켓

서양에서 식당의 개념은 식욕을 채우는 장소인 동시에 사교(社交)의 장이기도 하다. 따라서 가정이든, 식당이든, 혹은 연회장이든 테이블에 함께 자리한 사람들은 각각의 정보를 교환하거나 서로에 대한 이해를 깊게 하기 위해 화기애애한 대화를 나누게 된다. 이 때 너무 큰소리로 떠들어 사람들에게 불쾌감을 주거나, 아무런 말도 없이 묵묵히 식사만 하여 주위사람들에게 부담을 주는 행위는 삼가도록 한다.

음식서비스는 고객의 층에 따라 욕구와 요구가 다양하다고 할 수 있으며, 음식의 종류에 따라 또는 식사의 목적에 따라 여러 가지 형태의 서비스가 있다. 음식은 국가의 음식문화나 분위기에 따라 서비스의 형태가 달라지는 경우가 많으나, 때로는 생명의 수단이 아닌 의례식으로서의 역할을 하는 경우도 있다.

따라서 본서에서는 일반적으로 다국적 음식Multinational Meals이라고 할 수 있는 양식을 기준으로 한 서비스의 내용을 서비스 순서에 의해서 설명하도록 한다.

음식의 제공 순서는 양식의 경우에는 거의 동일한 형태로 구성되나, 상황에 따라 코스가 생략되기도 한다. 일반적으로 7코스에서 12코스까지도 제공될 수 있다.

일반적으로 12요리 코스Full Course의 제공 순서는 다음과 같다.

① 애피타이저Appetizer

② 수프Soup

③ 빵과 버터Bread and Bbutter 및 수프Soup

④ 생선요리Fish

⑤ 소르베Sorbet, 셔벗Sherbet

⑥ 주요리Main Dish, Entree, 후식Dessert

⑦ 샐러드Salad

⑧ 치즈Cheese

⑨ 디저트Dessert

⑩ 과일Fruit

⑪ 커피 또는 차Coffee or Tea

⑫ 케이크Cake : 생략되는 경우도 있음

3. 요리 코스에 대한 매너

1) 식전주

식전주Appetizer는 식욕을 촉진하기 위해 마시는 술로써 신맛과 쓴맛을 내는 특징을 가지고 있는데, 이미지 평가를 기초로 하여 만든 벌머스Vermouth 종류, 증류주를 기초로 하여 만든 비터Bitter 종류, 비알코올성 음료인 탄산수, 청량음료, 주스류 등 다양한 종류가 있다.

또한 식전주는 식욕을 촉진하기 위해 찬 것이 준비되는 경우가 많다. 이런 경우에는 글라스를 감싸듯이 잡으면 체온으로 인해 술의 온도에 변화가 생겨 본래의 맛을 잃게 된다. 차게 마시는 식전주의 경우는 글라스의 목 부분Stem을 잡도록 하며, 너무 시간을 끌며 마시지 않는다. 한편, 식전주로 칵테일을 낼 경우에는 올리브Olive, 체리Cherry, 레몬Lemon 등을 글라스 가장자리에 장식하는데, 이는 먹어도 되며 장식핀을 이용해 먹도록 하고 레몬 등은 손으로 집어먹어도 된다.

위스키는 원래 식후주이나 최근에는 식전에 마시는 일이 많아졌다. 그러나 위스키는 알코올함유량이 약 80~95% 정도이기 때문에, 물이나 소다수로 희석하여 마시도록 한다(위스키 알코올함유량 80%는 도수로는 40도이다. 식전주는 1~2잔 정도로 끝내도록 하여 너무 마셔 취하는 일이 없도록 한다).

2) 전채요리

(1) 전채요리의 의의

오드볼Hors d'oeuvre, 즉 전채요리Appetizer는 본래 프랑스의 음식이 아니었다고 한다. 오드볼은 러시아 자쿠스키Zakouski를 프랑스풍으로 개량한 것이라고 전해지고 있다. 당시 러시아에서는 연회가 시작되기 전에 로비나 대합실 같은 곳에서 참가객들에게 기다리는 동안 강한 보드카와 자쿠스키를 곁들여 제공하였다. 이것을 프랑스 요리문화에서 흡수하여 오늘날의 오드볼Hors d'oeuvre이 된 것이라는 설이 있다.

전채요리는 식욕을 촉진시키기 위해 식사 전에 가볍게 먹는 요리를 총칭하는 것으로, 메인 코스Main Course 전에 먹는 엑스트라Extra요리라는 의미를 가지고 있다.

(2) 식사

동양적 사고방식에서는 여러 사람이 식사를 할 때, 모든 요리가 다 나오기 전에 먼저 먹는 것을 예의에 어긋나는 것으로 여기지만, 서양요리에서는 요리가 나오는 대로 바로 먹기 시작하는 것이 매너이다. 서양요리는 뜨거운 요리든 또는 찬 요리든 가장 먹기 좋은 온도일 때 제공되고, 좌석배치에 따라 상석부터 제공되기 때문이다. 따라서 온도가 변하기 전에 먹는 것이 예의이고, 본래의 맛을 즐길 수 있는 하나의 요령이다. 그러나 4~5명이 식사를 함께 하는 경우에는 요리가 전부 나오는데 그다지 시간이 걸리지 않으므로, 먼저 나온 경우에는 조금 기다렸다가 함께 식사를 하는 것이 바람직하며, 특히 윗사람의 초대를 받은 경우에는 더욱 그렇다. 그런 경우에는 윗사람이 나이프와 포크를 잡은 후 먹기 시작하는 것이 에티켓이다.

(3) 식사량

전채요리는 식전에 먹는 식욕촉진제 같은 것으로, 뒤에 나올 생선이나 고기요리를 맛있게 먹기 위해 타액이나 위액의 분비를 활발히 해두려는 데에 목적이 있다. 따라서 전채요리의 수는 셀 수 없을 정도로 많으며, 식욕을 높여주는 것이면 일단 전채요리가 될 수 있다.

전채요리는 아무리 맛이 있어도 지나치게 많이 먹으면 곧이어 나올 주요리를 제대로 먹을 수 없으므로 적당히 먹어야 한다. 그러나 메뉴에 전채요리가 있다고 해서 반드시 전채를 먹어야 하는 것은 아니다. 수프부터 시작해도 무방하고, 전채를 생략하고 생선요리부터 바로 시작해도 괜찮다.

(4) 전채요리의 조건

① 시각적으로 보기가 좋아야 한다.
② 짠맛과 신맛, 매운맛이 있어 위액의 분비를 왕성하게 하여 식욕을 돋게 해야 한다.
③ 분량이 소량이어야 한다.
④ 향토성이나 계절감을 곁들여야 한다.

3) 수프

우리가 흔히 말하는 수프Soup와 관련된 용어로 포타지Potage와 콩소메Consomme라는 것이 있다. 프랑스에서는 진한 수프를 포타지, 맑은 수프를 콩소메로 구분하고 있는데, 엄격히 말하면 포타지는 수프의 총칭이다. 콩소메는 포타지 클리어Potage Clair라고 해서 맑은 수프, 그리고 진한 수프는 포타지라 해서 이른바 야채수프, 크림수프 등이 해당된다.

콩소메는 만드는 과정이나 시간에 따라 맛에 차이가 크게 나므로, 그 레스토랑의 조리사 실력이 그대로 나타난다 해도 과언이 아닐 정도이다. 따라서 정통 프랑스 레스토랑에서 일류 조리사가 정성을 다해 만들어 내놓은 콩소메에 맛도 보지 않고 소금이나 후추를 뿌리는 일은 삼가도록 한다.

반면, 진한 수프의 경우는 콩소메보다 섬세한 맛은 덜하나, 감자 · 옥수수 · 야채 등의 내용을 첨가하여 맛이 좀 더 진하다. 따라서 포타지 수프의 경우에는 담백한 요리가, 콩소메의 경우는 진한 맛의 요리가 어울리며 코스가 많은 정찬요리에 적합하다.

(1) 수프용 스푼

수프용 스푼은 보통 펜을 집듯이 하여 중간에서 약간 위쪽 부분을 가볍게 잡으면 된다. 수프를 먹는 방법에는 미국식과 유럽식 두 가지가 있다. 자기 앞쪽에서 바깥쪽으로 하여 떠서 먹는 것이 미국식이며, 반대로 바깥쪽에서 앞쪽으로 먹는 것이 유럽식이다.

수프를 먹을 때에는 스푼에서 국물이 떨어지더라도 접시 중앙에 떨어지도록 접시 가장자리에서 벗어나지 않은 곳에서 멈추도록 한다. 뜨거운 수프일 경우에는 스푼으로 맛을 본 후, 너무 뜨거울 경우에는 스푼으로 천천히 저어 식힌 다음 먹도록 하며 입으로 불어가며 먹는 것은 좋지가 않다.

수프를 먹을 때는 차를 마시듯 소리를 내서는 안 된다. 또 스푼으로 뜬 수프를 한 번에 먹지 않고, 조금씩 나눠서 마시는 버릇도 좋지가 않다.

(2) 손잡이가 달려 있는 수프컵

수프를 먹다보면 조금 남은 것은 떠먹기가 쉽지 않다. 이런 경우에는 접시를 왼손으로 잡고 앞쪽으로 조금 기울여 떠먹도록 한다. 또한 손잡이가 달려 있는 컵인 경우에는 손으로 들고 마셔도 된다.

양쪽에 손잡이가 달려 있는 경우는 양손으로, 한쪽에만 달려 있는 경우는 한 손으로 잡아 입으로 마시듯 먹는다. 그러나 스푼이 있는 경우는 스푼으로 맛이나 뜨거운 정도를 먼저 알아본 후, 스푼을 접시에 내려놓고 나서 컵을 들고 마시는 것이 매너이다. 컵 속에 스푼을 넣은 채 마시거나 컵을 든 상태에서 스푼으로 떠먹는 것은 매너가 아니다.

4) 빵

빵Bread은 양식에서 없어선 안 될 중요한 식품으로, 만드는 방법과 재료에 따라서 매우 다양한데, 쉬운 것 같으면서도 식탁예절을 지키지 못하여 상당히 곤란을 겪는 경우가 많이 있다. 빵에 대한 식탁의 매너를 살펴보면 다음과 같다.

(1) 순서

빵은 처음부터 테이블에 놓여 있는 경우도 있지만, 연회의 경우 대개 수프의 순서가 끝나면 바로 나오게 되어 있다. 빵은 처음부터 먹는 것이 아니며, 수프와 함께 먹는 것도 아니다. 요리와 함께 먹기 시작하여 디저트를 들기 전에 끝내는 것이다. 빵은 요리의 맛이 남아있는 혀를 깨끗이 하여 미각에 신선미를 주기 때문이다.

그러나 빵이 처음부터 제공되는 경우에는 조금씩 먹어도 괜찮다. 대개 빵 접시는 식탁의 왼쪽에 놓이는데, 긴 테이블에서 식사할 경우에는 오른쪽에 있는 빵 접시를 잘못 사용하는 실수를 하지 않도록 주의한다.

(2) 자르는 법

빵을 먹을 때에는 포크나 나이프를 사용하지 않고 식당종업원이 여러 종류를 들고 와 서브하든지 또는 테이블 위에 처음부터 놓여 있든지 간에 자신의 손으로 빵을 들고 잘라서 먹는다. 이 때 여성에게 먼저 건네는 것이 매너이다. 빵을 손으로 자르다 보면 빵부스러기가 떨어지기 쉬우므로, 가능하면 빵 접시 위에서 자르도록 하고, 테이블 위에 부스러기가 떨어졌어도 손으로 털거나 할 필요는 없다.

토스트Toast의 경우는 버터Butter나 잼Jam이 발라져 있기 때문에, 손으로 자르기 곤란하므로 나이프를 이용해 자른다. 이럴 경우에는 왼손으로 빵의 한쪽 끝을 잡고, 오른손에 나이프를 들고 자르면 된다. 그리고 토스트Toast나 크루아상Croissant 및 브리오슈Brioche 등은 조식용 빵이므로, 만찬회석상에는 적당하지 않다는 것을 기억해야 한다. 버터는 1인용으로 제공되기도 하고 2인용으로 나올 때도 있는데, 2인용일 경우는 버터나이프로 빵접시에 버터를 한 조각 옮긴 다음 사용한다.

5) 생선과 고기요리

과거에 생선은 세트메뉴Set Menu의 한 코스에 불과했지만, 오늘날에 있어서는 육류요리를 기피하는 사람들이 선호하는 요리가 되었고, 특히 가톨릭에서는 신자들이 매주 금요일에 생선요리를 먹기 때문에 수요가 급증하고 있다. 이 생선요리는 담백하고 소화가 잘되기 때문에 어린이와 노인에게 특히 좋은 요리가 된다.

(1) 먹는 방법

통째로 요리된 생선요리는 머리 부분이 왼쪽으로 오고, 배 부분은 자기 쪽으로 향한다. 통째로 요리된 생선을 먹으려면 우선 포크로 머리 부분을 고정시키고 나이프로 머리 부분과 몸통을 자른 후 꼬리 부분도 잘라낸다. 그 다음에는 지느러미 부분을 발라내고, 머리 · 꼬리 · 지느러미는 접시의 위쪽에 한데 모아놓은 후 뼈를 따라 왼쪽에서 오른쪽으로 나이프를 수평으로 움직여 위쪽의 살과 뼈를 발라놓는다.

위쪽의 살을 다 먹은 다음에는 생선을 뒤집지 말고 그 상태에서 다시 나이프를 뼈와 아래쪽의 살 부분 사이에 넣어 살과 뼈를 발라놓는다. 발라낸 뼈는 접시 위쪽의 머리 · 꼬리 등과 함께 놓아두고, 남은 생선의 살을 동일한 방법으로 조금씩 잘라가며 먹는다. 만약 생선의 가시를 씹었을 경우에는, 입 속에서 발라내어 왼손으로 입을 가린 후 포크로 가시를 빼거나 오른손으로 살짝 빼내어 접시 가장자리에 올려놓는다.

(2) 레몬을 짜는 방법

생선요리에는 비린 냄새를 없애기 위해 항상 레몬을 제공하는데, 레몬을 짜는 방법으로는 먼저 레몬의 한쪽 끝을 포크로 고정시키고 나이프로 가볍게 눌러 즙을 낸다. 이 때 너무 강하게 누르면 생선이 부스러질 수 있으므로 주의한다. 즙을 짠 레몬은 접시 한쪽에 놓는다.

생선프라이나 석쇠구이 등의 요리에는 하프 레몬이 곁들여지는데, 이때는 오른손의 엄지 · 중지 · 집게손가락을 이용하여 즙을 내어 생선 위에 뿌린다.

(3) 새우

새우요리가 나오면 우선 포크로 머리 부분을 고정시키고, 나이프를 새우의 살과 껍질 사이에 넣어 살을 벗겨내듯 하면서 꼬리 쪽으로 나이프를 옮겨간다. 이렇게 양쪽으로 반복하다보면 껍질이 쉽게 벗겨지게 된다.

다음으로, 왼손의 포크로 꼬리 부분을 들어올리고, 오른손의 나이프로 껍질 부분을 누른다. 그런 다음 다시 포크로 살 부분만 당기면 쉽게 빠져나온다. 껍질만 한 곳에 놓아두고 살 부분을 왼쪽부터 잘라가며 마요네즈Mayonnaise나 크림소스Cream Sauce 등에 묻혀서 먹는다.

(4) 에스카르고(식용달팽이)

에스카르고Escargot는 버터와 마늘 · 향료 등을 넣어 오븐에 구운 직후에 제공한다. 먹을 때는 왼손의 에스카르고용 홀러(집게)로 껍데기를 고정시킨 후, 오른손의 에스카르고용 포크로 집어내어 먹는다. 알맹이를 꺼내먹고 난 후, 껍데기 속에 남아 있는 국물도 맛이 있으므로 그대로 입으로 가져가 마시면 된다. 뜨거워 마시지 못할 때는 놓아두었다가 다른 에스카르고를 먹는 동안 식으면 그때에 마신다. 대합을 먹을 때는 손으로 껍데기를 잡고 포크로 관자 부분을 밑으로부터 떠서 살을 떼어먹으면 된다. 관자가 잘 떨어지지 않을 때는 살 부분만 먹으면 된다.

(5) 소스가 나올 때

레스토랑의 메뉴에는 대개 요리이름에 소스Sauce가 함께 씌어져 있다. 소스를 뿌리는 요리를 주문한 경우는, 요리가 제공되었다고 해서 곧바로 먹어서는 안 된다. 요리가 제공되면 잠시 후에 소스가 따라서 나오므로, 조금 기다렸다가 뿌려주면 먹기 시작한다. 메뉴에 소스에 관한 것이 씌어 있지 않는 경우라면, 보편적으로 물기가 없는 요리, 즉 튀김이나 구이 등에는 소스가 따라서 나오고, 삶은 것이나 조린 것에는 없다고 생각하면 된다.

요리가 나온 후에 소스가 제공되면 무엇이든 요리에 바로 뿌리지 말고 진한 소스는 접시 한쪽에 덜어놓아 조금씩 찍어먹도록 한다. 대개 고기에는 묽은 소스가 나오므로 그대로 요리 위에 뿌리면 되지만, 생선요리에는 마요네즈Mayonnaise, 타르타르소스Tartar Sauce 등 진한 소스가 나오므로, 접시 한쪽에 덜어놓고 적당히 요리에 묻혀가며 먹으면 된다. 진한 소스를 요리 위에 그대로 얹으면 소스의 맛이 너무 강해 요리 본래의 맛을 잃게 할 수도 있기 때문이다.

6) 육류요리

육류요리Meat Dish Sauce는 식사의 중심이 되는 것으로, 조리방법과 조리에 사용되는 육류의 종류가 다양하고, 구미 각국마다 즐겨먹는 육류의 종류에도 차이가 있다. 보통은 소고기 · 송아지고기 · 양고기 · 돼지고기가 육류요리로 제공되지만, 일반적으로 소고기가 그 중심이 된다.

주요리를 앙뜨레라고 하는 것은, 영어의 'Entrance'(입구)의 의미로, 본격적인 식사를 시작한다는 의미이다.

(1) 스테이크의 분류

불어로 필렛Filet이란 안심을 뜻한다. 안심이란, 소의 등뼈 안쪽으로 콩팥에서 허리까지 이르는 가느다란 양쪽 부위를 말한다. 주위는 지방으로 둘러싸여 있지만, 안심 자체는 지방이 거의 없는 부드러운 육질을 가지고 있어 소고기 중 최상급에 속한다. 이러한 안심 스테이크 중 최고급의 스테이크가 앞쪽의 넓은 부분의 안심을 이용하여 만든 샤토브리앙Chateaubriand이다. 부위에 따라 앞부분부터 다음과 같이 구분한다.

① 헤드Head; Bifteck
② 샤토브리앙Chateaubriand
③ 필렛Filet
④ 도르네도Tournedos
⑤ 필레미뇽Filet Mignon
⑥ 필렛 팁Filet Tip

(2) 스테이크의 굽는 정도

스테이크Steak는 굽는 정도에 따라서 맛도 달라지므로, 스테이크를 주문할 때는 취향대로 식당의 종업원에게 굽는 정도를 알려준다.

① 래어Rare : 약간 구운 것 : 표면만 구어 중간은 붉은 날고기 상태
② 미디엄 래어Medium Rare : 래어와 미디엄의 중간 정도 구운 상태
③ 미디엄Medium : 중간 정도 구운 것 : 중심부가 모두 핑크빛을 띠는 정도
④ 미디엄 웰Medium Well : 중간과 완전의 사이 정도 구운 것 : 중심부가 약간의 핑크빛을 띠는 정도

⑤ 웰던Well Done : 완전히 구운 것 : 표면이 완전히 구워지고 중심부도 충분히 구워서 갈색을 띤 상태

스테이크를 자를 때 나오는 핑크색의 즙은 피가 아니고, 육즙으로서 고기가 열을 받을 때 나오는 엑기스Extract이다. 따라서 굽는 시간이 길어지면 이 육즙이 증발해 버려 맛이 떨어지고, 또한 먹을 때 육질이 다소 질기게 느껴진다. 그리고 고기를 전부 잘라놓고 먹으면 육즙이 접시로 전부 흘러내려 스테이크의 맛도 떨어질 뿐더러, 미리 잘라놓으면 금방 식어버리므로 스테이크 본연의 맛이 먹을수록 줄어들게 된다. 따라서 스테이크는 먹을 때마다 잘라서 먹는 것이 좋다.

(3) 자르는 법

고기를 먹을 때는 오른손에 나이프Knife, 왼손에 포크Fork를 잡는다. 우선 고기의 왼쪽을 포크로 고정시켜 나이프로 먹기 좋을 만큼씩 잘라가며 먹는다. 스테이크를 자를 때는 접시의 바깥쪽부터 안쪽으로 하여 종으로 자른다. 스테이크는 각 부위마다 자르는 방법이 여러 가지가 있으나 어느 부위든 고기의 결을 따라 잘라서 요리하고, 손님에게 제공될 때는 고기의 결이 위에서 아래로 향하도록 담게 되어 있기 때문이다.

7) 야채와 샐러드

(1) 옥수수

옥수수 중앙에 은제 막대기가 끼워져 제공되는 경우에는 막대기를 양손으로 잡고 1/4~1/2 정도에 버터를 바르고 소금 · 후추를 뿌린 후 베어 먹고, 다시 나머지 부분도 같은 방법으로 먹는다. 여기저기 생각 없이 갉아먹는 일은 삼가는 것이 좋다. 막대기가 꽂혀 있지 않은 경우에는 양손으로 잡고 먹어도 무방하다.

(2) 콩

주요리에 곁들여지는 가니쉬Garnish 중에는 완두콩처럼 먹기 힘든 경우가 있다. 이러한 콩류를 먹을 때는 빵으로 눌러가며 떠서 먹어도 무방하다. 그 밖에 빵으로 접시

에 남은 소스를 닦아가며 먹어도 좋다. 한편, 콩을 먹는 또 다른 방법으로는 포크로 콩을 가볍게 눌러 납작하게 만든 다음 먹는 방법이 있다.

(3) 감자

① 구운감자Backed Potato : 껍질째 오븐에서 익혀 스테이크Steak나 로스트비프Roast Beef의 가니쉬Garnish로 자주 이용된다. 뜨거운 상태로 나오기 때문에 왼손의 포크로 고정시키면서 나이프로 중심부를 'X'자로 잘라 버터가 감자 속에 녹아들게 하면 한층 맛있는 감자를 즐길 수 있다.

② 튀김감자Fried Potato : 초승달 모양이나 기둥 모양으로 잘라 튀겨내는데, 대개 다진 파슬리를 뿌려 스테이크 등의 가니쉬로 나온다. 튀긴 감자는 보통 작게 썰어서 튀긴 것이므로 소금을 뿌려가며 포크로 먹는다.

③ 으깬 감자Mashed Potato : 삶은 감자를 곱게 채에 받쳐 우유 · 버터 · 소금 · 후추를 넣어 맛을 낸 것으로, 대개 생선요리의 가니쉬로 나오는데, 포크로 떠먹는다.

④ 삶은 감자Boiled Potato : 소금을 넣어 삶아낸 감자를 반으로 잘라 생선요리 등의 가니쉬로 내는데, 취향에 맞게 소금을 뿌려가며 나이프로 잘라먹는다.

(4) 샐러드와 고기요리

고기와 야채는 맛에서도 조화를 이루지만, 고기는 산성이 강한 식품이므로 알칼리성이 강한 생야채를 먹음으로써 중화시키는 영양학적 의미를 지닌다. 대개 고기요리를 전부 먹은 다음 샐러드를 먹기도 하는데, 고기와 샐러드는 번갈아가며 먹는 것이 더욱 효과적이다.

① 먹는 방법

샐러드Salad는 대개 1인분씩 따로 제공되지만, 때로는 커다란 그릇에 담겨 나오기 때문에 덜어서 먹을 때도 있다. 이러한 경우에는 커다란 스푼과 포크가 옆에 놓여 있기 마련인데, 이를 이용해 자신의 그릇에 덜어서 먹으면 된다. 왼손에 스푼을 쥐어 샐러드를 뜨고 오른손의 포크로 가볍게 위를 눌러 야채가 떨어지지 않도록 가져오면 되는데, 너무 많이 가져와 남기는 등의 실례를 범하지 않도록 한다.

8) 디저트 전의 요리

프랑스에서는 디저트Dessert 전에는 반드시 치즈Cheese를 먹는 습관이 있다. 치즈는 샐러드와 디저트 사이에 먹는다. 한 종류의 커다란 치즈를 내기도 하고, 때로는 작은 접시에 여러 종류의 치즈를 내기도 한다. 치즈에도 나이프와 포크가 따라서 나오지만, 포크만으로 먹어도 무방하다. 치즈를 먹을 때는 빵을 다시 제공하는데, 겉이 딱딱한 프렌치 빵French Bread이 잘 어울린다.

9) 디저트

(1) 디너의 디저트

디저트Dessert는 대개 과자나 케이크 · 과일 등이 나오는데, 서양요리에서는 설탕을 거의 사용하지 않으며 전분도 적게 사용한다. 따라서 식후에 달콤한 것이 먹고 싶어지는 것은 당연하다. 그러므로 디저트용 과자는 달콤한 것으로 부드러워야 한다.

쿠키Cookie라든지 빵Bread 등의 마른과자는 조식의 빵 대신 혹은 오후에 차를 마실 때 먹도록 하며, 정찬의 디저트로는 적당하지 않다. 디너의 따뜻한 디저트로는 푸딩이 있다. 또한 크림으로 만든 과자나 과일을 이용한 과자 · 파이 등도 있다. 차가운 디저트로는 아이스크림Ice Cream과 셔벗Sherbet이 있다.

(2) 수분이 많은 과일

수분이 많은 멜론Melon이나 오렌지Orange류는 스푼으로 먹고, 사과나 감 등 수분이 적은 것은 나이프와 포크를 사용하나, 소형인 것은 상황에 따라 손으로 먹어도 무방하다. 멜론은 반달형으로 잘라 제공된 경우, 왼손으로 껍질 부분을 누르고 오른손으로 스푼으로 오른쪽부터 떠서 먹는다.

(3) 포도의 씨와 껍질

포도Grape는 왼손으로 송이를 잡고 오른손으로 한 알씩 따서 먹는 것이 좋은데, 껍질과 씨는 손으로 받아 접시에 내려놓는다. 포도는 알맹이를 손바닥에 놓고 주먹을 쥐듯이 하여 포도가 입으로 들어가는 것이 보이지 않도록 하는 것이 보기가 좋다.

(4) 아이리쉬 커피

식후의 커피로는 대개 진한 것을 조금 마시는 것이 좋다. 아이리쉬 커피Irish Coffee는 커피에 아이리쉬 위스키를 넣은 후 생크림을 얹어서 마시는 것으로, 식후주와 커피를 동시에 즐길 수 있다.

10) 음료에 대한 매너

(1) 식전주

식전주는 독하지 않으면서 쓴맛·신맛을 내는 특징이 있다. 대표적인 식전주로는 세리주, 벌머스, 키어, 마가리타, 캄파리, 듀보네, 샴페인 등이 있다.

① 세리주Sherry : 대표적인 식전주로 스페인산 백포도주를 의미하는데, 맛이 담백하고 다소 곰팡이 냄새가 나는 듯한 것이 특색이다.
② 벌머스Vermout : 백포도 중에 여러 가지 약초·향초 등을 가미한 것으로, 드라이한 프랑스 벌머스와 약간 달콤한 이탈리아 벌머스가 있다.
③ 식전용 칵테일로는 남성의 경우 마티니Martini, 여성의 경우 맨해튼Manhattan이 좋다.
④ 키어Kir 혹은 키어 로얄Kir Royale : 키어는 크림 드 칵시스Creme de Cassis라고 하는 리큐어에 백포도주를 혼합한 것이고, 키어 로얄은 샴페인을 혼합한 것이다.
⑤ 그 밖에 마가리타Margarita, 캄파리Compari, 듀보네Dubonet, 샴페인Champagne 등도 식전주로 좋다.

술을 마시지 못하는 사람이나 여성의 경우, 식전주를 함께 마실 때에는 진저엘Ginger Ale이나 주스Juice 등으로 같이 마시는 것이 예의이다.

(2) 식중주

식사 중에 마시는 음료로서는 일반적으로 이미지 평가를 마시며, 거의 신맛이 나는 드라이Dry나 신맛이 약한 미디엄드라이Medium Dry를 마신다. 경우에 따라서는 맥주나 칵테일Cocktail, 커피 또는 소프트드링크Soft Drink를 마시기도 한다.

(3) 식후주

식전주를 식욕촉진주Aperitif라고 한다면, 식후주는 소화촉진주Digestif이다. 양식에서 식후주는 크게 브랜디Brandy류와 리큐어Liqueur로 나누어지는데, 브랜디는 남성이, 리큐어는 여성들이 즐겨 마신다.

① 브랜디와 코냑

브랜디Brandy는 이미지 평가를 증류한 것으로, 이미지 평가가 생산되는 곳이면 어디든지 생산이 가능하다. 그 중에서도 프랑스의 코냑지방에서 생산되는 브랜디를 '코냑Cognac'이라 부르고, 알마냑 지방에서 생산되는 브랜디를 '알마냑Armagnac'이라 부른다.

코냑을 주문할 때는, 예를 들어 'Hennessy X.O.'라고 등급까지 주문을 해야 하며, 등급에 따라서 가격 차이가 많이 난다. 코냑을 마실 때는 잔을 흔들어 코냑이 안에서 파도치게 한 후, 둘째와 셋째손가락으로 잔을 잡고 손바닥의 온기로 코냑을 데우면서 아주 조금씩 색과 향 및 맛을 눈과 코 및 혀로 음미하면서 마신다.

② 리큐어

리큐어Liqueur는 여성에게 잘 어울리는 술이다. 당도가 있고 색깔이 아름다운 술로, 식후에 여성들이 마시는 매혹적인 양주이다. 대표적인 것으로 다음과 같은 것들이 있다.

- 베네딕틴Benedictine D.O.M
- 샤르트뢰즈Chartreuse
- 쿠앵트로Cointreau
- 드람브이Drambuie
- 크림 드 멘트Creme de Menthe
- 퀴멜Kummel

4. 건배 매너

1) 공식만찬에서의 건배

공식만찬에서의 건배는 보통 디저트 후 인사를 하기 전에 한다. 건배에는 주로 샴페인Champaign을 많이 사용하는데, 비록 술을 못하는 여성이라도 건배 제의가 있을 경우에는 소량이나마 잔을 채워 함께 건배에 응해야 한다. 건배를 제의한 제의자의 지위가 연회참석자 중에서 가장 높은 경우에는, 모든 참석자들도 함께 일어나 건배를 해야 한다. 그러나 건배 제의자의 지위가 낮거나 친분 있는 사람들 간의 모임인 경우에는 그대로 앉아있어도 무방하다.

2) 약식만찬에서의 건배

약식만찬에서의 건배 시에는 모두 잔을 들고 "치어스"라든가 "투…!"라고만 하면 된다. 이 때 건배를 받은 이가 여성 혼자라면 미소를 지으며 목례 정도로 답을 하면 되나, 남성이나 부부일 때는 "Thank you, here's to you, too"(감사합니다. 여러분을 위해서도 건배를)라며 건배로 답하기도 한다.

5. 이미지 평가 및 샴페인

일반적으로 양식을 먹을 때에는 식사에 어울리는 이미지 평가를 곁들인다. 따라서 식사 전 · 후 또는 식사 중에 이미지 평가를 주문하면 식당의 종업원은 적절한 시기에 병을 따서 서브하도록 되어 있다. 만약 호스트Host가 이미지 평가에 관한 지식이 부족할 경우에는 지체 없이 종업원을 불러 식사에 어울리는 이미지 평가를 추천하도록 도움을 요청한다. 참고로 이미지 평가의 서비스 절차는 다음과 같다.

1) 특별하게 요청하지 않았을 경우

대개 화이트와인White Wine이미지 평가이나 로제와인Rose Wine이미지 평가는 병을 따서 식사 첫 코스와 함께 제공되고, 레드와인Red Wine은 초대한 주빈에게 레이블Label을 보여준 다음, 병을 따서 식탁 위에 놓고 주요리와 함께 제공된다.

2) 잔으로 주문했을 경우

종업원은 와인잔Wine Glass을 반드시 쟁반에 받쳐 들고 주빈의 오른쪽에서 오른손으로 빈 잔 왼쪽에 새 잔을 놓고 빈 잔을 빼내도록 되어 있다. 만약 잔에 와인이 남아있으면 와인이 떨어질 때까지 식탁 위에 놓아두고 잔을 비우는 즉시 빼낸다. 식사가 끝난 후 다른 와인을 주문하게 되면 잔에 와인이 조금 남아있더라도 이 와인잔은 식탁에서 뺀다.

와인맛은 온도에 따라 민감하기 때문에 와인이 제공될 때에는 반드시 적절한 온도를 유지하도록 노력해야 한다. 레드와인Red Wine은 온도가 약간 높게 제공되는 것이 좋다. 화이트와인White Wine 중 농도가 짙은 스위트와인Sweet Wine은 농도가 엷은 와인보다 차게 제공한다.

3) 와인서빙의 일반적 사항

일반적으로 식당에서 와인을 식사와 함께 마시기 위해 주문했을 경우에는 서비스는 관례적으로 다음과 같은 방법으로 제공된다.

① 와인병의 윗부분을 테이블 쪽으로 향하게 하고, 병의 레이블을 주빈에게 보인다.
② 병의 가장 윗부분 볼록한 곳의 캡슐Capsule을 베어서 제거한다.
③ 코르크Cork를 따기 전에 코르크 윗부분과 병 입구를 깨끗이 닦는다.
④ 스크루Screw의 뾰족한 끝을 코르크의 중앙에 가볍게 삽입하고 시계방향으로 한 번 돌린 다음, 스크루가 코르크 안에 직각으로 완전히 들어갈 때까지 계속 돌린다.
⑤ 지렛대를 병의 동그란 입구에 건다.
⑥ 병목을 잡고 흔들리지 않게 코르크가 나올 때까지 천천히 잡아서 올린다.
⑦ 코르크를 스크루에서 빼내어 모임의 주인에게 보인다.

⑧ 병목 부분을 닦아 남아있는 곰팡이나 코르크 찌꺼기를 제거한다.

⑨ 와인을 선택한 사람에게 레이블Label을 보이면서 1온스(30cc) 정도 잔에 따른다.

⑩ 와인방울이 테이블에 떨어지는 것을 닦을 수 있도록 냅킨을 준비하고, 살짝 병을 돌리면서 들어올린다.

⑪ 따르고 난 와인병은 레이블이 보이도록 하여 주인의 오른쪽에 두거나 얼음통에 넣어둔다.

4) 와인 종류에 따른 서비스방법

포도주의 서비스방법은 포도주의 종류에 따라 약간의 차이가 있다. 일반적으로 적포도주와 백포도주의 서비스방법은 다음과 같다.

(1) 적포도주의 서비스(와인 바스켓을 이용)

① 와인 바스켓Wine Basket에 냅킨을 깔고 적포도주를 눕힌다.

② 고객에게 주문한 상표를 확인시킨다.

③ 와인 바스켓 목 밑에 브레드플레이트Bread Plate를 엎어 깔고, 왼손으로 바스켓을 잡고 오른손으로 코르크스크루Cork Screw 나이프를 이용하여 캡슐을 제거한다.

④ 냅킨으로 병목 주위를 닦은 다음 코르크스크루를 코르크에 돌려 넣는다. 이 때 병이 움직이지 않도록 조심스럽게 다루어야 한다.

⑤ 다시 병목 주위를 깨끗이 닦은 다음 서브한다.

⑥ 서비스방법은 바스켓을 오른손으로 엄지와 중지 사이에 끼워 잡고, 인지로 병을 살짝 누르면서 잡는다.

⑦ 주문한 고객에게 먼저 맛을 보게 한 후 서비스해도 좋다는 승낙이 있으면, 사회적인 지위나 성별 · 연령에 따라 침착하게 서브하는 것이 일반적이다.

⑧ 글라스와 술병의 높이는 약간 떨어지게 하여 글라스의 1/2~1/3 정도 서브하고, 병을 약간 돌려 커팅Cutting한다. 이 때 서비스 클로스를 쥐고 있는 왼손은 가볍게 뒤쪽 허리 등에 붙이고 서브한다.

⑨ 서브가 끝날 때마다 술병을 조심스럽게 서비스 클로스Cloth로 닦아 와인방울이

테이블이나 고객에게 떨어지지 않도록 주의한다.

(2) 백포도주의 서비스

① 적절한 온도를 유지하기 위해 백포도주는 얼음과 물이 채워진 와인 쿨러Wine Cooler나 냉장고에 넣어두어야 한다.

② 병마개는 고객 앞에 준비된 쿨러 속에서 따야 한다.

③ 고객에게 프레젠테이션Presentation하는 것과 오픈Opening하는 것은 앞에서 설명한 와인병 오픈하는 방법에 따라 실시하며, 와인을 서브할 때 글라스와 와인병과의 높이는 보통 와인의 종류에 따라 2~3cm가 적당하다.

6. 계산

주문한 요리를 다 먹은 후에는 식사를 초대한 사람이 식사요금을 지불해야만 하는데, 먼저 식사요금계산서를 식당의 종업원에게 요청한다. 이 때 식당의 종업원은 요청한 계산서를 준비하게 되는데, 계산서가 준비되면 반드시 계산서에 나타나 있는 요리목록을 신중하게 살피도록 해야 한다.

대부분 우리나라 사람들은 계산서에 표기되어 있는 목록을 조목조목 살펴보지 않고 계산을 하는 경향이 있다. 그러나 이러한 습관은 바람직하지 않다. 계산서를 정확하게 확인하는 것은 신뢰를 구축하는 행위이므로, 식사에 대한 계산서는 항목별로 점검한 후 지불하는 것을 생활화하도록 해야 한다. 또한 특별한 회원카드나 신용카드와 함께 계산을 해야 할 경우에는 계산서를 요청할 당시에 알려주는 것이 좋다.

7. 기타 식사매너

1) 요령과 재치를 요하는 매너

(1) 식사 중의 실수

식사 중에 음식을 흘리거나 기물(포크나 나이프 · 물잔 등)을 떨어뜨리는 실수를 범했을 경우에는 직접 처리하지 말고 종업원(웨이터나 웨이트리스) 또는 지배인을 호출하여 도움을 청하는 것이 예의이다. 이 때 가능한 한 다른 사람들의 눈에 띄지 않도록 하는 것이 매너인데, 종업원을 큰소리로 부르거나 손바닥을 치는 것은 좋지 못한 행동이므로 조용히 오른손을 들어 신호를 보내는 것이 바람직하다.

(2) 소금·후추 등의 사용

주문한 요리가 제공되면 맛도 보기 전에 소금과 후추를 뿌리는 일은 삼가는 것이 바람직하다. 고급 레스토랑일수록 가장 맛이 좋은 상태에서 요리가 나오기 때문에 조미료는 사용하지 않아도 괜찮다. 만약 홈 파티Home Party일 경우에는 초대자의 능력을 신뢰하지 못하는 의미로 오해받을 수 있기 때문이다. 한편, 조미료나 설탕이 필요한데, 손이 닿지 않는 곳에 있는 경우에는 직접 손을 뻗쳐가져 오기보다는 옆 사람에게 도움을 청해 건네받도록 한다.

(3) 음료 등을 사양할 때

주류나 주스 등을 별로 마시고 싶지 않을 때에는 제의를 받았을지라도 자신의 의지를 밝히는 것이 바람직하다. “먹고 싶지 않다No”보다는 “감사합니다만, 먹고 싶지 않습니다No Thanks”라고 하며 부드럽게 사양하는 것이 예의이다.

(4) 식사시간의 조절

여러 사람과 식사를 할 경우에는 혼자 너무 빨리 먹는다든지, 너무 늦게 먹지 않고 동석한 사람과 식사의 속도를 맞추어 먹는 것이 좋다. 또한 호스트Host나 호스티스Hostess는 상석의 손님들과 보조를 맞춰 다른 손님들보다 빨리 먹어서는 안 된다.

2) 특수한 음식을 먹는 요령

(1) 아티초크

아티초크Artichoke의 잎사귀는 손으로 하나씩 떼어 소스를 묻혀서 베어 먹는다. 가시가 있는 부분은 나이프Knife로 긁어내고, 부드러운 줄기는 포크Fork로 찍어 먹는다.

(2) 아스파라거스

아스파라거스Asparagus를 흔히 손으로 집어먹는 경우가 있는데, 줄기가 단단한 부분을 나이프로 자른 후 손으로 먹는 것이 좋다. 그러나 딱딱한 부분이 없는 아스파라거스는 포크로 먹는다.

(3) 베이컨

아침식사 중 먹는 말랑말랑한 베이컨Bacon은 포크를 사용하여 먹지만, 물기가 없고 파삭파삭한 것은 손으로 먹기도 한다.

(4) 버터

여러 가지 빵이나 비스킷, 토스트, 핫케이크나 삶은 옥수수 등에 버터Butter를 바를 때는 나이프를 이용한다. 그러나 옥수수 알갱이와 감자, 밥 등의 양념이나 버터를 섞을 때는 포크를 이용한다.

(5) 치즈

치즈Cheese는 나이프나 포크 중 어느 것으로도 사용하여 바를 수 있다. 주로 포크를 사용하는 생채요리와 함께 먹을 때는 포크로 치즈를 잘라낸 후 상추나 크래커 위에 얹어서 먹는다. 그러나 부드럽거나 묽은 치즈는 나이프를 이용해 발라먹는다.

(6) 체리토마토

체리토마토Cherry Tomato는 생채요리나 다른 요리에 섞여 나올 때를 제외하고는 손으로 먹는다. 씹을 때 물기가 튈 염려가 있으므로 주의한다.

(7) 삶은 과일

삶은 자두나 버찌 등을 먹을 때는 스푼을 사용한다. 씨는 입 속에서 살을 발라먹은 다음 스푼에 뱉어 접시의 한쪽에 놓는다.

(8) 칵테일 속의 체리 · 올리브

칵테일을 마시면서 적당한 때 장식된 채로 먹거나 손으로 직접 꺼내먹는다.

(9) 피자

피자Pizza는 나이프를 이용해 삼각형으로 자른 후 손으로 집어먹는다.

(10) 스파게티

스파게티Spaghetti에는 포크 외에 스푼도 따라 나온다. 왼손의 스푼에 오른손의 포크를 대고 스파게티를 감아서 먹는다. 스푼이 없는 경우는 포크의 끝을 접시의 구부러진 곳에 대고 돌린다.

(11) 샌드위치

차가운 샌드위치Sandwich는 손으로 집어먹고, 스테이크 샌드위치 등 뜨거운 것은 포크 · 나이프를 사용한다. 클럽 샌드위치와 같이 두툼한 샌드위치는 나이프로 작게 자른 후 손에 들고서 먹는다.

(12) 삶은 달걀

에그 스탠드Egg Stand에 올려진 달걀의 윗부분을 벗겨낸 다음 티스푼으로 조금씩 떠먹는다.

3) 특별한 상황

(1) 뜨거운 음식과 상한 음식을 먹었을 때

무심코 먹은 음식이 너무 뜨거울 때에는 지체 없이 식탁에 있는 물을 마신 후 뜨거운 음식을 식히도록 한다. 만약 가까운 곳에 마실 물이나 찬 음료 등이 없을 경우에는 음식을 뱉도록 하는데, 이때에는 냅킨에 싸서 그릇의 한쪽에 놓아둔다. 상한 음식인 경우에도 마찬가지이다. 이 때 옆 사람의 입맛을 자극하지 않도록 신중하게 처리하도록 해야 한다.

(2) 고기나 뼈가 목에 걸렸을 때

생선가시가 잘못하여 목에 걸렸을 때는 물을 마시거나 냅킨으로 입을 가리고 기침을 하여 빠지도록 한다. 상황에 따라서는 손가락으로 입에서 꺼내 접시 주위에 놓는다. 그러나 고기나 뼈가 목구멍에 걸려 기침을 해야 할 경우에는 "실례합니다."라는 말과 함께 식탁에서 일어나 화장실을 찾는다.

(3) 기침 · 재채기 · 코풀이

한두 번 하는 기침 · 재채기 등을 할 때에는 손수건으로 입과 코를 가리도록 한다. 손수건이 없다거나 꺼낼 시간이 없으면 냅킨을 사용하고, 더 급할 경우에는 손을 사용한다. 코를 풀고 싶을 때에는 양해를 구하고 자리를 뜬다. 가볍게 코를 닦을 때는 자신의 손수건이나 휴지를 사용하며, 냅킨으로는 절대로 코를 풀지 않는다. 땀이 날 경우에도 냅킨으로 닦지 않는다. 서양의 에티켓에서는 식탁에서 코를 푸는 것은 실례가 되지 않지만, 트림을 하는 것은 매우 금기시하여 좋지 않다.

(4) 돌 · 벌레 · 머리카락 등의 이물질

먹어서는 안 될 이물질을 씹었을 때에는 즉시 뱉어내도록 하고, 필요한 경우에는 종업원을 호출하여 적당한 서비스를 받도록 한다. 이 때 가능하면 남의 눈에 띄지 않도록 조용히 손바닥에 뱉는다. 한편, 먹기 전에 이물질을 발견한 경우에는 너무 역겨울 정도가 아니면 재빨리 이물질을 제거한 후 식사를 계속한다. 그러나 비위가 상한 경우에는 음식을 먹지 말고 그대로 둔다.

(5) 잇새에 낀 음식

식사 도중에는 이쑤시개를 사용해서는 안 되며, 손가락이나 포크 등으로 잇새에 낀 음식물을 제거하기 위해 치아를 쑤시는 일이 없도록 한다. 식사가 끝날 때까지 기다렸다가 처리하든지, 너무 거북하면 양해를 구하고 화장실에 가서 빼내도록 한다.

4) 식탁에서 주의해야 할 사항

식탁Table은 음식을 먹으며 대화를 나누는 장소이기 때문에 특별히 지켜야 할 에티켓이 있으며, 특히 개인의 입맛을 감소시키는 행위나 이야기를 해서는 안 된다. 식탁에서의 지켜야 할 주의사항은 다음과 같다.

① 머리를 긁지 않는다.
② 팔꿈치를 괸다든지 다리를 꼬지 않는다.
③ 떨어뜨린 포크나 나이프는 직접 줍지 않는다.
④ 손에 든 나이프나 포크는 세워 잡지 않으며, 나이프를 입에 대지 않는다.
⑤ 식기를 움직이지 않는다. 식사가 끝났다고 식기를 포개놓는다거나 한쪽으로 치워놓지 않는다.
⑥ 음식을 먹을 때는 입을 다물어 소리가 나지 않도록 한다.
⑦ 입 안에 음식물을 넣은 채 말하지 않는다. 입 안에 음식물을 넣었을 때 옆에서 말을 걸어오면 즉시 대답하지 말고, 음식을 삼킨 후 "죄송합니다."Excuse Me라는 말과 함께 대답을 한다.
⑧ 입에 음식물이 있을 때 음료를 마시거나 다른 음식물을 먹지 않는다.
⑨ 식기가 더럽다고 냅킨으로 닦지 말고, 웨이터를 불러 새로운 것으로 바꿔달라고 요청한다.
⑩ 잔이나 컵에 스푼을 꽂아두지 않는다.
⑪ 양식당에서 냅킨은 모두 자리에 앉고 나서 요리가 나올 때쯤 반으로 접어 무릎 위에 편다. 식사 도중 흘러내리지 않도록 한쪽 끝을 무릎 밑에 끼워도 무방하다.
⑫ 정찬에 나오는 빵을 정식요리가 나오기 전에 먹어버리는 것은 실례이다. 빵은 요리를 먹는 중간에 먹어야 빵의 담백함으로 입 안에 남은 요리의 맛을 씻어내고 새로 나온 요리의 맛을 음미할 수 있기 때문이다.
⑬ 생선요리에는 레몬이 곁들여 나오는데, 구이일 경우 레몬을 생선 위에 얹어 포크로 눌러주고, 튀김요리는 손으로 짠다. 이 때 옆 사람에게 튀지 않도록 왼손으로 오른손을 가리면서 짠다.

⑭ 테이블 석상에서의 맥주는 취하기 위한 술이 아니라, 목이 마를 때 마시는 물 같은 것이다. 따라서 맥주는 식전주이기보다는 식사 중간에 조금씩 물 대신 마시는 것이 이상적이라 하겠다.

⑮ 와인 등을 따라 줄 때는 글라스를 들어 올리지 않도록 한다. 웨이터나 호스트가 음료나 주류를 권할 때 사양하려면, 따르려 할 때 글라스 가장자리에 가볍게 손을 얹어 '그만 되었다'는 표시를 하면 된다. 그리고 술이나 음료는 남기지 않는다.

⑯ 와인을 주문할 때에는 빈티지 차트Vintage Chart를 참고한다. 빈티지 차트란, 주로 프랑스 와인을 수확년도에 따라 와인 산지별로 등급을 표시해 놓은 표를 말한다.

⑰ 미트 파이Meat Pie의 껍질은 포크로 자르지 않는다. 파이라고 하면 대개 디저트를 연상하지만, 서양에서는 오히려 미트 파이, 치킨 파이 등의 육류요리가 많다. 미트 파이는 푹 삶아 맛을 낸 고기를 파이껍질로 싸서 오븐에 구워낸 것이다. 육즙이 스며있어 씹을 때 형용하기 어려운 맛을 즐길 수 있다. 파이의 껍질은 나이프와 포크로 떼어내어 내용물인 고기와 함께 잘라 함께 먹는 것이 더욱 맛이 있다. 파이껍질은 비교적 부드러워 포크로 잘라도 되지만, 잘못하면 파이 껍질이 미끄러져 빠지거나 전체 모양이 망가지기가 쉽다. 따라서 포크로 파이를 꼭 누르고 나이프로 잘라가며 먹는 것이 안전하다. 한편, 국물이 있는 파이의 경우는 스푼이 제공되므로 접시에 남아있는 국물을 스푼으로 떠서 먹는다.

8. 각 나라의 식사 및 예절 테이블매너

각 나라와 민족마다 고유한 전통문화가 있고 전통음식이 있듯이, 식사예법도 그 나라 그 민족의 생활방식과 음식에 따른 예법이 있다.

우리의 단군시조는 일찍이 의복 · 음식 · 거처의 제도를 가르치고 그 가르침을 행하게 하였다고 전해지며, 조선시대에는 정치는 물론, 사회 규범이 유교의 가르침을 바탕으로 이루어졌으므로 음식을 먹는 예절도 엄격하게 지켜왔다.

그러한 가르침 중 조선시대 가정백과사전인 『규합총서』라는 책은 우리 민족이 음식을 먹을 때의 마음가짐을 잘 보여주고 있어 현재도 의미가 있다고 생각되는 부분이다. 이 『규합총서』에서는 사대부가 음식을 먹을 때에 다음과 같이 다섯 가지를 헤아리라고 일러두고 있다.

첫째, '공들인 것의 많고 적은 것을 헤아리고, 그것이 어디에서 왔는지 생각하여 보아야 한다.'고 하여, 곡식을 갈고 심고 거두는 과정은 물론이고, 음식을 만드는 과정에서의 사람들의 노동과 정성을 마음속에 새겨 음식을 대할 것을 강조하고 있다.

둘째, '큰 덕을 헤아려 섬기기를 다할 것이다.'라고 하여, 음식을 먹을 때에 어른 섬기기를 다하지 못하면 음식의 맛 치레를 말라고 이르고 있다.

셋째, '마음의 지나치게 탐내는 것을 막아야 한다.'고 하여, 좋은 음식을 탐하고 맛없는 음식은 찡그리며 배불리 먹을 타령만 하는 것은 덕이 있는 사람의 행실이 아님을 밝히고 있다.

넷째, '좋은 약으로 알아서 형상의 괴로운 것을 고치도록 한다.'고 하여, 여기서도 역시 우리 음식문화의 기본사상인 '의식동원'의 사상이 담겨 있어 "수저를 들려면 항상 약을 먹는 것과 같이 생각하라."고 적고 있다.

다섯째, '도업을 이루어 놓고서야 음식을 받아먹을 것'이라 하여, 음식을 먹으면서 어진마음을 가지는 것은 물론이고, 무위도식 하지 않을 것을 강조하고 있다.

사람에게 먹고 마시는 일은 필수적으로 중요한 일이고, 태어나서 제일 먼저 배우는 것이 먹는 일이며 음식예절이라 할 수 있다. 그래서 사람이 음식 먹는 모습을 보면 다른 생활태도를 미루어 짐작할 수 있다고 하니, 음식에 대한 예절의 기본 마음가짐을 가지는 것은 아무리 시대가 변해도 지켜져야 할 일이다.

우리나라 식사예절은 집안에서의 가르침이 구체적으로 사회생활에서까지 강조되지 않아 마치 양식에만 에티켓이 있는 것처럼 말하는 사람이 있지만, 한식을 먹을 때의 식사예절이야말로 우리들 개인은 물론 한 가정의 집안 됨됨이를 알게 할 정도로 생활 깊숙이 뿌리내리고 있다. 따라서 어려서부터 꼼꼼하게 일러주어 몸에 배도록 해야 하는 것이 중요하다.

음식은 대접하는 사람과 먹는 사람 모두가 예절을 지켜야 하는데, 동방예의지국에서의 식사예절이 편하고 쉽지만은 않을 것이라 본다. 굳이 예절을 지키느라 즐거워야 할 식사가 딱딱하고 고된 시간이 되어서는 안 되므로, 한식에서의 예절을 알아두는 것이 좋을 것이라 생각한다.

1) 한국의 식사예절

(1) 좌석의 위치

어른이나 손님이 상석에 앉는데, 출입문에서 떨어진 안쪽이 상석이다.

(2) 앉는 자세

모서리는 피해 앉고, 테이블 앞에서 10~15cm 정도 떨어지도록 앉는다. 척추를 바로 세워 반듯한 자세로 앉으며, 고개를 너무 숙이지 않는다. 이는 그릇에 얼굴이 가까울수록 실례가 되므로 삼간다.

(3) 방석

좌석인 경우는 방석이 있어야 하며, 먼저 무릎으로 앉아 조절을 한다. 손님에게 권할 때는 두 손으로 살며시 밀어준다.

(4) 어른을 모시고 식사를 할 경우

어른이 먼저 수저를 든 다음 아랫사람이 식사를 시작하며(아랫사람이 먼저 먹어야 할 경우는 "먼저 먹겠습니다."라고 하면 예의에 어긋나지 않는다), 식사의 속도는 여러 사람과 보조를 맞추는 것이 좋다. 어른보다 먼저 식사가 끝났을 때에는 수저를 국대접에 걸쳐놓았다가 식사가 끝나면 수저를 내려놓는다. 식사 후 윗사람이 일어서면 같이 일어선다.

(5) 수저의 사용

숟가락과 젓가락은 한 손에 같이 사용하지 말고, 하나씩 사용한다. 그리고 우리나라 음식은 물로 된 것이 많은 음식이기 때문에 반드시 밥과 국물은 숟가락을 사용하며, 숟가락은 빨면 안 된다.

(6) 식사를 권할 때

상대에게 음식을 권할 때는 숟가락으로 권하지 않는다.

(7) 음식을 먹을 때

너무 자기 기호에 맞는 것만을 골라 먹음으로써 다른 사람에게 피해를 주는 일이 없도록 하며, 밥은 한쪽에서 먹어 들어가고, 국그릇을 들고 마시면 예의에 어긋난다.

(8) 음식을 먹는 도중의 대화

한국의 식사예절에서는 식사 중 이야기를 하지 않는 것이 예의이나, 분위기를 부드럽게 하는 정도의 가벼운 이야기는 해도 좋다. 전문적인 어려운 이야기, 불쾌한 이야기, 불결한 이야기 등의 화제는 삼가는 것이 좋다.

(9) 식사 도중

초대했을 경우 주인은 식사 중에 자리를 이석치 않는 것이 좋으며, 미리 준비를 완전히 해놓지만 시중을 드는 사람이 있을 경우에는 시중을 드는 사람이 한다.

(10) 식사 후

식사 후 트림이나 양치질, 이쑤시개 사용, 화장 등은 다른 사람에게 불쾌감을 주기 쉬우므로 모르게 해결하는 것이 좋다.

2) 일본의 식사예절

가까우면서도 먼 일본은 같은 동양이지만 우리나라와는 크게 다르다. 일본요리는 시각적인 면을 매우 중시하며, 요리 자체뿐 아니라 기물과 담아내는 법에 상당한 정성을 기울인다. "접시의 수를 보고 배를 반쯤 채워라."는 속담이 있듯이, 양보다는 장식적이고 시각적이다.

(1) 좌석 위치

좌석의 상석은 문의 반대쪽 안쪽이다. 주빈이 상석에 앉고, 주빈을 중심으로 윗사람이 좌우에 앉으며, 주인은 주빈의 반대쪽, 문 쪽에 앉는다. 앉을 때는 주빈이 앉기 전에 다른 사람이 먼저 앉고, 일어설 때는 주빈이 먼저 일어서며, 웃어른들이 일어선 뒤에 따라서 일어나는 것이 예의지만, 부득이한 경우 눈에 띄지 않게 한다.

(2) 개인 접시

그릇에 뚜껑이 덮여 있는 것은 큰 것 위에 작은 것을 겹쳐 상의 오른쪽 밑에 놓는다. 일본의 음식 식탁은 조금씩 담아서 나오고, 가짓수도 많지 않아 한 접시에 한 가지 요리만을 담아 반드시 개인접시를 사용하여 자기가 먹을 양만큼만 덜어먹는다.

(3) 젓가락 사용

흔히 젓가락은 대나무로 만든 것이 사용되고 있으며, 가정에서는 대개 검정색은 아버지용, 빨간색은 어머니용이란 식으로 개인젓가락을 정해두고 사용하고 있다. 손님을 대접할 때는 1회용 나무젓가락을 내놓는 것이 보통이다.

젓가락은 받침대 위에 가지런히 올려놓으며, 사용할 때는 두 손을 이용하여 길이를 맞춰 사용하고, 식사 중에 젓가락을 잠시 내려놓을 경우에는 젓가락 받침대가 있으면 젓가락 아래쪽 부분을 그 받침대에 올려놓는다. 젓가락을 놓는 방법은 한국과 달리 가로로 놓는다.

이외에 삼가야 할 젓가락 사용법은 다음과 같다.

① 국물을 흘리면서 입으로 가져가는 것
② 젓가락을 이쑤시개 대신 사용하는 것
③ 젓가락으로 요리를 찔러먹는 것
④ 젓가락끼리 요리를 옮기는 것
⑤ 그릇을 입에 대고 젓가락으로 요리를 집어넣는 것
⑥ 그릇 위에 젓가락을 올려놓는 것

(4) 밥을 먹을 때

한 사람에 한 상으로 상다리가 얕다(그러나 자칫 허리를 굽히고 먹으면 실례이다). 일본음식은 숟가락이 없고 젓가락으로만 음식을 먹으므로, 밥그릇과 국그릇은 모두 들고 먹는 것이 기본이고, 밥그릇을 놓고 먹으면 실례이다. 밥공기를 왼손 위에 들고 젓가락으로 먹은 다음, 밥공기를 상 위에 놓고 국그릇을 들고서 한 모금 마시며, 이때에 젓가락은 국그릇 안에 넣어 적당히 세워서 들고 먹는다. 이것은 국건더기가 자연적으로 입에 들어가는 것을 막기 위함이다.

(5) 국을 먹을 때

식기 전에 마셔야 하며, 국물을 마실 때는 먼저 양손으로 그릇을 들고 마시고 다음에 건더기를 먹는데, 건더기는 국그릇을 다시 상 위에 놓았다가 젓가락을 오른손으로 고쳐 잡은 다음 조심스럽게 먹으며, 이 때 소리가 나지 않도록 조용히 마신다(국을 마실 때는 소리가 나도 상관없다).

(6) 생선회를 먹을 때

일본요리에는 튀김요리와 생선요리가 많은데, 생선회는 와사비와 간장을 살짝 찍어서 먹는 것이 신선한 맛을 살리는 방법이며, 작은 접시를 손에 들고 간장이 떨어지지 않게 입으로 가져간다. 같이 나온 야채나 해조를 생선회와 함께 먹는 것이 좋다(우리나라의 회처럼 초고추장은 없다).

(7) 튀김을 먹을 때

튀김을 먹을 때는 찍어먹는 국물(쯔게지루 : 다시마국물에 무 간 것과 레몬즙을 넣은 것)을 상 위에 놓고 먹어도 되고, 국물이 떨어지지 않게 손에 들고 먹어도 된다.

(8) 면을 먹을 때

먹는 소리나 그릇소리가 나지 않게 먹는 것이 기본 예의지만, 메밀국수를 먹을 때는 괜찮다.

(9) 생선초밥을 먹을 때

물수건으로 손을 깨끗이 하고 직접 손으로 먹는다.

일본술의 예의

- 술은 아주 작은 잔으로 왼손바닥에 받쳐서 마시는데, 한 번에 훅 마시는 것이 아니고, 한 모금 마신 다음 요리를 들고 천천히 여유 있게 마신다.
- 건배를 하게 되는 횟수가 많다. 건배를 할 경우, 술을 따르면 일단 상에 놓았다가 전원에게 술을 다 따른 후 같이 눈 위까지 잔을 들고 "건배!" 한 다음 마셔야 한다. 건배가 끝나면 술을 마시고 서로 술을 권하며, 한 사람이 따르게 한다.
- 술을 따를 때는 두 번에 걸쳐서 따르며, 술을 못 마신다고 잔을 엎어놓으면 실례이다.

3) 중국의 식사예절

제대로 된 중국음식은 서양음식 못지않게 격식이 까다롭고 가짓수도 수십 가지이며, 지방마다 '북경요리' 또는 '사천요리'니 해서 특색도 다양하다. 손님이 전원 모일 때까지 응접실에서 기다리는 동안 손수건이 나오면 손을 닦기도 하고, 호박씨나 수박씨를 까먹기도 하며, 차가 나오면 차를 마시기도 한다. 식사가 시작될 무렵 주인이 주빈의 술잔에 먼저 술을 따른 뒤 다른 손님에게 차례로 부어주는데, 술을 못먹는 사람도 권할 경우 입가에 댔다가 내려놓는 것이 예의이며, 축배의 경우 단숨에 마시고 술잔을 비우는 것으로 되어있다.

식탁은 원형과 사각형이고, 원형인 경우 중심은 한 층 높은 부분으로 회전식으로 되어 있어 요리와 조미료를 놓아 각자가 먹을 만큼 덜어서 먹는다. 먼저 주빈이 자기 접시에 조금 덜고 옆 사람에게 권하는데, 떠주는 것이 중국식 풍습으로 정을 표한다고 볼 수 있다. 덜 때는 자기의 앞쪽으로 조금씩 덜어먹으며 다 먹고 난 뒤 몇 번이고 덜어먹어도 된다. 단, 자기가 사용한 젓가락으로 음식을 덜지 않도록 조심해야 하며, 또 각자 덜어놓은 음식은 깨끗이 다 먹는 것이 좋다. 하지만 사각테이블인 경우는 종업원이 직접 요리의 순서에 따라 서빙을 하기 때문에 덜어먹는 수고를 덜 수 있다. 좌석은 입구에서 먼 쪽이 상석이고, 주빈석으로 오른쪽이 상석이다. 주인은 입구의 가까운 쪽에서 주빈을 마주보고 앉는다.

중국요리는 요리접시를 중심으로 둘러앉아 덜어먹는 가족적인 분위기의 음식이다. 적당량의 음식을 자기 앞에 덜어먹고, 새로운 요리가 나올 때마다 새 접시를 쓰도록 한다. 젓가락으로 요리를 찔러먹어서는 안되며, 식사 중에 젓가락을 사용하지 않을 때는 접시 끝에다 걸쳐놓고, 식사가 끝나면 상 위가 아닌 받침대에 처음처럼 올려놓는다. 중국식당에서는 녹차 · 우롱차 · 홍차 등의 향기로운 차가 제공된다.

한 가지 음식을 먹은 후에는 한 모금의 차로 남아있는 음식의 맛과 향을 제거하고 새로 나온 음식을 즐기면 된다. 중국 사람들이 기름진 음식을 먹고도 비만을 예방할 수 있는 것은 바로 이 차 덕분이라고 한다. 그러므로 중국음식을 먹을 때에는 중국차를 많이 마시는 것이 좋다.

새우 · 게 등 껍질째 먹는 요리나 닭 · 오리요리처럼 뼈가 들어 있는 음식은 대체로 한 입에 들어갈 수 있게 조리되므로, 음식을 입에 넣고 뼈나 껍질은 입 속에서 손으로 가려 젓가락으로 집어내어 접시에 놓는데, 접시를 입에 대고 뱉는 것은 대단히 무례한 행동이다.

생선이나 고기요리가 통째로 나올 경우 접대하는 사람이 나누어 줄 때까지 기다리는 것이 좋다. 생선이 통째로 나와도 나누어 줄 사람이 없다면 주빈이 먼저 덜어간 다음에 먹는 것이 예의이다. 이 때 생선의 꼬리 부분부터 부스러지지 않도록 조심해서 덜어야 하며, 생선을 뒤집어놓는 것은 실례이다. 한 접시에 두서너 가지 요리를 먹어도 되고, 덜어 낼 때의 분량은 소량으로 하며, 나중에 나오는 요리도 맛있게 먹을 수 있도록 양을 조절한다. 냅킨은 사용하지 않고 식사 후에 뜨거운 물수건을 내는 것이 관습이지만, 근래에는 양식을 본받아서 냅킨을 내기도 한다.

중국의 차

중국은 차의 나라라 해도 과언이 아니다. 차는 찻잎의 발효 정도에 따라 몇 가지로 나눌 수 있는데, 녹차는 불발효, 우롱차는 반발효, 홍차는 완전발효차이다. 한 가지 음식이 끝날 때마다 차를 마셔 입 안에 남아 있는 이전 요리의 맛과 향을 제거하는 것이 중국요리를 맛있게 먹는 방법이다. 차를 마실 때에는 오른손으로 찻잔을 감싸 쥐고 왼손으로는 차의 밑 부분을 받쳐 든다. 그런 다음 맛과 향을 음미하며 조용히 마신다.

후식에는 과일 · 열매 · 떡 등이 나온다. 술은 무리하게 권하지 않고, 건배는 하되 그 술은 단숨에 마시고 술잔을 보인다. 중국에서는 배석을 안석이라고 하는데, 그 자리에서 일어나고 싶을 때는 대개 주요 요리가 끝나고 두세 가지의 음식이 나온 후에 자리에서 일어나는 것이 예의이다.

중식의 주문요령

- 세트메뉴가 있는 식당인 경우, 요리를 하나하나 주문하는 것보다 손님의 수와 취향을 고려하여 세트메뉴를 주문하는 것이 좋은 요리를 골고루 먹을 수 있고 한결 경제적이다.
- 4명 이상인 경우 요리 중에 수프류를 넣는다.
- 재료 · 조리법 · 소스 등이 중복되지 않도록 주문한다.
- 처음 이용 시에는 웨이터의 도움을 받는 것이 합리적이다.

TOURISM SERVICE

TOURISM SERVICE

CHAPTER 10

호텔서비스

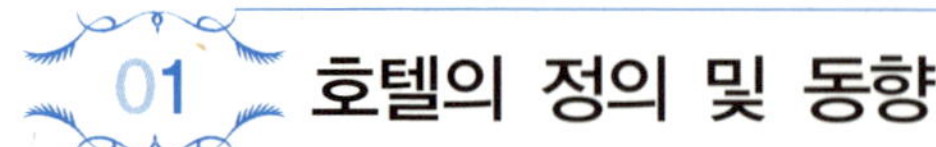

01 호텔의 정의 및 동향

1. 호텔의 정의

호텔Hotel이란, 일정한 지불 능력이 있는 사람에게 객실과 식사를 제공할 수 있는 시설을 갖추고 잘 훈련되고 예절이 바른 종사원이 조직적으로 봉사하여 그 대가를 받는 기업이다. 또 여행자를 위한 각종 편의를 제공하는 시설, 즉 객실 · 식당 · 주장 및 각종 오락시설 등을 갖추고 사회의 공공기업체로서 사명을 다하는 서비스사업체이다. 그리고 생활에 편리한 근대적 각종시설을 갖추고 숙박 및 식사를 계속적으로 제공하는 장소로, 종래의 Hostel과 Inn에 비하여 현대적인 호화설비를 갖추고 수백 명의 외래객을 일시에 수용할 수 있는 현대적 빌딩이다. 『웹스터사전』에 의하면, "호텔은 대중을 위해 숙박 · 식사와 서비스를 제공하는 건물이나 시설물"이라고 규정하고 있다.

이러한 호텔의 기원은 라틴어의 Hospitale로, '순례 또는 참배자를 위한 숙소'를 뜻한다. 이후 '여행자의 숙소 또는 휴식장소, 병자를 치료하고 고아나 노인들을 쉬게 하는 병원'이라는 뜻의 Hospital과 Hostel을 거쳐 18세기 중엽 이후에 지금의 뜻으로 바뀌었다.

호텔Hotel의 정의는 국가마다 다양하며, 우리나라에서도 학자들마다 여러 가지로 견해를 달리하고 있다. 우리는 이와 같이 다양한 호텔의 정의 속에서 호텔의 기능과 역할에 대한 의미를 깨달아야 한다.

표 10.1 호텔서비스의 구성요소

서비스	구성요소
입 지	지리적 위치(상업적 도심지, 도시, 시골, 해안 등), 위치에 따른 접근성, 편의성, 주변경관의 매력성, 소음 및 방해
시 설	객실, 업장, 테니스장, 수영장 등 고객이 사용하는 제반시설
인적서비스	고객에 대한 관심도 및 서비스의 신속성, 효용성
이미지	고객이 호텔의 물리적 요소, 위치, 서비스, 분위기 등에 관해 인식하는 정도
가 격	위치, 시설, 인적서비스, 이미지 등 호텔이 제공하는 제반요소에 대한 경제적 평가

자료 : Medrik, 1989.

1) 법적 정의

「관광진흥법」에는 "관광객의 숙박에 적합한 시설을 갖추어 이용토록 하고 음식을 제공하는 숙박업"이라고 정의되어 있다.

2) 사전적 정의

『웹스터사전』에는 "일반대중을 대상으로 숙식과 서비스를 제공하는 건물, 또는 기관Abuilding or institution providing lodging, meals and service for the public"으로 정의하고 있다. 『옥스포드사전』에는 "여행자를 위해 객실과 식사를 제공하는 건물A building where meals and rooms are provided for travellers"로 정의하고 있다. 일본에서는 "1일 또는 수일을 단위로 하여 숙박료를 받고 사람을 숙박시키는 서양풍의 시설"로 정의하는 경우가 있으며, 우리나라 사전(『두산백과』)에는 "숙소와 식음료 등 종합적인 서비스를 제공하고 일정한 대가를 받는 서비스업체"로 정의하는 것도 있다.

3) 학계의 정의

호텔Hotel이란 "자기 집을 떠나 여행하는 관광객을 위해 숙박과 음식을 제공하는 업"으로 호텔을 이용하는 관광객의 성격을 분명히 하면서 호텔의 역할에 대하여 규정한 정의가 있으며, "공공의 장소에서 여행자에게 숙박과 식사를 제공하는 공중주택Public House의 장소이며, 법률상으로는 지불 능력이 있는 자에게 적당한 시설과 설비를 갖추고 숙박 및 식사와 함께 서비스를 제공할 수 있는 기업"이라는 호텔의 역할을 중점적으로 본 정의가 있다.

이에 비하여 호텔의 조직 관리를 중점으로 본 정의도 있다. 즉 "호텔은 일정한 자본력이 있는 사람이 객실과 식음을 제공할 수 있는 시설을 갖추고, 잘 훈련되고 예절이 바른 종사원들이 조직적으로 봉사하도록 하여 그 대가를 받는 기업"으로 정의하고 있다.

02 프런트데스크의 개요

1. 프런트데스크의 개요

호텔Hotel을 이용하는 모든 고객이 접하는 최초의 부서이며, 숙박Check-in과 퇴숙Check-out을 시키는 마지막 부서이다. 이곳은 객실예약 · 객실배정 · 서비스 · 퇴숙 · 출납 등이 이루어지는 호텔의 얼굴인 동시에, 모든 정보의 중심이 되는 장소이다. 이곳은 호텔의 객실부문의 기본업무가 주어진 곳으로, 호텔 고객을 최초로 맞이하여 최후로 영송하는 호텔의 창구인 동시에, 얼굴의 역할을 수행한다는 데에 그 의의가 있다.

따라서 호텔 종사원은 호텔 프런트데스크에서 얻어진 정보와 자료를 기초로 하여 서비스를 개선하고 발전시켜 영업을 성공적으로 이끌어가고 있다. 훌륭한 객실 상품을 생산하여 효과적으로 판매하려면 프런트 부서와 객실정비 부서는 긴밀한 협조가 필요하다.

일반적으로 프런트데스크Front Desk의 기능을 살펴보면 다음과 같다.

① 객실의 예약, 숙박객의 등록, 객실의 정비, 객실의 판매
② 우편물의 취급(편지 · 전보 · 소포 등)
③ 호텔 내 · 외의 정보제공
④ 레스토랑 등 부대시설의 판매
⑤ 고객의 불평처리
⑥ 현금출납 및 신용카드의 취급
⑦ 고객의 영접인사 및 환송인사
⑧ 타부서와의 협조

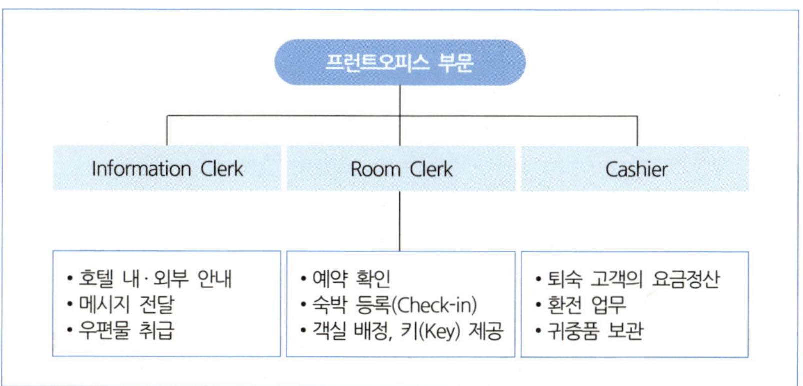

그림 10.1 프런트오피스의 주요 기능

2. 프런트데스크 업무의 특성

현관은 곧 호텔과 고객을 연결하는 통로이다. 호텔경영에 있어서 현관 업무에 각별한 주의와 관심을 갖는 이유가 여기에 있다. 고객의 최초 영접에서 체재 중의 제반 서비스, 그리고 떠나는 고객의 안녕을 심어주는 곳이 기본 직무인 동시에, 현관 업무의 특성이다.

현관은 호텔 제품의 판매를 좌우하는 곳이며, 호텔 수입의 원천을 관리하고 있다는 점이다. 호텔 수입의 원천은 객실판매에 있다. 이 객실판매를 촉진하고 조정·통제하는 담당부서가 곧 현관이다. 객실판매는 궁극적으로 호텔의 다른 제품(F&B 등)의 판매에도 영향을 미치기 때문에, 이 부분의 잘못은 호텔 전체의 운영에 영향을 미치게 된다.

현관은 고객의 호감을 창조하는 전략적인 요지인 동시에 그 수행기관이다. 이는 고객이 호감을 가지고 체크아웃Check-out했다면, 다음에 다시 그 호텔로 되돌아오는 성향에 기인한다.

03 프런트데스크 업무

1. 등록 업무

등록 업무는 사전에 예약을 한 고객이나 예약 없이 직접 찾아와 숙박을 원하는 고객Walk-in Guest에게 객실의 체크인을 담당하는 곳으로, 레지스트레이션Registration이라고 한다. 프런트데스크에서 등록 업무를 담당하는 직원을 프런트 클럭Front Clerk 또는 룸 클럭Room Clerk이라고 하며, 이들의 주요 업무는 다음과 같다.

① 객실관련 상담과 객실예약
② 당일 객실예약의 변경 및 취소 확인 업무
③ 고객 도착 시 체크인 등 등록 업무 후 객실배정 수행
④ 호텔 전객실의 열쇠관리
⑤ 객실고객의 컴플레인Complain 발생 시 관계자와 협의하여 컴플레인 처리

1) 예약 확인

객실투숙 고객이 프런트데스크에 도착하면 룸 클럭Room Clerk은 가장 먼저 고객이 사전에 객실예약을 했는지 확인해야 하며, 예약 고객일 경우 컴퓨터에 고객의 성명이나 예약번호를 입력하여 예약을 확인한다. 재방문 고객에게는 고객의 호텔이용 내역을 참조하면서 우리 호텔을 다시 이용하는데 대하여 고객에게 소중한 마음을 전한다. 귀빈층Executive Floor 이용고객일 경우에는 귀빈층에서도 체크인이 가능함을 알려주어 스페셜 체크인 장소를 이용하도록 안내한다. 예약을 하지 않고 도착하는 고객Walk-in Guest일 경우에는 판매가능한 잔여객실을 확인한 후 투숙가능 여부와 요금을 안내하여 객실을 판매토록 한다.

2) 숙박 등록카드 작성

호텔에서 고객의 숙박카드Registration Card를 작성하는 주요 목적은 다음과 같다.

① 객실 이용에 관한 고객과의 약속이다.
② 안전 및 도난사고에 대비하기 위해 작성한다.
③ 고객관리 차원에서 작성한다.
④ 각종 통계목적으로 작성한다.

스키퍼Skipper 발생 시에는 숙박등록카드를 통해 추적할 수 있으며, 최근에는 이를 방지하기 위해 체크인 때 선급을 받거나 고객의 신용카드를 미리 받아 이지체크Easy Check에 등록시켜 놓는다.

고객에게는 등록카드에 성명 · 주소 · 연락처 · 생년월일 · 여권번호(내국인은 주민등록번호)를 기재하고 서명을 하도록 한다. 재방문고객Repeat Guest인 경우는 고객 프로파일Profile에 변경사항이 없는지 물어보고 등록카드에 서명만 받는다.

고객이 등록카드를 작성한 후 직원은 객실 형태, 흡연실 · 비흡연실, 투숙기간, 출발일, 객실료 등을 반드시 고객과 확인한다.

3) 객실배정 및 키 제공

고객의 흡연 여부와 기타 객실의 선호도에 맞게 객실배정을 한다. 고객이 선호하는 객실의 판매가 가능한 경우, 우선적으로 선호객실을 배정한다.

고객이 체크아웃Check-out 할 때 계산할 신용카드를 미리 받아 이지 체크Easy Check에 등록시키고, 직원은 준비된 객실의 카드키와 조식권을 키 포켓Key Pocket 안에 넣어 고객에게 전하고 객실로 안내한다.

등록카드에 작성된 내용을 고객 프로파일에 입력하고, 등록카드는 프런트데스크의 숙박카드 박스Registration-card Box에 객실번호 순으로 정리하여 보관한다.

4) 체크아웃 때 고객의 불만접수

고객이 퇴숙 시에는 투숙기간동안 제공받은 서비스에 대해 불만을 터트리는 경우가 많다. 마지막 헤어지는 순간이기 때문에 그동안 말하고 싶었던 내용을 표출하는 것이다. 일반적인 호텔에 대한 불만일 경우, 당직지배인이나 상급자에게 이러한 내용을 보고하고 그에 대한 정중한 사과와 재발방지를 약속하고, 다음 재방문 시 불편했던 사항의 보상을 약속하는 등 고객에게 최선을 다하는 모습을 보여주어야 한다. 이때 뒤에서 체크아웃Check-out을 기다리는 다른 고객을 위해 그 고객이 기분이 상하지 않도록 지배인에게 인계한 후 다른 고객을 맞이해야 한다.

2. 안내 업무

인포메이션서비스Information Service는 호텔의 내 · 외부 안내 및 교통 · 관광안내 서비스도 담당하며, 객실고객에게 전달된 메시지를 처리하고 각종 우편물 등의 우체국 업무도 담당한다. 이러한 업무를 담당하는 직원을 인포메이션 클럭Information Clerk이라고 한다.

1) 호텔 내 · 외부 안내 업무

인포메이션 클럭의 주요 업무는 다음과 같다.

① 사내시설의 안내는 물론이고, 인근지역의 교통시설 · 시간표, 오락시설, 음식점, 주변 관광지, 교회 및 사찰, 각종 문화시설 등을 안내한다.
② 외부에서 객실고객을 찾아 온 경우, 객실고객에게 사전에 연락을 취하여 만날 의사를 확인하여 안내한다.
③ 미도착 고객에 대한 메시지는 고객의 체크인 때 전달한다.
④ 체크아웃 한 고객의 연락처 등의 요청은 정중하게 거절한다.
⑤ 부재중인 고객에 대한 메시지 보관 및 전달한다.

2) 우편물 취급 업무

우편물의 취급은 고객의 입장에서 보면 중요하다. 고객의 안부와 사업에 대한 정보는 고객의 안전이나 재산상에 중대한 손실을 줄 수도 있기 때문이다.

우편물 취급상의 주요 업무는 다음과 같다.

① 숙박객에게 도착하는 우편물의 취급 및 송달한다.
② 룸 클럭의 일손이 부족할 때 업무 협조한다.
③ 일반, 등기, 빠른 우편물 등을 구분하여 신속히 전달하거나 발송 처리한다.
④ 우편물 수발대장을 철저히 기록한다.
⑤ 포웨딩 어드레스Forwarding Address를 작성한다.

3. 계산 업무

프런트 캐셔Front Cashier의 주요 업무는 퇴숙고객의 체크아웃 때 고객이 사용한 객실의 키를 수납하고 고객의 체재기간 동안 발생한 각종 요금에 대한 계산 업무를 담당하는 것이다. 프런트 캐셔는 최종적으로 고객서비스를 제공하는 단계이기 때문에 지급을 요청할 시기에 지나치게 계산적이고 민감해서는 안 되며, 고객의 입장에서 만족스럽고 쉬운 방법을 선택해야 한다.

1) 체크아웃 절차

① 체크아웃Check-out 고객의 객실번호를 입력하고 메시지Message와 트레이스Trace를 확인한다.
② 투숙하는 동안 불편한 점이 있었는지 물어본다. 고객의 미니바Mini-bar 사용 여부도 문의한다.
③ 공항까지의 교통편과 필요시 간단한 교통정보를 제공한다.
④ 각 업장의 영수증Bill과 청구된 내역서Invoice를 준비한다.
⑤ 폴리오Polio를 프린트해서 고객에게 보여드리고 이상 유무를 확인하게 한다.

⑥ 지급방법을 다시 확인(현금 · 신용카드 · 후불)하고, 고객의 서명을 받는다.
⑦ 컴퓨터상으로 체크아웃시키고, 서명받은 신용카드 매출전표의 마지막 장과 폴리오를 봉투에 넣어 고객에게 전달한다.
⑧ 객실 키를 돌려받고 차기방문을 위한 예약을 원하는지 물어본다.
⑨ 투숙해 주어서 고맙다는 인사를 하고, 다시 만나기를 바란다는 작별인사를 한다.

2) 요금의 지급 및 정산 형태

고객의 퇴숙 때 요금의 정산 형태는 다음과 같다.

(1) 요금지급 수단

① 현금 및 수표Cash
② 신용카드Credit
③ 타 객실로 이체Room Charge Transfer : 투숙자 중 다른 일행이 계산하는 경우
④ 후불City Ledger : 후불계약이 성립되어 있는 경우

(2) 요금정산 형태

① House Guest(H/G) Pay : 투숙당사자 지급
② RM Only Co. Pay : 객실요금에 한해서 회사 또는 타인이 지급
③ All Co. Pay : 투숙 시 이용한 모든 요금을 회사 또는 타인이 지급
④ RM & B/F Co. Pay : 객실요금과 조식에 한해서 회사 또는 타인이 지급
⑤ Full Comp : 모든 이용상품에 대하여 무료
⑥ RM Only Comp : 객실요금에 한하여 무료
⑦ RM & B/F Comp : 객실과 조식 무료

3) 체크아웃 처리

(1) 체크아웃의 연장고객 처리

일반적으로 체크아웃 시간은 12시이지만, 고객의 사정으로 인하여 퇴숙시간을 넘

어 체크아웃을 하거나 호텔에 더 머물기를 요청하는 고객이 있다. 보통 호텔에서 체크아웃 타임 이후의 체크아웃을 하는 경우 연장시간에 따라 호텔 규정을 적용하여 추가요금을 부과하지만, 호텔의 회원고객이나 VIP고객 등에게는 특별혜택의 하나로 무료로 제공하고 있다.

(2) 단체 체크아웃

단체는 일반적으로 많은 인원이 동시에 퇴숙하므로, 체크아웃이 밀리고 복잡하기 때문에 모닝콜Morning Call 시간과 체크아웃Check-out 시간을 가이드로부터 사전에 제공받는다. 특히 키의 회수 · 계산 등에 이상이 없도록 주의하고, 모든 계산 및 확인이 끝날 때까지 그룹이 출발하지 않도록 가이드에게 요청한다. 단체고객은 호텔을 다시 방문할 미래의 잠재적 고객이므로 절대로 소홀히 대접하는 일이 없도록 한다.

4) 환전 업무

매일 시세표를 확인하여 환전을 해준다.

5) 귀중품 보관

고객이 귀중품과 현금보관을 요청하면 귀중품 보관함Safe Deposit Boxes에 보관한다.

04 현관서비스 업무

현관 서비스를 유니폼 서비스Uniform Service라고 하는데, 호텔의 입구에서 근무하므로 호텔의 얼굴이라 할 수 있다. 현관 서비스는 크게 벨 데스크Bell Desk, 도어 데스크Door Desk, 컨시어지 서비스Concierge Service로 되어 있다.

1. 벨맨 서비스

벨맨Bell Man이라 함은, 옛날에 여행자가 여인숙의 문을 두드리면 안에서 '알았다'는 신호로 벨을 흔들면서 나와 문을 열어주었다는데서 유래되었다. 호텔을 찾아오는 고객을 정중히 로비에서 맞이하고, 객실을 이용할 고객은 프런트데스크로 안내해 주는 제복의 종사원을 말한다. 벨맨의 서비스를 요약하면, 체크인 · 체크아웃서비스, 메시지 전달, 포터, 안내서비스 등으로 요약할 수 있다.

1) 고객 체크인 · 체크아웃 때의 협조

① 체크인Check-in 등록이 끝난 고객을 객실까지 안내할 때에는 고객의 가방이나 짐 및 코트를 고객을 위해 들어준다.

② 고객과 승강기를 타고 객실로 이동 중일 경우, 호텔시설 안내 등 가벼운 대화를 나눈다.

③ 객실에 도착 시 객실의 특징이나 각종 시설물에 대한 사용법을 안내한다.

④ 체크아웃Check-out 하는 고객으로부터 수하물 운반 요청이 있을 때에는 고객의 수하물 개수와 잃은 물건이 없는지 확인하고 로비까지 운반한다. 단체객의 경우 출발 몇 시까지 수하물 운반 요청이 있으면, 각 층을 돌아 복도에 나와 있는 짐을 로비까지 옮겨와 객실번호와 짐의 수량을 확인하고 한 곳에 집결시켜 망을 씌워둔다.

⑤ 고객의 짐을 차에 실어주고 만일의 경우를 위해 차량번호를 적어둔다.

2) 메시지 전달 및 심부름

① 프런트데스크로부터 전달받은 각종 메시지나 우편물을 고객에게 신속히 전달하며, 전달이 끝나면 고객의 서명을 받아둔다.

② 객실 키를 룸에 두거나 분실하였을 경우, 마스터 키Master Key를 가지고 객실 문을 열어준다.

3) 기타 업무

① 고객의 객실 변경Room Change시 새로운 객실의 안내 및 짐 운반을 한다.
② 로비의 패이징서비스Paging Service 및 질서유지를 한다.
③ 호텔안내 및 관광안내서비스를 한다.
④ 객실고객의 불만사항이나 각종 요구사항을 고객의 편의를 위해 대행해 준다.

2. 도어맨 서비스

고객이 호텔 정문에 도착했을 때 아무도 미소로 마중해 주는 사람이 없다고 가정한다면, 그 허전한 마음은 집안에 들어섰을 때 반기는 사람 없는 경우와 조금도 다를 바 없을 것이다. 호텔의 정문에서 미소로 마중하고 미소로 출발의 안녕을 빌어주는 연속된 접객서비스의 최초 또는 최후 주자라고 할 수 있다.

도어맨Door Man은 독특한 모자와 복장을 하고 호텔의 방문 고객을 최초로 맞이하는 상징적 직원으로서 호텔의 첫 번째 이미지를 전달한다. 현관에서 도착 고객의 영접과 출발 고객의 환송을 담당하고 현관의 차량 및 주차관리를 담당한다.

도어맨의 주요 업무는 다음과 같다.

1) 고객의 영접 및 영송

① 도어맨은 차량의 도착 위치에 서서 호텔에 도착하는 고객의 차문을 열고 닫아 주는 일을 한다. 이 때 차 안에 짐이나 기타 소지품을 빠뜨리지 않았는가를 살핀다.
② VIP 고객의 차량번호는 별도로 암기하고, VIP 고객의 차량 도착 시에는 최고의 예우로서 맞이한다.
③ 정문의 질서유지 : 도어맨은 현관 주변에 어떠한 장애물의 방치도 허용해서는 안 된다. 또한 호텔의 정숙과 품위를 해치는 사람들의 출입과 머뭇거림을 미리 저지해야 한다.

④ 현관 앞의 주차된 차들을 정리한다.

⑤ 신속한 서비스를 위한 모든 인포메이션을 제공하기 위해, 도어맨은 도심의 거리명 · 극장 · 공연장 · 중요시설 · 병원 · 공공건물 등 다양한 방면에 걸쳐 여러 가지 지식을 가지고 서비스에 임할 줄 알아야 한다.

⑥ 고객출발 시 신속하게 차량을 호출시키고 짐의 수량을 확인하여 빠진 것이 없는지 점검한 후 출발시킨다.

⑦ 고객이 출발하고자 호텔 문을 나서면 정중히 차에까지 안내하여 거들어주며, 기사에게 되풀이하여 고객의 방향을 알려준다. 이 때 차의 문은 조용히 닫는다.

⑧ 대연회 · 파티 등에 호텔 주변의 교통정리를 한다.

⑨ 고객이 붐빌 때 도어맨은 기민한 동작과 열성으로 호텔의 평판을 유지해야 한다.

2) 발렛 서비스 및 차량호출

① 고객 편의를 위해 고객이 직접 몰고 온 차량에 대하여 주차장까지 발렛서비스Valet Service를 제공한다.

② 출발하는 고객으로부터 차량번호를 받아 대기 중인 차량을 호텔 정문에 도착하도록 방송한다.

③ 영업용택시 호출 및 수배서비스를 한다.

3) 기타 업무

① 바쁜 시간에는 차량들로 복잡한 현관의 차량정리를 주차요원과 협조하여 원활히 진행시킨다.

② 마이크 사용법 : 차량의 호출, 차량의 확인, 운전기사의 호출, 차량정리 등에 마이크가 사용되며, 마이크가 밖에 설치되어 있으므로 주의해서 사용하지 않으면 많은 고객 및 인접한 민가에 피해를 주게 된다.

③ 영업용택시를 이용하는 외국인 고객의 경우, 호텔의 명함을 소지토록 전달하고, 만일의 안전사고를 대비해 택시의 차량번호를 별도로 기재해 놓는다.

3. 컨시어지 서비스

호텔고객은 현지사정에 익숙지 못한 경우가 많은데, 현지사정을 몰라서 누군가의 도움을 받아야 할 경우, 혹은 어떤 문제가 발생한 경우 컨시어지Concierge를 통해 해결할 수 있다.

컨시어지의 업무는 일류 호텔의 로비Lobby에 있으면서 고객을 위해 극장의 표를 사거나, 지하철 타는 방법을 가르쳐 주거나, 레스토랑 예약 등을 대신해 주는 것으로부터 시작하여 고객의 취향에 맞게 가고 싶은 관광지를 추천해 주기도 하고, 좋은 쇼핑센터를 안내해 주기도 하므로 고객을 위해 충분한 여러 가지 정보와 지식을 습득해야 하고 외국어 실력도 겸비해야 한다.

컨시어지의 업무는 호텔이미지 측면에서도 중요하다고 볼 수 있고, 호텔에 따라서는 컨시어지 대신 당직지배인Duty Desk, 고객서비스GRO : Guest Relation Office 등에서 이 일을 수행하기도 하며, 주요 업무는 다음과 같다.

① 고객정보 데이터베이스의 구축 및 제공을 한다. 귀빈층Executive Floor에 투숙한 고객의 성향을 각종보고서와 고객이력 파일을 보고 면밀히 관찰한다.

② 당일 퇴숙고객을 파악하여 조식제공 때 안부를 묻고, 다음 목적지에 대한 교통편 예약에 대해 도와드릴 것이 없는지 묻는다.

③ 고객이 식사하는 동안 귀빈층 클럽 라운지Executive Club Lounge에서 퇴숙 절차를 거칠 것인지를 확인한 후 이를 수행한다.

④ 고객의 요구 시에 통역 업무를 제공하며, 전문요원이 필요할 때 통역전문 용역업체에 의뢰한다.

⑤ 각종 안내 자료의 수집과 안내 업무를 수행한다.

⑥ 불평사항의 접수와 해결, 야간에 총지배인 업무를 대행한다.

⑦ VIP 고객의 영접과 영송을 벨맨을 대신해 수행한다.

⑧ 일별 · 월별 · 연도별 이용객의 수와 고객성향 등에 대한 각종 보고서를 작성 · 유지 · 관리한다.

05 나이트 클럭 업무

나이트 클럭Night Clerk은 야간에 프런트 업무를 담당하면서 객실판매는 물론, 모든 업무를 마감하고 정리하여 최종적인 확인 업무, 객실영업보고서의 작성, 익일 업무를 위한 준비 등이 주 업무이다.

1. 야간 프런트 업무

1) 업무마감 및 당일 업무 체크

최종까지 모든 고객의 당일 컴퓨터 입력이 끝난 후 인수·인계 노트북Log Book을 확인하여 진행되었던 업무 중 누락된 것이 없는지 확인한다. 또한 Guest Room Rate Report를 점검하여 객실요금이 정확하게 컴퓨터에 책정되어 있는지 확인하고 잘못된 부분을 찾아내어 수정한다.

2) Sleep-out 객실 및 No Baggage 객실의 점검

늦은 시간까지 재실 고객임에도 불구하고 프런트에 키가 보관되어있거나 컴퓨터에 입력이 되어있지 않은데, 키가 없는 경우 고객이 체크인 시 등록한 등록카드를 조사해 본다. 또한 해당고객이 계산을 모두 마친 상태인지도 알아본다. 어느 정도 서류상 파악해 본 후 최종적으로 조심스럽게 고객의 객실을 점검해 보는데, 안에 짐이 보관되어 있는지, 객실은 사용한 상태인지 등을 조사하여 본다. 벨맨으로 하여금 객실 체크Room Check를 할 경우에는 빠른 시간 내에 하도록 하며, 고객의 프라이버시에 관한 문제이므로 고객이 눈치를 채지 못하도록 한다.

최종적으로 빈 객실Vacant로 판명될 경우 상황에 따라 체크아웃 처리를 하고, 그 객실을 판매하거나 의심이 되면 객실요금을 "0"으로 처리하고, 다음날 정확히 확인하여 객실요금을 이월로 처리하는 방안이 있다.

3) 최종 객실판매의 판단과 처리

객실이 여유가 있을 경우에는 별문제가 안 되지만, 객실이 만실Full House에 가까워질수록 나이트 클럭Night Clerk은 늦은 시간까지 체크인을 하지 않은 고객으로 인해 곤혹을 겪는다. 리조트호텔과는 다르게 비즈니스맨이 많이 있는 수도권에서는 특히 마지막까지 고객을 기다려 줄 수 있는 인내력이 필요하며, 노쇼No-show에 따른 판매에 지장이 없도록 객실의 조절을 잘 해나가야 한다. 이처럼 매우 늦은 시각에 노쇼 처리한 고객이 체크인 시 예약한 객실 형태는 아니지만, 잔여객실이 약간 남아있는 경우와 전혀 없는 경우가 있는데, 마찬가지로 고객의 책임으로 떠넘기려 하지 말고 당시 상황에서 최선의 방법을 찾는데 노력을 다해야 한다.

(1) 예약한 객실 형태가 부족할 경우

고객이 사전에 예약한 객실이 없고 다른 형태의 객실이 있을 경우, 룸 클럭Room Check은 고객에게 이를 잘 설명하고, 남아 있는 객실을 일단 당일에 이용하도록 하며, 다음날 예약 객실로 변경하도록 설득한다. 고객이 아무 사전연락 없이 늦은 경우는 이를 받아들일 경우가 많다. 만일 호텔의 잘못에 의한 것이라면 객실을 업그레이드Upgrade하거나 할인 및 무료로 제공한다.

(2) 빈 객실이 없을 경우

먼저 호텔 측에서 인내를 가지고 고객을 기다렸음에도 도착하지 않아 그 객실을 판매할 수밖에 없었던 상황을 잘 설명하고, 근처의 다른 호텔을 알아보고 예약을 하여 보내드리는 것이 최선의 방법일 것이다. 그런 경우는 거의 없지만 초과예약이나 예약상의 문제로 인하여 호텔 측의 잘못으로 발생하는 경우, 턴어웨이Turn-away가 발생하게 되는데, 그러한 경우에는 총지배인의 정중한 사과도 잊어서는 안 된다.

4) 노쇼 고객과 예약취소 고객의 정리

어느 정도 시간이 경과하면 당일 숙박예약을 하고 체크인하지 않은 고객의 예약을 노쇼No-show로 정리하고, 예약을 취소한 고객과 함께 정리해 놓는다. 이 때 혹시 체크인 된 예약과 이중예약Double Booking 여부를 확인한다.

5) 기타 업무

① 키락Key Rack에 남아있는 키와 객실 현황판을 대조하여 객실 키를 점검한다.
② 야간에 수신된 우편물이나 메시지를 처리한다.
③ 다음날 도착예정 고객의 등록카드, 다음날 출발예정 고객의 명단, 야간에 발생한 고객의 각종 요구사항 및 특기사항 등을 정리하고, 다음 근무자에게 인수·인계한다.
④ 전날의 객실영업을 결산하고 각종보고서를 출력하여 관련부서에 배부한다.

2. 객실영업 보고서 작성

객실영업 보고서는 1일 보고서Daily Report, 월말 보고서Monthly Report, 연말 보고서Annual Report로 보고되는데, 1일 보고서의 종류는 다음과 같다.

① 1일 룸 리포트Room Report : 객실매출액·객실판매수·평균요금·객실점유율·투숙인원수 등 객실영업상황 전반을 한 장에 볼 수 있도록 작성한 리포트
② 1일 그룹 리포트Group Report : 여행사 등의 단체 판매현황 리포트
③ 예상 리포트Forecast Report : 당일 이후의 주간·월간 예약상황을 매일 업데이트Update한 리포트
④ 당일 투숙한 VIP 고객리스트
⑤ 특별요금 및 무료Complimentary 객실현황 리포트

3. 객실영업 매출의 산출

① 객실매출액Revenue : 당일 판매된 객실요금을 집계하여 산출한다.
② 객실판매수 : 당일 판매된 객실수를 집계하여 산출한다.

③ 객실평균요금Average Rate : 객실매출액을 객실판매수로 나누어 산출한다.

④ 객실점유율Room Occupancy : 객실판매수를 보유하고 있는 객실수로 나누고 100을 곱하여 산출한다.

06 기타 업무

1. 비즈니스센터 업무

비즈니스센터Business Center는 비즈니스 고객에게 전문요원 및 각종 최신장비 개인용 컴퓨터, 복사기, 팩스 등으로 비즈니스 정보 및 고객의 사업상 필요한 통신문의 발송 · 접수 · 전달 업무를 효율적으로 도와 서비스의 질을 향상시키고, 고객서비스의 질을 개선시키고자 하는데 그 목적이 있다. 단순안내 업무는 무료이지만, 사무기기 및 용품을 이용하거나 대행할 경우는 유료이다.

규모가 큰 호텔에서는 이와 같은 비즈니스센터를 독립하여 운영하지만, 중 · 소규모의 호텔에서는 예약사무실이나 기타의 사무실에서 비즈니스센터의 업무를 병행하여 수행하는 경우가 일반적이다. 구체적인 업무는 다음과 같다.

1) 비서 업무

고객의 업무를 대신하여 돕는 업무로 고객이 원하는 대로 정확히 처리하고 그 결과를 바르게 전달한다. 비서 업무에는 다음과 같은 것이 있다.

① 비행기 예약 · 확인Flight Confirm

② 통역과 번역Interpreting / Translation : 간단한 것은 자체 해결하고, 전문적인 일은 해당 전문업체에 의뢰

③ 사업정보 및 미팅 알선 : 한국에 초행인 비즈니스 고객에게 관심이 있는 비즈니

스를 누구와 어떻게 하는 것이 좋은지와 이를 알선하는 일

④ 복사Copy : 칼라 · 흑백 · OHP 등 인쇄물을 빠르고 손쉽게 복사할 수 있도록 최신의 장비를 요구

⑤ 명함제작, 각종 소포 및 문서수발

2) 대여서비스

비즈니스센터에 준비되어 있는 미팅 룸이나 각종 기물을 고객의 필요에 따라 대여해 주고 렌탈서비스Rental Service대장에 기록하며 사용료를 청구한다. 사용한 후에는 대여품을 잘 회수하고, 대여물이 이상이 없는지 확인한 후 대장에 반납기록을 한다. 주요 대여품목은 다음과 같다.

① 비즈니스센터 내의 소회의실 · 상담실 대여

② OHPOver Head Projector, 슬라이드Slide Pproject, 빔 프로젝트Movie Project

2. 당직지배인

당직지배인Duty Manager은 호텔 전체 영업장에 관한 사항과 고객요구에 의한 업무처리, 불평 · 불만의 취급 및 해결, 호텔의 안전관리 · 재산관리, 영업부문 당직업무를 수행한다. 대규모 호텔에서는 4~5명의 당직지배인을 두어 3교대로 운영되기도 하고, 중 · 소규모 호텔에서는 1~2명의 당직지배인을 두어 야간근무(22시~다음날 7시)만 담당하는 경우도 있다.

야간 당직지배인은 호텔의 모든 간부직원들이 퇴근하여 다음날 출근할 때까지 야간의 총지배인으로서 총지배인의 직무와 권한을 대행하는 호텔의 간부직원을 말한다. 또한 대부분의 호텔에서 당직지배인의 조직을 강화하여 총지배인이나 객실담당이사 소속으로 하여 업무지시를 받고 결재받도록 하고 있다.

호텔의 당직지배인 데스크는 프런트데스크와 벨데스크 및 엘리베이터 등이 잘 보이고, 현관 종사원들의 업무수행 활동과 고객의 움직임 등이 시각적으로 한눈에 쉽게

들어올 수 있는 로비의 가장자리에 위치하게 된다. 당직지배인의 직무는 다음과 같다.

① 당일의 VIP 확인, 단체투숙객 파악
② 로비 배경음악의 주의 깊은 청취 및 교정
③ 고객 불평 · 불만의 처리
④ 매 시간 호텔 전관의 순시, 철저한 경비업무 수행
⑤ 야간근무자의 지휘 및 감독
⑥ 긴급사태의 신속한 처리
⑦ 정확하고 철저한 열쇠관리
⑧ 시간대별 정확한 당직업무일지Log Book 기록

3. 전화교환실 업무

전화교환실을 스위치보드Switch Board 혹은 PBXPrivate Board ExChange라고 하며, 교환원을 오퍼레이터Operator라고 한다.

전화교환원은 목소리로 서비스하는 것이므로, 좋은 음성을 가진 사람이 적임자이다. 업무 중 장거리통화와 국제전화는 전화국을 경유해서도 통화를 하기 때문에 많은 요금과 시간이 소요된다. 이때에 담당교환원은 정확한 접속을 해주어야 하고, 요금과 통화시간 및 상대방의 전화번호 등을 정확히 기재하고 전화전표를 작성해야 한다.

현재 객실에서는 교환을 거치지 않고 직접 장거리전화Long Distance Call나 국제전화Overseas Call를 걸 수 있게 되어 있다. 그래서 이제 교환실을 통해서 국제전화나 시외전화를 신청하여 통화하던 시절은 지난이야기가 되었다.

1) 교환원의 근무자세

① 모든 전화는 친절하게, 공손하게, 예의바르게 받아야 한다.
② 고객이 원하는 곳에 정확히 연결되도록 해야 한다.
③ 상대방과 감정적인 언쟁을 피해야 한다.

④ 고객이 알아듣기 어려운 전문용어 등의 사용을 피해야 한다.

⑤ 국내의 장거리전화 · 국제전화 등 특히 많은 요금과 시간이 소요되는 전화는 정확히 연결해 주어야 하며, 요금 및 통화시간을 알려주고 기재를 철저히 해야 한다.

⑥ 고객의 모닝콜서비스에 대해서는 추호의 실수도 하지 않도록 주의해야 한다.

⑦ 호텔 내에 긴급한 비상사태나 재난발생 시 관계부서에 긴급히 연락해야 하고, 안내방송 등으로 대피와 진압에 최선을 다해야 한다.

2) 교환원의 업무

① 호텔 투숙고객의 시외 및 국제전화 업무를 담당한다.

② 모닝콜Morning Call서비스를 담당한다.

③ 전화사용 전표를 작성하고 프런트에 인계하여 고객의 체크아웃 때 계산될 수 있도록 한다.

④ 투숙고객에게 걸려 온 콜렉트 콜Collect Call의 경우, 수신 여부를 확인받고 상대방에게 연결한 다음 통화시수를 토대로 요금청구를 한다.

CHAPTER 11

외식서비스

01 예약서비스

1. 예약의 개요

예약Reservation이란, 고객이 계획하고 있는 행사를 차질 없이 진행하기 위해 호텔기업과 사전약속을 하는 것으로서, 예약 담당자는 고객이 요청하는 요구사항을 정확히 접수하여 처리해야 한다. 또한 호텔 내의 관련부서의 긴밀한 협조를 얻어 사전에 철저히 준비하여 신속한 서비스를 제공할 수 있도록 해야 한다.

2. 예약의 종류

1) 전화예약

① 호텔 홈페이지를 통한 예약
② FAX를 통한 예약
③ 호텔 예약망을 통한 예약
④ 직접 방문을 통한 예약
⑤ 판촉사원을 통한 예약

2) 예약담당자의 사전 숙지사항

예약실 직원은 객실예약을 접수하기 전에 고객의 여러 가지 질문에 대한 응답을 위해 다음과 같은 내용을 숙지하고 있어야 한다.

① 호텔의 전반적인 계절별 · 시즌별 안내사항
② 식음료시설의 종류 · 숫자 · 식사요금 · 부대시설 및 객실 내의 시설물
③ 호텔의 패키지Package상품, 프로모션Promotion상품, 이벤트Event상품 등

④ 여행사, 기업체, 카드사, 호텔의 회원 등과의 호텔이용에 관한 계약사항
⑤ 주변 관광지 및 교통편

3) 예약 시 주의사항

① 행사일자, 시간, 인원수, 회사명, 예약자 성명(주최자, 주빈 성명), 대금지불조건, 무료제공 품목 혹은 할인율, 연락처 등을 확인 후 기재한다.
② 룸 혹은 테이블 등의 좌석을 배치한다.
③ 접수대장에 기재사항을 정확히 기재한다.
④ 요구사항(사진, 꽃, 케이크, 안내문, 메뉴, 샴페인, 특별주문 등) 또는 준비사항 유·무를 확인한다.
⑤ 예약상황을 반복 확인한다.
⑥ 취소통보 접수 시에 취소자 성함, 취소일자, 시간, 연락처를 확인 후 기재한다.
⑦ 통신 매개체나 서신예약 시 즉시 접수 및 해당 영업장에 통보하도록 조치한다.

02 고객영접 및 환송서비스

접객서비스 기법은 고객영접부터 식사를 마치고 떠날 때까지의 모든 절차를 효율적으로 처리하는 것이 곧 고객을 정중하게 서비스하는 것이다. 서비스를 잘하면 음식의 질이 좀 떨어진다 해도 즐겁게 식사를 할 수 있지만, 서비스가 좋지 않으면 아무리 훌륭한 음식이라도 그 빛을 발휘하지 못하고 업장 전체의 분위기를 흐리게 된다. 이 절차를 단계적으로 나열해 보면 다음과 같다.

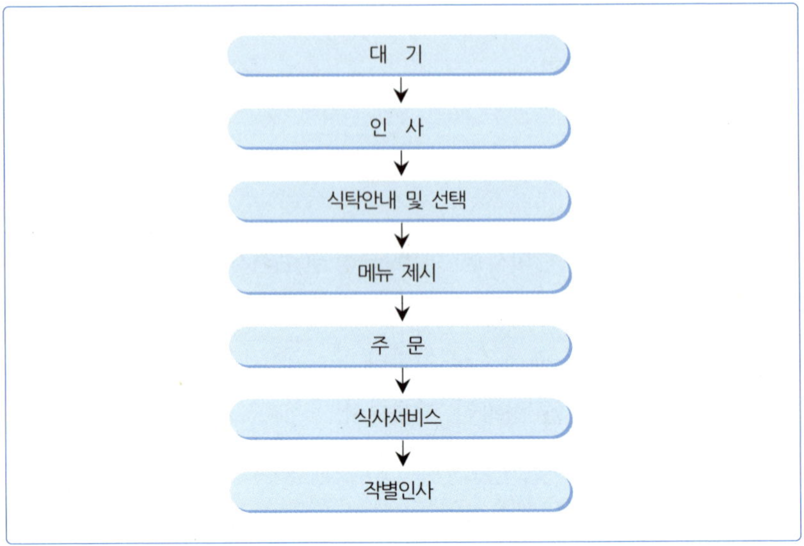

그림 11.1 접객서비스 절차 단계

1. 대기

대기는 고객이 오는 것을 기다리거나 식사중인 고객의 테이블을 주시하면서 고객의 어떠한 요구사항의 표시가 있을시 즉각 달려가 서비스해 줄 수 있는 준비 자세이다. 올바른 대기 자세를 통해 고객이 무엇을 원하는가? 더 필요한 서비스는 없는가? 주시하면서 고객이 부르기 전에 먼저 알아서 해주는 진정한 서비스를 해야 한다.

1) 대기 자세의 요령

'대기'라는 것은 손님이 오는 것을 기다리는 것이고, 또 내방한 손님에게 "어서 오십시오."라고 손님에게 가까워질 수 있는 절호의 기회를 갖는 것이다.

대기 자세는 양손을 바지의 재봉선에 살며시 갖다가 대며, 손을 앞으로 모을 수도 있으나 뒤로 놓아서는 안 된다. 암 타월Arm Towel을 사용할 때에는 왼쪽 팔을 접어 팔목에 암 타월을 걸고 오른손을 자연스럽게 바지의 재봉선에 갖다가 붙인다. 대기 시의 원칙은 다음과 같다.

① 정위치를 정한다.

② 접대하는 조직을 만든다.

③ 정위치를 지킨다.

④ 바른자세로 손님을 기다린다.

⑤ 손님을 항상 의식한다.

2) 대기 시 유의사항

① 직원 간의 사담이나 고객 간의 장시간 대화는 피하며, 2명 이상 모여 있어서는 안 된다.

② 기침, 재채기, 코웃음 등 큰소리를 내어서는 안 되며 하품도 금물이다.

③ 몸을 비틀거나 벽, 기둥 등에 기대거나 의자나 테이블에 의지해서는 안 된다.

④ 대기의 위치는 홀Hall 전체를 볼 수 있는 곳에 위치하고, 고객에게 등 쪽을 보여서는 안 된다.

⑤ 고객의 복장이나 가지고 있는 물건을 아래위로 쳐다본다든가 고객을 곁눈으로 보면서 직원들과 속삭이는 것은 금물이며, 고객을 손가락으로 가리켜서는 안 된다.

⑥ 테이블세팅을 점검하여 흩어진 기물들이 있으면 재손질해 준다.

⑦ 불필요한 기물들은 신속하게 치워준다.

⑧ 고객의 담뱃불을 켜주기나 코트나 상의 등을 입고 벗는데 조력한다.

⑨ 고객이 기물을 떨어뜨렸을 때 즉시 교체해 주고, 음식 등을 떨어뜨리거나 옷에 묻었을 때 즉시 도와준다.

⑩ 뒷짐을 지거나 팔짱을 껴서는 안 된다.

⑪ 대기 중에 얼굴이나 머리 등에 손을 대지 않는다.

그림 11.2 대기자세

2. 인사

고객이 들어오는 순간부터 그에게 첫인상에서 자신이 최고의 대접을 받고 있다고 느끼도록 해야 한다. 그러기 위해서는 첫째로, 정중한 인사를 하면서 진심으로 우리 업소를 찾아주어 감사하다는 태도로 예의바르게 환영을 해야 한다. 상냥한 미소를 지으면서 "어서 오십시오?", "안녕하십니까?"라고 친절하게 인사하는 것은 매우 효과적일 것이다.

이와 같은 인사말은 간단하고 짤막하면서도 마력을 지닌 말이라야 하며, 고객으로 하여금 단골손님으로 만드는 위력을 가진 것으로 접객서비스에서는 반드시 사용되어져야 한다.

3. 영접

인간관계에 따뜻한 마음과 친절한 응대는 자연히 언어나 태도로 나타나고, 이는 또한 고객의 마음을 움직인다. 그러므로 항상 고객의 욕구를 충족시킬 수 있는 친절과 서비스를 제공한다는 자세로, 그에 필요한 예절을 갖추도록 노력해야 한다.

1) 고객 영접의 기본자세

① 식당을 찾아오는 고객이나 거래선에 대한 말씨는 높임 말씨로 하고, 존대 어휘를 선택해서 쓴다.
② 모르는 고객은 일단 '손님'이라 호칭하고, 아는 고객은 최대한의 존칭을 쓴다.
③ 고객이나 거래선에 대한 예우는 직장의 상급자에게 하듯이 한다.
④ 직장이나 사무실에 찾아온 손님은 불편이나 주저함이 없도록 인도 · 응대하고 최대의 편의를 제공한다.
⑤ 손님보다 자기가 더 편하거나 편리한 위치, 자세는 좋지가 않다.
⑥ 식당에 사적인 손님이 왔을 때에는 공무에 지장이 없도록 접대하고, 공용집기나 소모품 또는 음식류를 이용하거나 대접해서는 아니 된다.
⑦ 자기에게 용무가 있는 손님으로 인해 상급자나 동료 또는 하급자에게 불편이나

수고를 끼치지 않도록 세심한 배려를 해야 한다.

⑧ 고객에 대한 응대는 처음 본 고객일수록 성의와 친절을 다한다.

⑨ 모든 직원이 신속, 정확하게 고객을 응대한다.

2) 고객 영접 시 유의사항

① 주인의식을 가지고 가정에서 손님을 맞이하는 주인으로서의 예의를 다한다.

② 고객과 응대자의 마찰이 있을 때에는 상급자가 개입하여 조용한 자리로 안내한 후 시비를 해결토록 한다.

③ 고객이 무례한 요구를 할 경우에는 부드럽게 납득시키도록 한다.

④ 의심 많은 고객에게는 될 수 있는 대로 증거나 근거를 제시하도록 한다.

⑤ 고객이 따지거나 불평하는 경우에는, 일단 긍정한 후 자세히 내용을 설명하여 설득해야 한다.

3) 외국손님에 대한 영접 요령

외국손님에 대한 서비스에 있어서도 그 근본정신에는 내국인 응대와 크게 다르지 않다. 외국인라고 해서 인정이 우리들과 하등 다를 바 없는 이상, 진심으로 친절히 봉사한다면 반드시 그들의 호감을 살 것이다.

단지, 외국인은 언어, 생활양식, 풍속, 습관 등이 다른 것뿐이니, 외국손님에 대한 서비스를 완전히 하기 위해서는 이에 대한 어느 정도의 지식과 기술 습득이 필요하다.

① 외국인(서양인)들은 첫째로 합리주의자들이다. 그들은 이치에 맞지 않는 것은 어느 것이든 납득하지 않는다.

② 외국인들은 일반적으로 좋은 의미에서 개인주의자들이다. 그들은 타인의 일을 간섭하지 않으며, 동시에 타인으로부터 간섭을 받는 것도 좋아하지 않는다. 그러므로 여기에 부수하여 외국손님에 대하여는 각별히 그들 개인생활에 관한 질문을 삼가야 한다.

③ 외국인은 일반적으로 부인 존중의 개념이 지배적이다. 즉 서양인의 사회습관은 여성제일주의Ladies First다.

④ 외국인은 대체로 권리의무에 대한 관념이 대단히 분명하다. 그들은 자기의무를 다하면 그와 동시에 자기의 권리도 아울러 강력히 주장하는 경향이 있다. 약속이나 회합에 있어서 시간을 엄수하여 타인을 심방할 때에도 상대의 시간을 낭비하지 않는다. 따라서 그들은 '퀵서비스Quick Service'라고 하여 신속하게 효율적으로 일을 처리함을 바라기 때문에 이들에 대하여는 솔직, 간명, 신속, 능률이 절대 불가결의 요건이다.

⑤ 외국인은 일반적으로 '13'이란 숫자를 꺼린다. 이는 우리 동양인이 꺼리는 '4'의 숫자에 해당한다. 그러므로 테이블 넘버Table Number를 정할 때에는 특히 이 점을 유의해야 한다. 담배를 피울 경우에도 성냥개비로 점화할 때 서양인은 두 사람 이상이 동시에 점화하는 것을 아주 싫어한다. 그리하여 만약 세 사람이 동시에 점화하려고 할 때는 성냥 한 개로 우선 두 사람이 점화하여 사용한 다음, 다시 한 개를 점화하여 세 번째 사람에게 사용토록 한다.

어쨌든 동양인과 서양인은 성격이나 습관에 있어서 차이가 크다고 하겠지만, 서양인의 이상한 기호라든가 풍속, 습관에 대하여는 절대로 호기심에 찬 눈으로 주시해서는 안 된다.

4. 안내

손님을 안내하는 데 있어서 제일 요건은 무엇보다도 손님들에게 첫인상을 좋게 주어야 한다. 우리들이 손님을 접대하는 데는 대단히 친절한데 반하여, 손님이 떠날 때는 이를 소홀히 하는 경향이 있다. 손님에게 서비스하는 데는 일관성이 있어야 하며, 외국손님에 대한 서비스에 있어서도 그 변함이 없다.

(1) 식당 안내의 기본

① 모든 영업준비의 태세가 갖추어지면, 각기 종업원은 자기의 위치로 돌아가서

고객을 맞이할 준비를 한다.

② 먼저 지배인은 출입구에 서서 고객이 들어오면 문을 열어주면서 "어서 오십시오, 몇 분이십니까?" 하고 정중히 묻고, 고객의 수와 고객의 유형에 따라 식탁으로 안내한다.

③ 고객이 입구에 도착하면 외투, 모자, 짐 등을 받아 보관실Cloak Room에 맡기고 보관표를 손님에게 전해준다.

④ 고객이 착석 시에는 어린이, 부녀자, 고령자 순으로 앉히고, 착석 시에 의자를 약간 뒤로 빼면서 거들어준다.

(2) 안내 시 주의사항

① 밝은 미소와 함께 아침, 점심, 저녁 등으로 구분하여 적절한 인사를 한다.

② 고객의 국적을 알 경우에는 그 나라의 언어로 대화한다.

③ 고객이 예약하였을 때 그 예약자가 자기 이름을 알려 줄 것이며, 그렇지 않을 경우는 고객의 성함을 물어본다.

④ 고객의 성함을 알고 난 다음에는 "예약하셨습니까?"하고 확인을 하고, 일행의 인원수를 확인한다.

⑤ 고객이 예약을 하였다고 할 경우 시간, 테이블, 특별 준비사항 등을 확인, 테이블준비가 완료되었으면 "이쪽으로 오십시오."라고 말하고 안내한다.

⑥ 고객이 예약을 못하였다고 할 경우, 적당한 장소에 테이블을 지정하고 "○○○선생님, 저를 따라오십시오."라고 말하고 고객을 테이블로 안내한다.

⑦ 배정할 테이블이 없을 경우에는 칵테일 코너에서 대기하도록 정중하게 말씀드리고 대기자 명부에 순서를 기입한다. 그리고 빈 테이블이 생기면 즉시 순서에 따라 좌석을 배정한다.

⑧ 손님을 받기 위해 테이블 준비가 다 되었다고 생각하면 고객에게 "○○○선생님, 저를 따라오십시오."라고 말하고, 고객 전방에 적당한 거리를 유지하면서 단정한 걸음걸이로 지정된 좌석까지 정중하게 안내한다.

⑨ 테이블에 도착하면 고객이 들어가기 편하도록 의자를 빼주며, 여성고객들이 착석 시에는 두 손과 한 발을 이용하여 의자를 밀어서 도와준다. 고객의 착석이

완료되면 메뉴를 돌리고 테이블에 새 손님이 오셨다는 신호를 담당 캡틴에게 알린다.

⑩ 기다리는 고객이 많을 경우에는 고객이 얼마동안 기다려야 하는지를 솔직하게 이야기해야 한다. 어떠한 상황 하에서도 기다릴 시간을 너무 차이 나게 말해서는 안 된다.

⑪ 고객이 특별한 테이블을 지정하여 앉기를 원할 때에는 예약되어 있지 않는 한 그 테이블에 앉도록 안내한다. 고객의 의사를 무시하거나 강권해서는 안 된다.

⑫ 고객이 특별한 좌석요구가 없을 경우도, 모든 자리에 골고루 손님을 받도록 나누어 배정 안내한다.

⑬ 테이블이 깨끗이 치워지고 리셋업Reset-up이 완료되지 않는 테이블에 고객을 안내해서는 안 된다.

⑭ 한 테이블에 서로 안면이 없는 고객을 이미 앉아있는 고객의 양해도 없이 합석시켜서는 안 된다.

⑮ 일단 고객이 착석하게 되면 좋은 음식과 최상의 서비스를 기다림 없이 제공해야 하기 때문에, 지나치게 많은 고객을 한 번에 몰리도록 안내해서는 안 된다.

⑯ 안내 담당자는 식당 내의 모든 정보를 제공할 수 있어야 한다. 즉 작업장의 영업시간, 기타 작업장의 일반적인 안내를 할 수 있어야 한다.

⑰ 안내 담당자는 서비스구역 내에서 고객들에게 정중한 인사로 환송하고 맵시 있는 걸음걸이와 상냥한 대화로 접객하며 항상 미소를 짓는 얼굴을 해야 한다.

⑱ 고객의 불평이 있을 시에는 담당지배인에게 즉시 보고하고, 고객과 절대 다투어서는 안 된다.

(3) 고객유형별 안내요령

① 노인이나 뚱뚱한 사람, 다리가 불편한 사람은 입구 근처의 식탁에 안내한다.

② 어린이를 동반한 고객은 다른 고객을 방해하지 않도록 구석에 있는 식탁을 권한다.

③ 정장을 한 숙녀는 다른 고객들의 시선을 끌 수 있는 중앙좌석에 앉히고, 다른 동석을 권해서는 안 된다. 또한 같은 정장의 여성이 중복될 때에는 서로간의

거리를 좀 떨어지도록 앉히며, 식당마다 이런 고객을 위한 몇 개의 자리가 있으면 더욱 좋다.

④ 젊은 연인들은 벽 쪽의 구석진 2인용 식탁으로 안내한다.

⑤ 혼자 온 고객은 벽 쪽이나 창문 쪽을 권한다.

⑥ 동석이 불가피한 경우에는, 양편의 고객에게 반드시 양해를 구해야 한다.

⑦ 정장을 하지 않은 고객은 가능한 일반고객의 눈에 쉽게 띄지 않는 곳에 안내한다.

(4) 식탁안내 및 선택

고객의 예약 여부를 확인한 후 즉시 안내해야 고객에게 좋은 인상을 줄 수 있을 뿐만 아니라, 업장의 통로를 자유로이 왕래할 수 있어 질서 있게 서비스를 할 수 있다. 식탁으로 고객을 안내할 때 식탁 사정이 허락하는 한 자리의 선택은 고객에게 맡기고 고객의 선택에 따르는 것이 좋으나, 고객이 만족할 수 있는 자리를 먼저 찾아 권유하는 것도 좋은 서비스라 할 수 있다. 고객이 식탁 선택을 요구하지 않을 경우 다음과 같은 방법은 효과적이다.

청소년이나 어린아이를 동행하는 손님에게는 칸막이를 한 곳이나 구석으로 안내하고, 노인이나 장애자와 함께 온 손님은 업장 입구 가까이에 자리를 안내하는 것이 좋다. 젊은 남·여는 조용하고 경치 좋은 곳으로 안내하고, 정장을 한 고객은 눈에 잘 띄는 업장 중심으로 안내하도록 한다. 귀빈이나 특별한 손님은 어떤 이유에서는 특별한 배려를 받을 만하지만, 그렇다고 해서 다른 고객들에게 차별대우를 한다는 느낌을 받게 해서는 안 된다.

(5) 메뉴 제시

고객이 자리에 앉으면 종업원은 메뉴Manu를 제시한다. 메뉴를 제시할 때에는 그날의 특별메뉴가 무엇인지 자세히 설명해 주어야 한다. 메뉴는 왼쪽에서 왼손으로 고객에게 공손히 펴 보인다. 대개는 업소에서 손님을 식탁에 안내하여 메뉴를 제시하면서 그때 물 컵에 물을 채워주는 것이 통례이다.

메뉴는 그 업소의 얼굴로 깨끗하게 유지하고 오래된 메뉴판은 제거한다. 메뉴 제시 시 부부인 경우에는 부인에게 먼저 보이고, 연회시나 많은 고객의 모임일 경우에는 주빈이나 주최자에게 먼저 보인다.

(6) 주문받는 기법

① 고객의 왼쪽에서 주문을 받는다(예외도 있음).

② 항상 볼펜과 주문지를 준비하여 받아서 적도록 한다.

③ 주문받는 순서는 호스트의 왼쪽 시계방향으로 받되 숙녀 우선에 유의한다. 여자가 복수일 때는 연장자 순, 남자도 복수일 때는 연장자 순으로 받은 다음 호스티스, 호스트 순으로 받는다.

④ 주문을 받는 자세는 바른 자세에서 고개를 약간 숙여서 받는다.

⑤ 주문은 정확하고 잘 알아볼 수 있도록 기록한다.

⑥ 주문받은 사항을 복창하고 재확인하여 상호간의 실수가 없도록 한다.

⑦ 가능한 그날의 요리를 권유하고, 준비가 안 되는 요리가 있는지 매일 점검하고 정확히 알고 있어야 한다.

⑧ 고객이 준비가 안 되는 메뉴를 요구할 시 절대 부정적인 말을 해서는 안 되고, 고객이 불평하지 않도록 잘 유도한다.

⑨ 요리에 사용하는 재료, 소요시간, 조리방법까지도 숙지하여 고객의 문의 시 잘 설명할 수 있어야 한다.

⑩ 메뉴를 설명할 때는 간단하고 정확하게 한다.

⑪ 고객이 둘 이상인 경우는 계산서의 작성을 한 장One Bill으로 할 것인지, 각각Seperate Check으로 할 것인지 확인해야 한다(특히 외국인의 경우).

⑫ 주문을 받은 후에는 "감사합니다."라고 주문에 대한 고마움을 표시해야 한다.

⑬ 요리에 대한 주문이 끝나면 음료 리스트나 와인 리스트를 준비하여 식전주나 와인을 주문받도록 한다.

⑭ 주문서(전표) 3매 중 원본은 주방으로 바로 보내고, 복사지 하나는 고객에게, 다른 하나는 캐셔Cashier에게 보낸다.

【예 1】 주스를 주문할 때

주스에는 캔(Can)주스와 생(Fresh)과일주스가 있는데, 생과일주스는 생과일을 사용하여 가격이 훨씬 높으므로 되도록 이 주스를 유도한다. 손님은 캔과 생과일의 구별 없이 주스를 주문하는 경우가 종종 있는데, 이때는 "신선한 생과일로 드릴까요?" 하면 대부분 긍정적인 반을 보인다.

【예 2】 맥주를 추가 주문받는 요령

빈 맥주병을 제거할 때는 반드시 "한 병 더 하시겠습니까" 하고 여쭙는다. 생각이 없었는데 권유하는 바람에 추가 주문하는 경우도 있다.

【예 3】 음식 주문을 받고 나서

음식을 주문받고 나서는 식전주를 권유한다. "식사 전에 간단한 칵테일이나 음료수 한잔 하시겠습니까?" 또는 "음식이 나오기까지는 시간이 걸리므로 간단한 음료수나 맥주 한 잔 하시겠습니까?" 하는 식으로 셀링 업(Selling Up)을 한다.

(7) 추천 요령

고객은 자기 스스로 결정하는 것을 좋아하지 않는 경향이 있으며, 더구나 자세한 내용을 모르고 있을 때 더욱 그러하다. 이때는 판매 위주가 아닌 권유 판매를 통하여 고객의 결정을 용이하게 해 준다. 추천 요령은 고급손님이나 비즈니스 고객일 경우 고가품부터 추천하고, 가족 모임의 경우 중간 가격 품목부터 추천한다. 단골고객일 경우는 기호를 잘 파악하여 그에 맞는 메뉴를 추천한다. 그리고 가능한 오늘의 특별요리나 계절별 특별요리를 추천하여 재료의 효율화를 기하고, 만약 고객이 선택을 못하고 망설일 경우에는 한두 가지 품목을 구체적으로 선정하여 추천한다.

(8) 셀링 업 요령

셀링 업Selling Up은 매출을 극대화시킬 수 있는 종사원의 판매기술이다. 한 번 주문받았다고 해서 판매 행위가 완료된 것은 아니다. 유실된 매출을 찾아야 한다. 즉 고객의 추가 주문은 없는지, 주문 외 더 판매할 수 있는 부분은 없는지 잘 파악하여 적시에 접근해야 한다. 단, 강매하는 인상을 주어서는 안 된다.

【예 1】 한 A패스트푸드점에서 손님이 3,000원짜리 치즈버거를 주문한다. 이 때 주문 받은 점원은 손님에게 "치즈버거도 참 좋은데, 요즘 새롭게 출시된 4,000원짜리 새우버거가 참 인기가 있다."고 추천한다. 그러면서 콜라 한 잔도 무료라고 추천한다.

셀링 업Selling Up 할 때의 마음자세는 첫째, 판매에 주저하지 말아야 한다. 주문하도록 도와주는 그 자체가 서비스이다. 둘째, 가격을 걱정하지 말아야 한다. 이미 호텔에 왔을 때는 사전에 가격에 대한 정보를 가지고 있다. 셋째, 모두가 다 좋다고 말해서는 안 된다. 고객은 구체적인 것을 추천해 주기를 원한다. 넷째, "No"라는 단어에 두려워해서는 안 된다. 만약 고객이 추천한 것에 마음이 들지 않으면 다른 것을 추천하면 된다.

(9) 주문기록 시 주의사항

주문기록 시 조리사가 잘 알 수 있도록 알기 쉽고 깨끗하게 기재하고, 글씨를 날려서 쓰거나 이중으로 기재하지 않는다. 주문지의 지정된 칸에 테이블 번호, 인원수, 주문사항, 주문자의 이름을 기입하고 서비스요원에게 주방요원과 인정되어 있는 약자만을 사용한다. 만약 조리 상 설명이 복잡할 경우 주방에 직접 구두로 설명하며, 확실치 못한 사항은 양해를 구하고 다시 한 번 손님에게 물어보고 반복 확인해야 한다.

고객이 주문한 메뉴가 준비 안 되었을 경우의 대처요령

【예 1】 "죄송합니다. 이 메뉴는 사정상 오늘 준비가 되지 않습니다. ○○메뉴는 저의 주방장이 특별히 추천하는 요리이고, 맛도 좋으니 한 번 드셔보시지요."

【예 2】 "죄송합니다. 이 메뉴는 사정상 오늘 준비가 안 됩니다. 어떻게 하죠? 마침 오늘 신선한 ○○○가 들어왔는데 한 번 드셔 보시지요."

【예 3】 "죄송합니다. 다음에 오시면 더욱 정성껏 준비하여 제공해 드리겠습니다."

5. 식사서비스

훌륭한 서비스는 업장 종업원이 효율적으로 한 팀이 되어 신속하고도 재치 있게 움직이면서 정중하고 위생적으로 서브하는 데에 있다. 여기에서 중요한 것은 고객의 욕구가 무엇인지 잘 파악하여 충족시켜 주는 것이다. 일반적인 서비스의 기본방법은 다음과 같다.

① 모든 음식은 고객의 왼쪽에서 왼손으로 서브한다.
② 모든 음료는 오른쪽에서 오른손으로 서브한다.
③ 빈 접시는 고객의 오른쪽에 서서 오른쪽으로 뺀다.
④ 손님 앞에서는 절대로 접시를 긁지 않도록 한다.
⑤ 고객의 특별주문이 있을 때만 제외하고는 모든 코스를 순서대로 서브한다.
⑥ 고객이 손님을 모시고 왔을 때는 언제나 주빈 오른편에 서서 서브를 시작한다.
⑦ 서브할 때는 언제나 앞으로 걸어가도록 하고, 절대로 뒷걸음으로 가지 않도록 한다.

또한 디저트의 서브에 있어서는 식사를 마친 뒤 테이블을 깨끗이 다시 치운 다음 시작한다. 과일을 제공할 때는 잘 익고 싱싱한 것을 선택해야 하며, 계절감각에 맞도록 제공하는 것이 요구된다. 과일을 서브할 때는 반드시 서빙나이프나 포크, 깨끗한 물, 냅킨을 미리 준비해 두었다가 구미가 당기도록 하여 제공한다. 전통음료로는 수정과나 홍차를 후식으로 제공하는 것이 바람직하다.

최근에는 금연이 대중화되었지만, 흡연을 하는 손님을 위해 성냥과 재떨이를 제공하거나 각 테이블에 재떨이 하나씩만 두어 공동으로 사용하도록 하고 손님이 담배를 주문하면 다음과 같이 서비스한다.

① 작은 접시 위에 담배와 성냥을 담아 손님에게 서비스한다.
② 손님이 담배를 꺼내서 물면 성냥을 들고 있다가 불을 붙여준다.
③ 재떨이는 재가 많이 차기 전에 즉시 새것으로 바꾸어야 한다.

6. 작별인사

식사대 지불 청구서는 식사의 마지막 코스를 서브한 직후 준비한다. 식사대 지불 청구서는 계산에 착오가 없도록 정확히 기재되어야 하며, 고객이 잘 알아볼 수 있도록 깨끗이 작성되어야 한다. 계산이 끝나면 고객을 환송하게 되는데, 이때는 바로 업소의 마지막 이미지를 강하게 고객에게 심어줄 수 있는 기회이므로, 정중한 인사와 인사말로 고객을 따뜻하게 환송할 수 있도록 해야 한다. 끝으로, 업주나 접객원이 자기업소에 찾아오는 고객들을 다음과 같은 생각으로 보면 훌륭한 서비스를 제공할 수 있다.

① 고객은 왕이다.
② 고객은 영업을 성공적으로 이끌게 해주는 가장 중요한 요소이다.
③ 고객은 우리의 봉급을 가능케 하고 업소가 유지되도록 해준다.
④ 고객은 우리의 잠재적인 판매원이다.
⑤ 고객은 항상 옳다.
⑥ 고객은 우리가 예의와 서비스를 제공할 만한 가치가 있는 사람이다.

03 불평처리

1. 고객 불평처리

식당은 최고의 시설과 서비스로 접객서비스를 완벽하게 하려고 해도 손님의 불평은 종종 발생하기 마련이다. 그 이유는 고객들은 각자 다른 주관적인 사고를 소유하고 있기 때문에 고객의 욕구가 모두 동일할 수는 없다.

고객의 지적이나 불평이 발생했을 경우, 항상 긍정적인 자세로 고객의 입장에서 정확한 원인을 파악하여, 불평에 대한 해결방안을 강구하여 다시는 동일한 상황의 불평이 반복되지 않고, 고객에게 호감을 줄 수 있는 만족한 조치가 이루어지도록 신속하게 처리해야 한다. 그렇게 하여 회사의 이미지를 향상시키고 신뢰감을 더 높이며, 고객으로 하여금 재방문하여 고정고객으로 유치할 수 있게 된다.

1) 고객의 불평 발생 유형

식당에서 고객이 불평불만을 표시하는 것을 식당경영에 반영하면 식당경영에 지대한 영향을 미칠 수 있다. 고객은 기호, 상황에 따라 여러 식당을 이용해 보고 여러 면에서 다른 식당과 비교가 가능하기 때문에 고객위주 혹은 경험에 의한 불평을 할 수 있다. 그러나 속으로는 많은 불평불만이 있지만, 아무런 말도 없이 가버리는 고객은 다시는 그 식당을 찾지 않는다. 그래서 더욱 고객의 마음을 읽는 요령이 필요하다.

(1) 식당종사원의 접객 태도에 따른 불평불만 유형

고객의 접객 시 식당 종사원의 무관심과 비우호적일 때 많은 불평이 발생한다. 서비스 상에서 불평불만 유형 고객의 예약에서 계산 및 환송까지의 서비스를 받는 동안에 발생하는 불평인데, 주로 안내 시 차별, 주문한 식사의 지연, 테이블웨어Tableware의 불청결, 주문과 서브하는 품목이 틀릴 때, 계산착오 등이다. 그러나 이러한 불평불만은 고객에게 근접된 밀착서비스를 함으로서 대폭 감소시킬 수 있다.

물리적 환경에 따른 불평불만 유형은 식당영업과 관련 있는 시설과 관련된 부문이 많다. 주로 식당의 온도, 시설, 조명 정도, 전력 작동, 배관배수, 화장실, 주차장 등과 관련되어 불편한 사항이 포함되는 불평불만이다.

(2) 특수상황의 불평불만 유형

식당의 불평불만은 다음과 같이 유사한 형태로 쉽게 발생할 수 있는데, 음식에서의 이물질 발견, 파손된 식기 사용, 예약상의 문제, 영업시간, 교통, 계산상의 문제 등이 있다.

위와 같은 문제에 있어서 식당이 도저히 해결할 수 없는 내용도 있지만, 고객은 항상 올바르고 식당 이용 시에 필요성을 느끼기 때문에 불평불만을 말하게 된다. 따라서 식당측은 고객의 불평을 해결하기 위해 항상 최선을 다해야 한다.

2) 불평불만의 처리순서

고객의 불평을 회피하거나 과소평가해서는 안 되며, 고객의 지적이나 불평불만을 잘 경청한 후 그 원인을 제거함으로써 식당경영에서 발전의 원동력이 된다. 불평불만 처리 순서는 공식같은 해법과 규정은 없고 상황에 따라 적절한 대응이 요구되는데, 대체로 다음과 같은 순서에 준한다.

첫 번째 단계는, 고객의 지적, 불평의 내용을 잘 듣는 자세가 필요한데, 이 때 고객은 자신의 의사가 관철되지 않거나 의견이 무시당하면 불만은 더 강해지고 흥분하기도 한다. 그래서 서비스 종사원은 문제가 발생하면 자리를 피하지 말고 어떤 문제인가를 파악하기 위해 처음부터 끝까지 메모하면서 문제를 해결하려는 자세가 필요하고 변명과 감정을 표현해서는 안 된다.

둘째 단계는, 고객의 지적사항을 잘 듣고는 불평의 원인을 구분하여 누가 해결할 내용인가를 재빨리 파악하는 것이 중요하다. 불평불만의 해결 담당자가 빨리 선정되지 않으면 담당자를 찾는데 많은 시간이 낭비되고, 신속한 대응이 이루어지지 않으면 고객에게 서비스의 신뢰도는 더욱 상실하게 된다. 간혹 불평불만이 발생하면 하급직원이 처리를 하다가 안 되면 경력자에게 넘겨지고, 경력자가 처리하다가 안 되면 접객조장에게서 지배인의 순서로 차례로 넘겨지게 되는데, 이때마다 고객은 상황을 설명하게 되어 일을 더욱 확대시키는 결과를 양상하기도 한다. 그러므로 본인이 해결하기 힘든 사항일 경우 신속히 지배인 또는 상급자에게 사실을 보고하여 조치하도록 하는 업무의 계통에서 해결 가능한 직책에게 즉시 불평불만의 처리를 인수하는 방법이 바람직하다.

셋째 단계는, 고객이 비록 서비스 과정에서 불평이 있어도 최종 단계에서는 만족하게끔 발생 원인을 신속히 성의 있는 자세로 해결함으로써 고정고객화 시킨다.

3) 불평처리 요령

불평불만의 처리에서 요구되는 것은 신속하고 정성껏 처리하는 자세로, 고객의 지적에 항상 긍정적인 자세로 고객의 입장에서 해결방안을 강구하여 고객에게 호감을 줄 수 있는 만족한 조치가 이루어지도록 처리해야 한다.

① 성실한 태도로 고객의 말을 겸손하게 경청하며, 고객의 의견에 동조하면서 긍정적이고 신속히 응대한다.
② 고객의 불평불만을 들을 때는 끝까지 참을성 있게 듣고, 변명이나 논쟁을 해서는 안 된다.
③ 불평사항에 대해서는 진심으로 사과하고, 지적사항을 메모하는 자세를 보여준다.
④ 경청하는 동안 원인을 파악, 분석한다.
⑤ 불평 내용 중 일부가 오해 또는 고객의 착각에서 오는 부당한 것이라고 생각되더라도, 말 중간에 변명하거나 고객의 잘못을 지적해서는 안 된다.
⑥ 절대로 고객의 불평을 회피하려고 해서는 안 되며, 과소평가나 성급하게 해결하려는 인상을 주어서는 안 된다.
⑦ 고객의 요구사항을 신속하게 판단하여 가급적이면 고객의 뜻에 따른다. 본인이 해결하기 힘든 사항일 경우, 신속히 지배인 또는 상급자에게 사실을 보고하여 조치하도록 한다.
⑧ 다른 고객이 옆자리에 있다는 것을 인식하고, 고객의 언성이 격해지지 않도록 최대한 노력하여 해결한다.
⑨ 사적인 감정 표현은 피하고, 회사를 대표하는 공적 입장에서 회사의 이미지를 향상시키고 고정고객화 해야 한다.
⑩ 고객의 불평은 적극적으로 수용하고, 가능한 빨리 시정 내용을 고객에게 알려 불쾌한 감정을 해소시켜 준다.
⑪ 동일한 실수 및 불평이 재발하지 않도록 개선될 문제점을 기록 유지하여, 종사원의 접객서비스 향상의 뒷받침이 될 수 있도록 한다.

4) 불평불만의 일지 작성

고객의 불평불만을 해결한 후에 기록으로 남겨 유사한 상황이 재발되는 것을 방지하기 위한 케이스스타디Case-study로 활용하거나, 유사한 상황이 발생했을 때 해결하는 자료로 이용할 수 있다.

불평불만의 일지작성Complaint Record 요령은 육하원칙에 입각하여 고객, 발생시간, 발생장소(식당명, 테이블), 발생원인 및 내용, 불평불만의 내용, 해결방법을 누구나 알아보기 쉽게 작성한다. 이렇게 작성된 일지를 잘 활용함으로써 고객의 기호 파악에 식당경영의 발전을 위한 귀중한 자료로의 역할을 할 수 있다.

2. 페이징서비스

원래는 호텔의 로비와 같은 공공장소에 페이징 보이Paging Boy가 찾는 고객을 글씨로 적어 종을 치면서 찾아다니던 말에서 유래하였다.

페이징서비스Paging Service는 고객 간의 만남을 이루게 해 주는 것으로써, 식당에 고객이 찾아와 만나고자 하는 손님을 찾아달라고 문의할 경우와, 전화상으로 식당에 와 있는 손님과의 통화를 원할 때, 페이징보드Paging Board에 찾는 사람의 성명을 정확히 기재하여 빠른 시간 내에 유·무를 알려주며, 컴퓨터페이징시스템Computerized Paging Displayer이 설치된 식당에서는 찾는 사람의 성명을 정확히 입력시켜 고객과의 만남을 원활히 해결해 주어 고객의 불편한 점을 대행해 주는 접객 업무이다.

요즘은 그리트레스Greetress가 이 업무를 수행하며, 단정한 걸음걸이로 고객이 쉽게 볼 수 있도록 페이징보드Paging Board의 손잡이가 가슴 위 높이 정도 위치하는 것이 적당하다. 전화를 통하여 페이징을 원하시는 고객이 지루함을 느끼지 않도록 빠른 시간 내에 신속하게 확인해 준다. 고객이 발견되면 테이블에서 받을 것인지 조용한 곳에서 받을 것인가를 확인한다.

페이징서비스를 할 때 고객의 입장에서 찾고자 하는 지역을 성의 있게 구석까지 가는 적극적 성의와, 단골고객은 페이징을 하게 되면 오히려 서비스에 역행하는 결과가 발생하기 때문에 고객에게 직접 알린다. 또한 요즈음은 전자게시판이나 무선전화기와 같은 편리한 도구를 사용하여 고객에게 서비스 할 수도 있다.

3. 분실물처리 서비스

분실물과 습득물Lost & Found 서비스는 고객의 분실물 습득신고 및 보관센터를 의미하는 것으로, 호텔식당을 이용하는 고객들의 소지품이나 수화물을 고객이 분실하거나 종사원 및 고객이 습득하여 신고했을 때 그 습득물을 보관하여 소유주가 나타나면 확인하고 주인에게 반환해 주는 서비스이다.

1) 분실물과 습득물 서비스의 중요성

고객의 분실물은 절대 소홀히 다루어서는 안 되며, 반드시 고객에게 신속, 정확하게 전해지도록 종사원들은 최선을 다해야 한다. 고객이 소지품을 잃어버리는 일이 간혹 발생하므로 분실물과 습득물을 처리하는 부서와 규정이 정해져 있으며, 분실물과 습득물Lost & Found 서비스를 통해 호텔과 식당의 이미지를 좋게 할 수 있다.

① 호텔 식당종사원의 양심과 정직성에 바탕을 둔 대고객서비스는 고객의 유인책이 될 수 있다.

② 고객에게 호텔식당의 공신력과 신뢰감을 심어줄 수 있다.

③ 분실물과 습득물 서비스는 호텔식당에 대한 이미지를 좋게 부각시킬 수 있고 분실한 물건을 찾았을 때, 그 호텔식당에 애착심과 감사한 마음으로 다시 그 호텔을 찾아올 것이다.

④ 분실물과 습득물 서비스 업무를 조직적으로 관리함으로써 사회적 공정성을 기할 수 있다.

⑤ 습득물이 하찮은 것일지라도 고객에게는 중요한 물건일 수도 있으며, 고객이 안심하고 호텔식당을 애용하게 만들 수 있다.

2) 분실물과 습득물 서비스관리

(1) 신고

① 분실신고

호텔식당을 이용한 분실자가 자신의 소지품을 분실한 내용을 신고하면, 이미 분실된 내용이 분실물과 습득물Lost & Found센터에 습득신고 된 내용물과 일치하면 그 습득물을 반환하게 된다. 이 때 분실물 주인의 신원을 확인하고 성명, 주소, 연락처, 서명 등을 받고 물건을 건네주게 된다.

습득물이 신고되지 않았다면 분실자의 성명, 주소, 전화번호, 분실 장소, 분실 일시, 분실물 내용 등을 기록해 두었다가 습득물이 들어오면 찾아준다.

② 습득신고

호텔식당 내에서 습득물이 발견되면 자신에게는 사소한 물건처럼 보일지라도 개인적으로 보관하지 말고 분실물과 습득물 담당부서에 인계하여 집중적으로 일관성 있게 보관·관리해야 한다.

고객의 귀중품이나 고가의 물건이 습득신고 되면 호텔 자체에서 보관하지 말고 관할경찰서에 신고하여 습득물을 전하고, 습득물보관증을 관할 경찰서로 하여금 받아 보관증만 보관해야 한다.

(2) 접수요령

분실물이 접수되면 분실물과 습득물관리대장에 다음의 내용을 기록하고, 보관창고나 금고에 보관하게 된다. 분실물이 신고 접수되면 다음 사항을 빠짐없이 기록해야 한다.

① 분실물의 분실 일시
② 분실물의 분실 장소
③ 분실물의 내용
④ 분실자의 성명
⑤ 분실자의 주소
⑥ 분실자의 전화번호
⑦ 분실자 고객의 행선지 주소
⑧ 분실품 보관담당자 이름

습득물 신고접수시도 분실물 기록사항처럼 다음 사항의 내용을 잘 기록해야 한다.

① 습득물의 발견 일시
② 습득물의 발견 장소
③ 습득물의 내용(품명 · 수량 · 형태 등)
④ 습득자의 성명
⑤ 습득자가 호텔고객일 경우, 습득한 고객의 주소 및 전화번호
⑥ 습득물 보관담당자 이름

(3) 반환요청 및 반환

분실물이 습득신고 된 후에 고객이 분실물 신고를 하게 되면 분실물과 습득물 담당자는 분실자가 말하는 분실물 내용, 분실 장소, 분실 일시, 분실 상황이 일치하면 반환자의 성명, 주소, 서명, 신분증 등을 대장에 기록하고 반환한다.

(4) 습득물 처리

습득물 처리는 습득물의 주인이 일정기간 경과하는 동안 나타나지 않으면, 호텔에 따라서 다르지만 비귀중품인 경우 3개월에서 6개월로 하고, 현금 및 귀중품인 경우는 1년 이상으로 정하고 있다. 일정한 기간이 지나도 주인이 나타나지 않으면 습득물 처리방법은 다양한데, 습득자에게 돌려주는 방법, 경찰관 입회 하에 경매처분 하는 방법, 호텔의 내규에 따르는 방법, 자선단체에 기증하는 방법이 있다.

4. 글라스 서비스방법

글라스Glass는 크게 물 컵과 같이 위아래 모양이 같은 실린드리컬 글라스Cylindrical Glass와 중간에 목줄기가 있는 스템드 글라스Stemmed Glass로 나뉜다. 글라스를 취급할 때는 반드시 1/3 하단 쪽을 잡아 림Rim에 닿지 않도록 하며, 손잡이가 달린 글라스의 경우는 손잡이 부분을 잡도록 한다.

글라스를 운반하는 방법은 손으로 운반하는 방법과 트레이Tray를 이용하는 방법이 있으며, 하이볼 글라스Highball Glass와 같이 원통 모양의 글라스인 경우 반드시 트레이를 사용하도록 한다. 트레이로 운반할 때는 항상 몸 가까이에 붙이며, 왼손은 트레이

의 중앙에 오도록 하고, 오른손은 트레이를 받치도록 하여 안정성을 확보한다. 테이블에 글라스를 내려놓을 때는 소리가 나서는 안 되며, 물 컵 또는 와인글라스 우측 아래에 놓는다.

테이블보Table Cloth를 사용하지 않은 테이블은 컵받침Coaster이나 칵테일 냅킨Cocktail Napkin을 먼저 깐 후 글라스를 놓도록 한다. 음료를 컵받침 위에 놓으며 동시에 "주문하신 OOO입니다."라고 말하며 제공한다. 음료서브 역시 모든 절차는 주문받을 때와 같다.

여성부터 시계방향으로 모두 따르고, 남성, 그리고 주최자 순으로 따르면 된다. 서브 후 테이블을 벗어나기 전에는 "좋은 시간 되십시오."라고 말하여 테이블을 떠남을 간접적으로 고객에게 알린다.

1) 글라스 관리

사용한 글라스는 알맞은 랙Rack에 담아서 세척기를 이용하여 깨끗이 세척한다. 닦기 전 금이 가거나 깨진 것은 없는지 먼저 확인한 후, 용기에 뜨거운 물을 따로 준비하여 세척된 글라스를 하나씩 수증기를 쏘여 깨끗하게 닦는다. 뜨거운 물에 레몬 1조각이나 에스프레소 1잔을 넣으면 잡냄새 제거에 도움이 된다.

닦을 때는 왼손으로 냅킨Napkin을 펼쳐 글라스Glass를 잡은 후 오른손 엄지에 냅킨을 걸쳐 글라스 안쪽에 넣고, 나머지 손가락은 글라스의 바깥을 감싸쥔다. 닦는 순서는 글라스의 바디Bowl 부분을 시작으로 오른손은 시계 반대방향으로, 왼손은 시계방향으로 돌려서 닦는다. 자칫 무리한 힘을 가할 경우 글라스가 깨질 위험이 있으므로 부드럽게 닦는 것이 중요하다. 닦고 나서는 이물질이 남아있는지 반드시 확인하며 이물질이 남아있는 경우 다시 닦거나 세척한다.

5. 커피 및 티의 서비스 요령

① 커피나 티 컵은 워머커피컵Warmer Coffee Cup에 넣어 사전에 따뜻하게 데워야 한다.
② 커피컵은 고객의 우측에서 손잡이가 오른쪽으로 향하도록 하며, 티스푼은 컵

앞 혹은 뒷부분에 손잡이와 평행이 되도록 얹어 고객의 우측 앞에 놓는다.

③ 깨끗이 준비된 슈가볼Sugar Boul, 크리머Creamer의 양이 충분한지 확인 후, 손잡이가 고객 쪽으로 향하도록 하여 고객이 쉽게 잡을 수 있는 위치에 서브한다.

④ 커피의 서브온도는 80도 정도가 적당하며, 설탕이나 크림을 넣을 때 63도가 되면 이상적이다. 커피와 티는 컵의 8부 정도를 채운다.

⑤ 고객이 커피를 다 마실 즈음 더 드시길 원하는지를 물어보고, 더 원하면 리필서비스를 한다.

⑥ 커피의 크림볼은 깨끗이 닦고 적당량을 채운 후 차갑고 신선하게 항상 냉장고에 보관해야 하며 서브 전에 이상 유무를 확인한다.

⑦ 아이스커피 아이스티를 톨 글라스Toll Glass에 적당한 각얼음Cube Ice이나 으깬 얼음Crusted Ice을 넣고 식힌 커피 또는 티를 글라스의 8부 정도 채운 후 마시기 용이하게 빨대와 설탕시럽을 함께 서브하며, 아이스티는 반드시 레몬조각과 함께 서브한다.

⑧ 티를 서브할 경우 가니쉬 픽Ganish Pick에 끼운 레몬조각 2쪽 또는 뜨거운 우유를 준비하여 고객의 기호에 알맞게 서브한다.

⑨ 티 서브는 티 포트Tea Pot를 사용하여 티백을 넣어서 포트 채로 서브하거나, 혹은 티백을 포트에 넣지 않고 서브할 때는 뜨거운 물과 티백을 따로 서브한다.

04 와인 취급법 및 서비스방법

1. 와인의 보관

와인Wine은 보관상의 단순한 규정이나 상태를 준수한다면 쉽게 오랫동안 보관할 수 있다. 지하저장고가 있다면 훨씬 매력적이고 실용적일 것이다. 호텔 등 고급 프랑스 식당에서는 와인 냉장고나 와인 저장실을 이용, 보관하고 있으나 와인 보관상의 중요한 사항은 다음과 같다.

(1) 온도Temperature

약 13℃(55℉) 정도의 일정한 온도가 이상적이다. 7~18℃(45~65℉) 사이의 일정치 않은 온도도 그 변화가 느리고 고정된 것이라면 괜찮다.

(2) 진동Vibration

와인 속의 찌꺼기가 떠오르는 것을 막고 코르크Cork가 풀어지는 것을 방지하기 위해 최소화해야 한다. 특히, 레드와인이나 샴페인 등을 손으로 운반 시나 테이블 서비스 시에 흔들리지 않게 조심스럽게 다루어야 한다.

(3) 음지Darkness

햇볕에 노출을 연장시키면 병의 온도가 올라간다. 이것이 저장을 위한 상태로서 대개 어둠이 권장되어지는 이유이다. 그러나 전등의 불빛은 와인에 영향을 주지 않는다.

(4) 습도Humidity

찬바람은 습기 찬 바람이다. 그러므로 저장소의 온도가 낮다면 습도는 적당할 것이다. 일반적으로 습도의 상태가 기분이 좋을 정도면 와인에도 적당하다. 습도는 건조하지도 습하지도 않게 알맞아야 하며 일 년 내내 변치 않아야 한다. 매일 마시는 레드와인은 실내온도(22~25℃)로 선반Rack에 보관하고, 화이트와인은 와인 냉장고에 보관한다. 와인을 보관할 때 코르크Cork가 와인과 접촉되게 옆으로 눕혀 놓는다. 이렇게 함으로써 코르크가 마르고 수축하는 것을 막을 수 있다. 꼭 맞는 코르크는 와인에 공기가 들어가지 않게 하고 너무 빨리 익지 않게 한다.

2. 와인 서빙온도

1) 와인 서빙의 적정온도

사람이 체형마다 옷을 달리 입는 것처럼, 와인 역시 마시기 전 갖춰야 할 점이 있다. 와인의 맛과 향을 제대로 즐기기 위해서는 각 와인마다 적절한 온도에서 서브되어야 한다. 일반적으로 레드와인Red Wine은 실온에서, 화이트와인White Wine은 약간 차갑게 마시는 것이 좋다고 알려져 있다. 그러나 여기에서 말하는 '실온'은 난방시설이 잘 갖춰진 요즘과는 달리 과거 유럽 궁정식당의 실내온도로서 18~20℃ 사이로 약간 서늘한 기온이다. 또 레드와인도 품종에 따라 온도를 달리하는 것이 좋다. 예를 들어, 보르도Bordeaux와 같이 무거운 와인은 차게 하면 탄닌Tannin성분이 강하게 느껴져 떫은 맛이 두드러지지만, 보졸레Beaujolais와 같이 가벼운 레드와인은 10℃ 정도로 약간 차갑게 마셔야 제대로 된 맛을 볼 수 있다.

와인에 따라 서비스 온도를 달리하는 것이 귀찮고 번거로운 일일 수도 있지만, 조금만 신경 쓴다면 맛있게 와인을 즐길 수 있다. 대표적인 와인의 일반적 적정서비스 온도는 다음과 같다.

① Champagne, Sparkling Wine, Sweet White Wine : 6~8도
② Light White Wine : 8~10도
③ Strong Bouquet White Wine : 10~12도
④ Rose Wine : 10~12도
⑤ Young Red Wine : 12~14도
⑥ High Quality Old Red Wine : 14~19도(실내온도)

2) 와인 서빙 전 온도 맞추기

보관된 와인을 마시기 위해선 가장 알맞은 온도에 맞춰서 서브되어야 한다. 마시기 직전 온도를 맞추는 몇 가지 방법에 대해 알아보자.

와인을 재빨리 차게 하는 가장 간단한 방법은 얼음과 물이 섞인 통에 와인을 병째로 담그는 것이다. 이 쿨러Cooler는 식사가 진행되는 동안 계속적으로 와인의 온도를 알맞게 유지시키는 역할을 한다. 은빛의 금속성 용기나 사기로 된 냉·온병 타입의 용기는 약 2~3시간 동안은 온도를 유지시켜 준다.

더 빠른 쿨링을 원한다면 얼음과 물이 섞인 굵은 소금을 집어넣는 것도 하나의 방법이다. 와인 실온화 하기(샹브레Chambrer) 앞에서 언급했듯이, 여기서 말하는 실온은

섭씨 18~20℃를 의미한다. 샹브레의 대상이 되는 와인은 주로 장기보관용 레드와인이다. 보르도Bordeaux나 부르고뉴Bourgogne 스타일처럼 짜임새 있는 와인은 차게 해서 마시면 탄닌성분이 강하게 느껴지며 제향이 우러나오지 않는다.

대체적으로 온도가 높을수록 단맛이 무겁게 느껴지고 산미가 많이 느껴진다. 이 때문에 무감미나 감미 화이트와인은 차게 해서 마시는 것이 좋다. 탄산가스는 온도가 올라갈수록 빠르게 날아가 버린다. 샹파뉴Champagne 와인 및 기타 발포성 와인은 탄산가스나 계속적으로 섬세하고 기분 좋게 느껴지도록 차갑게 서빙한다.

3. 와인의 오픈 및 서비스

① 와인을 주문한 손님에게 와인의 상표를 확인시키기 위해 상표가 손님을 향하게 하여 고객의 좌측에서 보여준다.

② 코르크스크루Cork Screw에 있는 나이프를 이용하여 병목의 캡슐Capsule 윗부분을 제거한 후, 서비스클로스Service Cloth로 병마개 주위를 잘 닦는다.

③ 코르크스크루 끝을 코르크의 중앙에 대고 천천히 돌려 넣는다(코르크를 완전히 통과하여 코르크 조각이 술병 안으로 떨어져서는 안 된다).

④ 나사를 천천히 돌려 코르크마개가 1cm 가량 남은 위치까지 뽑은 후, 서비스클로스를 받쳐 손가락으로 코르크를 잡고 천천히 돌려서 마개를 뽑는다.

⑤ 코르크의 냄새를 맡아 이상 유무를 확인하고, 손님에게 확인하도록 코르크를 보여준다.

⑥ 서브하기 전에 서비스클로스로 병목 주위를 깨끗이 닦는다.

⑦ 주문한 손님에게 시음Tasting시켜 준다.

⑧ 와인을 따른 후 병목을 서비스클로스로 닦아 술방울이 테이블에 떨어지지 않도록 한다.

1) 디켄팅

디켄팅Decanting은 와인을 마시기 직전 침전물을 와인에서 분리시키는 작업을 의미한다. 6~7년 이상 묵힌 레드와인은 병 안에 붉은 색소와 탄닌 등 자연침전물이 끼어 있을 수 있다. 이런 찌꺼기가 와인 속에 섞여 있으면 좋지 않은 맛을 낸다. 따라서 좋은 와인을 마실 때 디켄팅을 하는 것이 좋다. 디켄팅을 하는 순서를 살펴보면 다음과 같다.

① 코르크스크루Cork Screw에 달린 칼로 캡슐Capsule을 완전히 제거한다.
② 코르크를 뽑는다.
③ 병목 주위를 깨끗이 닦는다.
④ 촛불을 켠 다음, 왼손으로 유리병Carafe을 잡고, 오른손으로 포도주병Wine Bottle을 잡은 후 와인병의 어깨쯤에 촛불의 불꽃이 비치도록 하여 와인을 따른다. 이 때, 찌꺼기가 나타나면 중지한다.

2) 화이트와인 오픈 및 서비스

① 적절한 온도를 유지하기 위해 화이트와인은 얼음과 물이 채워진 와인쿨러Wine Cooler나 냉장고에 넣어두어야 한다.
② 병마개는 손님 앞에 준비된 와인쿨러 속에서 따야 한다.
③ 고객에게 프레젠테이션Presentation하는 것과 오프닝Opening하는 것은 위에서 설명한 레드와인의 서비스와 동일하며, 와인서브 시 글라스와 와인병과의 높이는 보통 와인의 종류에 따라 2~3cm가 적당하다.

3) 샴페인 오픈 및 서비스

① 와인쿨러Wine Cooler에 물과 얼음을 넣고 샴페인을 넣어 차갑게 한 다음 서브한다.
② 샴페인 병을 들어 손님의 좌측에서 상표를 확인시킨다. 이 때 물기가 떨어지지 않게 서비스클로스Service Cloth를 술병 밑바닥에 댄다.
③ 왼손을 엄지로 병마개를 누르면서 오른손으로 은박의 포장지 윗부분을 벗긴다.
④ 왼손 엄지는 계속 병마개를 누르면서 감겨진 와이어를 푼다.

⑤ 왼손으로 병을 꽉 잡고 오른손으로 코르크를 조심스럽게 소리 나지 않게 빼낸다.

⑥ 스파클링 와인이나 샴페인은 처음에 한 번 따르고, 거품이 가신 다음 한 번 더 따른다. 6부 정도 따른 후 병목을 15도 정도 살짝 들어 오른쪽으로 자연스럽게 돌려주고 서비스클로스로 닦아 술방울이 테이블에 떨어지지 않도록 한다.

⑦ 글라스와 병의 높이는 약 3~5cm 정도가 적당하다.

⑧ 서브 후 서비스클로스로 병목의 물기를 조심스럽게 닦아 술이 테이블이나 손님에게 떨어지는 것을 방지한다.

4. 와인 테이스팅

1) 와인 테이스팅 요령

① 와인 테이스팅Wine Tasting 색깔 확인Color → 와인을 흔들어서 산소와 결합시킴Swirl → 냄새 맡기Smell → 맛보기Taste → 맛의 음미와 평가Savor 등의 과정으로 진행된다.

② 글라스 와인은 지정된 하우스와인House Wine만 가능하며, 시음시킬 필요가 없다.

③ 주빈에게 서비스해도 좋다는 승낙을 받고, 여성Lady First 순으로 와인글라스에 화이트와인은 2/3정도, 레드와인은 1/2정도 따르고 마지막에 주빈에게 따른다.

④ 와인을 글라스에 따른 다음, 마지막 방울이 테이블클로스에 떨어지는 것을 방지하기 위해 병을 살짝 돌린다.

⑤ 서비스하고 남은 화이트와인은 와인 쿨러Wine Cooler에 담아두고, 레드와인은 와인 바스켓Wine Basket에 담아 테이블에 올려둔다.

⑥ 와인잔이 완전히 비기 전에 고객에게 물어본 후 와인을 추가로 따라준다.

⑦ 빈 와인병은 추가 와인주문과 함께 주빈에게 확인시키고 치운다.

⑧ 와인을 운반할 때는 병 밑에 찌꺼기가 고여 있기 때문에 절대로 흔들면 안 된다. 따라서 와인을 다룰 때는 갓난아기나 여자 다루듯이 해야 한다.

그림 11.3 와인의 색과 밀도를 보는 모습

그림 11.4 와인의 향을 맡고 맛을 보는 모습

2) 호스트 테이스팅

서버가 주문한 와인을 가져오면 보통 주문한 사람이나 와인을 잘 아는 사람이 와인 라벨Label을 확인토록 한다. 이 때 너무 의식적으로 생각하지 말고 주문 시의 와인과 동일한지 확인한다. 그 다음 호스트 테이스팅Host Tasting을 한다. 호스트 테이스팅은 와인잔에 조금 따라 그 맛을 확인하는 것이다. 와인이 발효주다보니 잘못하여 맛이 변하는 경우가 종종 생기기 때문에 이를 확인하기 위함이다.

호스트 테이스팅을 했는데 이상이 없다면 "좋습니다, 괜찮습니다."라는 표시를 하여 테이블의 다른 동석자에게 와인을 따라도 좋다는 표시를 해야 한다.

5. 칵테일 및 리큐르 서브요령

① 항상 트레이Tray를 이용해서 나른다.

② 항상 카스터Caster를 글라스 받침으로 이용해야 하며, 카스터는 고객 앞에 놓고 그 위에 음료가 담긴 글라스를 놓는다. 카스터에 로고가 있을 경우, 로고가 고객의 정면으로 향하도록 한다. 고객이 사용 중 카스터가 더렵혀지거나 젖으면 새것으로 교체해 준다.

③ 글라스를 잡을 시 대Stem를 잡거나 글라스 밑Bottom 부분을 잡고 제공하며, 볼Bowl의 윗부분이나 립라인Lip Line에 손이 닿아서는 안 된다.

④ 리큐르글라스나 칵테일글라스 등을 트레이로 운반할 경우, 위험하므로 오른손

의 검지와 중지를 벌려 글라스의 밑바닥을 고정시켜 운반한다.

⑤ 칵테일의 장식이 흐트러져서는 안 된다.

⑥ 후로우트Float기법을 사용한 칵테일은 흔들리지 않도록 하여 음료가 섞이지 않도록 해야 한다.

TOURISM SERVICE

CHAPTER 12

여행서비스

01 여행사 업무 개요

1. 여행사 업무의 개념

여행사Travel Agency의 업무는 교통기관이나 숙박시설 · 관광시설 등의 여행소재를 효율적으로 구입해서 일련의 상품으로 만들어 소비자에게 제공하는 업무이다. 이러한 교통기관이나 숙박시설 · 관광시설 등의 예약을 대행하고 여행상담을 통한 관광정보의 전달과 계약업무를 한다. 여행사의 전체 업무 내용의 과정을 구분하면, 여행상품을 생산하는 생산 업무 · 판매상담 업무 · 여행안내 업무 · 정산관리 업무 · 예약수배 업무 · 수속대행 업무 등이 있다.

반면, 부문별 주요 업무로는 국외여행 업무Outbound와 국제여행 업무Inbound 및 국내여행 업무Domestic 등 업종별 업무로 나누어 구분할 수 있다.

2. 여행사의 공통 업무

여행사Travel Agency에서 취급하는 주요 업무를 보면, 크게 여행상품을 생산판매 · 안내 · 관리하는 3가지 업무로 나눌 수 있다. 이상의 업무 이외에 부수되는 업무 내용으로 여행 관련업자로부터 알선과 시설물 이용에 따른 대리판매 업무, 여정작성 업무, 원가계산 업무, 기타 여권 · 비자발급의 수속대행 업무, 항공예약발권 업무, 지상수배 업무로 나누어 볼 수 있다.

1) 상품생산 업무

여행상품의 생산 업무는 여행관련사업자(항공사 · 호텔 · 교통기관 · 식당 등)들로부터 제공되는 상품을 조합하여 하나의 완성된 상품으로 만들어내는 업무과정을 말한다. 또한 여행상품을 만들기 위해서는 여러 과정을 거치는데, 항공권 좌석 확보, 상품의 원가분석 및 일정표 작성, 여행관련사업자와의 공조를 통한 가격 결정, 기타 여행정보의 수집 등 영업을 할 수 있는 기반을 조성하는 업무과정을 말한다.

2) 판매상담 업무

여행사Travel Agency의 판매상담 업무는 여행사의 존립과 직결되는 문제로서 여행사 경영에서 가장 중요한 부분으로 업무의 비중이 크다. 아무리 좋은 상품을 개발하더라도 판매가 이루어지지 않는다면 회사의 경영이 어려워지기 때문이다.

3) 여행안내 업무

해외여행의 출발 준비부터 여행 종료까지의 전 과정을 관여하고 관리하는 업무이며, 안내 업무의 결과에 따라 회사의 이미지와 손익에 막대한 영향을 끼치게 된다. 다시 말하면, 확약된 여행 일정에 의거하여 원활히 여행을 진행시키는 인솔업무 기능을 말하며 여행인솔자Tour Conductor가 담당한다.

표 12.1 여행사의 전체 업무 내용

업무 구분	업무 내용
생산 업무	• 여행상품의 기획과 개발 업무 • 여행일정의 작성 업무 • 항공 · 호텔 · 식당 및 기타 관련업자와의 공조 업무 • 여행상품의 가격결정 및 원가계산 업무 • 여행정보수집 업무 및 팸플릿 제작 업무
판매상담 업무	• 국내여행상품 판매 업무 • 국외여행상품 판매 업무 • 외래 관광객 예약 · 발권 업무 • 해외 현지사무소 판촉 업무
여행안내 업무	• 통역 · 가이드 업무(Tour Guide) • 인솔자 업무(Tour Conductor)
정산관리 업무	• 경리업무(항공 DSR, 정산 업무) • 단체행사 정산 업무 • 기획경영정보 업무 • 총무 및 인사관리 업무
예약수배 업무	• 호텔 · 관광지 · 식당 · 버스 및 시설물에 대한 예약 및 지상수배 업무
수속대행 업무	• 여권 · 비자수속 대행 업무 • 여행자보험 및 기타 대행 관련 업무

4) 정산관리 업무

관리 업무는 영업이나 판매부서를 지원하는 업무로 종합적인 경리 · 총무 등의 행정 업무가 주요 업무이다. 여행행사 종료 후 여행상품 판매대금 및 단체행사정산서를 확인하고, 각종 지상경비의 지급과 항공권 정산 등의 업무를 통해 여행상품 매출이익을 계산한다. 따라서 영업부서를 지원하는 종합적인 행정 업무로 영업부서와의 유기적인 관계가 이루어져야 한다.

5) 예약수배 업무

여행객을 대신하여 항공예약발권, 호텔숙박 · 식당 · 관광지 · 편의시설 등에 대한 수배를 통하여 여행상품을 만들고, 그에 따른 수배를 통해 여행을 실시하게 하는 업무이다.

6) 수속대행 업무

수속대행 업무는 여행사의 고유 업무는 아니지만, 여권이나 비자발급 등 해외여행 시 필요한 여행제반 서류를 여행객을 대신하여 대행해 주는 업무이다. 수속대행 업무는 그동안 여행사의 업무 중 비중이 컸었으나 역할이 점점 축소되고 있다.

02 여행사의 부문별 업무

1. 아웃바운드 업무

1) 아웃바운드 업무의 개념

아웃바운드Outbound 업무란, 국외를 여행하는 내국인을 대상으로 하는 여행관련 제반 업무로서 내국인 송객 업무이다. 여권 및 비자를 받는 절차를 대행하는 행위를 포함한다. 일반적으로 아웃바운드 업무를 취급하는 부서를 '해외여행부'라고 부른다.

2) 아웃바운드 업무의 특성

국외여행 업무Outbound Tour는 기존의 인바운드 투어Inbound Tour와 국내여행 업무Domestic Tour가 주된 업무영역에서 1989년 1월 해외여행 자유화가 전면 시행됨으로써 내국인의 국외여행이 급격히 증가함에 따라 내국인의 국외여행 업무가 하나의 업무영역으로 성장하였다. 내국인의 국외여행자를 대상으로 한 항공권 판매, 여권 및 비자의 수속대행, 국외여행상품의 기획 · 판매 · 수배 · 안내 업무를 다룬다.

여행업의 등록제로 여행사 개설의 용이성과 소규모 자본에 의한 운영가능성 및 관리의 용이성 등이 보장됨에 따라 국외여행업체의 수는 계속 증가하고 있다. 이로 인해서 아웃바운드Outbound 업무를 취급하는 여행업체가 급격히 증가하게 되어 여행업체 간의 경쟁이 심해지고, 여행객의 욕구가 다양해지면서 아웃바운드 경영이 점차 어려워지고 있는 것이 특징이다.

3) 아웃바운드 업무 내용

(1) 기획개발 업무

해외여행상품의 개발 및 상품화, 협력사와 긴밀한 협조유지, 여행상품 원가계산 및 판매가의 결정 등이 주 업무로 획일하게 일관되어진 해외여행 상품을 벗어나 독특한 상품을 개발하고, 그를 실현화시키는 업무를 담당한다.

(2) 판매 업무

해외여행상품 및 항공권 · 숙박권 · 교통운송권 등을 판매하는 업무로서 직접 판매와 대리점 판매로 구분한다. 전자는 여행사의 영업직원이 직접 여행객을 방문하여 판매하는 형태와 신문광고와 같은 대중매체를 사용하여 여행상품을 일반고객에게 판매를 하는 것이고, 후자는 자사가 생산한 여행상품을 중 · 소여행업자를 대상으로 여행상품을 제공하여 판매하는 것을 말한다. 상품별 판매 업무는 패키지상품 판매 업무, 인센티브상품 판매 업무, 항공권 판매 업무로 구분할 수 있다.

(3) 수속 업무

수속 업무란, 여행객이 국외를 여행하는데 필요한 필수서류인 여권과 비자 등을 여행객을 대신하여 수속을 대행해 주는 업무이다. 그러나 계속적으로 여행사 대행 의존도가 거의 줄어들고 있다. 여권과 비자는 여행객이 국외여행 시 반드시 필요한 여행서류이다.

(4) 항공예약 및 발권 업무

국제선 항공예약 및 항공권 발권 등 항공 관련 업무를 한다.

(5) 수배 업무

여행하고자 하는 현지의 지상수배에 관한 모든 업무, 즉 항공좌석과 현지의 교통기관 · 숙박시설 · 식사장소 · 관광지 등에 관한 예약과 수배를 담당하는 업무를 말한다. 수배 업무는 항공좌석을 확보하는 항공수배 업무와 호텔 · 버스 · 식사 · 관광 · 현지가이드 등 현지의 지상부분을 확보하는 지상수배 업무로 나눈다.

(6) 상담 업무

고객들과의 여행상품 상담 · 관광정보 상담 · 관광지 상담 등에 대한 업무를 주로 하며, 많은 부분이 판매로 이루어지는 중요한 업무이다. 전화상담 · 인터넷게시판 · 내방상담 · 방문상담의 형태로 상담 업무가 행해진다.

(7) 국외여행 인솔 업무

여행의 출발부터 종료까지 여행객을 안내하는 업무로 출국에서부터 현지의 관광지 안내 등 입국까지의 전 과정을 원활하게 진행하며, 이미 확정된 여행조건을 명확히 파악하고, 현지의 일정 진행을 지휘 · 감독하는 업무이다. 이러한 업무를 하는 종사원을 국외여행인솔자라고 부르며, 영어표현으로 'Tour Conductor'라고 한다.

(8) 정산 업무

해외여행이 종료된 후에 그 단체에 대한 여행안내보고서 및 정산서를 작성해 보고하면 수익과 지출 등에 관해 행사단체의 정산을 관리하는 업무로 주로 경리과에서 맡는다.

2. 인바운드 업무

1) 인바운드 업무의 개념

인바운드Inbound 업무란, 국내를 여행하는 외국인을 대상으로 하는 여행관련 제반 업무로서 외국인의 유치 업무이다. 즉 외국여행객을 국내에 유치하여 안내하고 일정 수익을 창출하는 업무를 말한다. 1960년대 초부터 외래 관광객의 유치를 적극적으로 추진한 결과 가득률이 높은 외화획득산업으로 발전을 이룩하게 되었다. 일반적으로 인바운드 업무를 담당하는 전체 부서를 '외국인여행부' 또는 '국제관광부'라고 부른다.

2) 인바운드 업무의 특성

1970년대 관광객 유치를 촉진시키기 위해 교통부 내에 관광을 전담하는 국제관광과를 신설하고 관광진흥확대회의를 정기적으로 개최하는 등 관광행정기구의 강화가 이루어져 외래 관광객을 유치하는 큰 성과를 달성하였다. 특히 1980년대는 국제관광산업의 도약단계로서 1986년 아시안게임과 1988년 서울올림픽을 계기로 비약적인 발전을 이루게 되었다. 또한 2002년 월드컵 개최로 인한 인바운드Inbound 관광산업이 한층 발전하게 되었다. 현재 우리나라 인바운드 특성을 시장특성 중심으로 살펴보면 다음과 같다.

첫째, 지역적 특성으로 일본지역 중심시장의 편중이 심하다. 중국과 동남아지역 등의 시장수요가 계속 증가하고 있으나, 상기지역 외의 시장의존도가 10% 미만으로 잠재수용시장의 시장개척이 요구된다.

둘째, 자연환경적 특성으로 우리나라는 사계절의 계절적 특성을 가지고 있으나, 성수기와 비수기가 매년 반복되므로 장기수요 가능 여행상품의 판매가 어렵고, 안정된 해외시장 개척에 단점이 되고 있다.

셋째, 국내 인바운드여행업의 특성으로 저가격시장으로 수익성이 낮고, 과열경쟁과 덤핑판매로 인한 경영악화, 여행상품의 독창성(독자적 브랜드상품)의 부재 등을 들 수 있다. 앞으로 품질 좋은 여행상품을 개발하여 정상요금을 받고 행사할 수 있도록 꾸준한 노력이 필요하다.

3) 인바운드 업무 내용

(1) 기획 업무

국내 관광상품을 개발하고 상품화하여 홍보하고 목표를 구상하여 계획하는 업무를 하고 있다. 기획부서는 여행의 입안, 신상품의 개발, 시장조사 및 분석, 각종 자료의 수집, 외래 관광객의 유치를 위한 홍보활동, 여행조건의 작성 및 계약체결 등을 담당하는 부서이다.

(2) 판매 업무

여행상품에 관한 판촉활동에서부터 여행 계약이 성립될 때까지의 업무, 즉 상품판매를 전담하는 업무이다. 판매부서의 주요 업무 내용은 국외지사 직원과의 업무협의 및 연락, 여행일정표의 작성, 원가계산 견적의 산출 · 결정, 단체확정통보서 혹은 행사지시서 작성, 보고서 발송, 안내원의 정산 업무 확인, 청구서Invoice의 작성 · 발송, 옵션 투어의 개발, 전도금의 산출 · 신청 등의 업무이다.

(3) 수배 업무

여행계약에 따른 안내원의 수배를 비롯해 숙박기관 · 교통기관 · 식사 등 수배 관련 여러 업무를 취급한다. 수배 업무의 주요 업무 내용은 관광 일정과 조건에 맞는 숙소의 수배, 차량 및 교통기관의 예약, 식당과 쇼핑센터의 예약, 기타 일정에 맞는 제반

수배 등의 업무를 맡고 있다.

(4) 관광안내 업무

여행사의 여러 업무 중 최일선에서 수행하는 부서이며, 여행객들을 대상으로 우리나라와 관광지에 대한 통역과 안내 업무를 수행한다.

(5) 정산 업무

행사가 완료된 직후 행사보고서를 작성하는 업무로, 단체에 대한 여행경비의 수입 · 지출에 따른 제반사항을 전담하며, 행사 진행의 재정을 담당하는 업무이다. 정산부서의 주요 업무 내용은 단체의 스케줄과 수입 · 지출이 일치되는지의 확인, 관련업체 미지급금에 대한 관리, 매월 실적보고, 각 단체의 수익성 점검 등의 업무를 하고 있다.

(6) Tour Operation부

Tour Operation부의 주요업무 내용은 공항이나 호텔에서의 미팅과 Sending Service, 인솔자와의 업무 확인, 호텔 체크인 및 체크아웃 업무, 통역안내원의 업무관리, 관광조건과 일정표에 따른 행사집행의 점검, 행사의 평가와 불편사항 처리 등의 업무를 주로 맡고 있다.

3. 국내여행 업무

1) 국내여행 업무의 개념

국내여행Domestic 업무란, 국내를 여행하는 내국인을 대상으로 여행상품을 개발하여 이를 판매하고 알선 · 안내 업무를 수행하는 것을 일컫는다. 이러한 업무를 수행하는 국내여행업은 지방자치단체 등록업체로서 여행객의 모집뿐만 아니라 국내 항공권 · 철도승차권 · 호텔쿠폰 등을 대매하거나 관광버스 전세 업무도 취급하고 있다. 국내여행업은 국민들의 소득증대와 여가시간의 증대, 특히 최근 들어 주 5일제 근무의 전면 확산에 힘입어 계속 성장해 나가고 있다.

2) 국내여행 업무의 특성

국내여행은 지속적인 경제성장에 따른 소득향상과 국토의 균형적인 개발을 위한 도로망의 개선, 생활수준의 향상, 주 5일제 근무의 확산 등 생활 전반의 환경 변화로 인해 오늘날 국내여행은 일시적인 향락과 오락의 수준에서 벗어나 국내 다른 지역을 찾아 견문을 넓히고 생활의 질을 높이며 여가선용 수단으로 바뀌게 되었다. 관광지의 기반시설 등 국내여행의 여건이 좋아짐으로써 내국인의 여행활동 참여를 통하여 새로운 여행문화를 정착시켜 나가야 할 것이다.

3) 국내여행 업무 내용

(1) 기회 업무

국내 관광상품의 개발 및 개발된 상품을 상품화시키는 등의 업무를 한다.

(2) 판매 업무

여행관련 요소, 즉 국내 여행상품 및 국내항공권 · 숙박권 · 교통운송권 등을 판매하고 수수료를 얻는 등 잠재여행객에게 판매하는 업무를 담당한다.

(3) 항공예약 및 발권 업무

국내 항공편에 대한 예약 및 발권 등의 항공 관련 업무를 담당한다.

(4) 수배 업무

여행계약에 따른 현지여행사 선정과 호텔 · 식당 예약 및 렌터카 예약 등 수배 관련 업무를 담당한다.

(5) 여행안내 업무

내국인여행객들에게 관광지를 안내하는 국내여행 안내 업무를 말하며, 국내여행 안내사는 국내를 여행하는 우리나라 사람에게 관광지의 명소를 소개하고, 여행객들이 즐거운 여행이 되도록 노력하며, 건전한 여행문화를 선도하는 역할을 담당한다.

표 12.2 여행사의 계층별 업무

경영계층	직 위	업무 내용
경영층 (고급관리자)	사장 · 이사 · 고문 · 자문위원	• 전체적인 여행사의 경영과 시행에 책임을 진다. • 직원을 고용하고 해고하는 일, 회계부를 감독하는 일, 더 나은 공급자를 선택하는 일, 그리고 휴가와 보장관광 등의 시기를 결정하는 일을 포함한다.
관리층 (중간관리자)	부장 · 과장 · 차장	• 부서의 문제점과 휴가를 관리하고 대리점 초대관광, 그리고 판매 분담에 관한 모임을 관리한다. • 조직관리, 부서 내 종사원교육, 지점 및 영업소 총괄, 프린서펄의 계약 및 관리, 부서의 경영계획 입안 및 결과분석 등의 업무를 수행한다. • 항공좌석의 조정 및 관리, 판매회의의 주재, 기획 상품의 판매관리, 상용거래선의 항공권 판촉, 여행시장의 정보수집, 대관청 및 언론기관과의 유대, 여행광고의 기획, 국내 · 외 판촉지원 등의 업무를 수행한다.
감독층 (초급관리자)	계장 · 주임 · 대리	• 사무실, 컴퓨터 작업, 여권수속, 비자수속, 수배, Tour Operation 업무 등에 관하여 책임을 진다. • 여행일정의 개발, 각종 수속업무의 지원, 지상수배업자의 선정 및 관리, 프린서펄의 선정 및 관리, 해외 거래업자의 선정 및 관리, 여행인솔업무의 점검, 진행단체의 점검 및 지시, 여행설명회 개최 등의 업무를 진행한다. • 항공권 판촉, 일반고객의 관리, 항공좌석의 확보, 주요 단체의 안내 및 접대, 소속과의 경영계획의 입안, 투어에서 발생한 고충처리, 핸들링 상의 주요 업무 지시 및 확인 등의 책임을 진다.
일반층	일반사원 · 안내원	• 수속 업무, 수배 업무, 일정표 작성 및 요금산출, 항공예약, 발권 업무 등을 수행한다. • 국내관광의 국내 관광안내 업무, 외래 관광의 통역안내 업무, 국외관광의 국외여행인솔자(TC) 업무 등을 수행한다. • 수속 업무 서류의 작성, 여행일정의 작성, 단체 접수 및 기장, 수속진행표의 작성 및 점검, 단말기의 조작, 고객관리대장의 작성, 은행출납 업무, 여행보험 업무, 여행설명회의 준비, 여행홍보물의 정리 및 진열 등의 업무를 진행한다. • 여행상담, 항공요금 계산, 각종 쿠폰류의 발권, 출입국 주요사항의 확인, 각종 보고서 작성, 단체판매 보고, 각종 티켓의 발권 및 관리, 상용거래선 판촉, 일반 영업관리, 여행통계의 작성, 여행요금의 문의 등을 수행한다.

(6) 정산 업무

단체여행의 행사가 끝나면 정산보고서를 작성하고, 단체에 대한 수익과 지출을 근거로 서류를 첨부하여 회계상으로 결산하는 업무이다.

(7) 전세버스 업무

국내여행 업무에서의 전세버스 업무는 전세버스에 관련된 예약 · 배차 등의 제반 업무를 취급한다. 전세버스업은 여행업과는 다른 독립된 업종이지만, 그 업무는 여행업과 불가분의 관계가 있다. 전세버스는 좌석만의 판매와 전세버스 판매로 구분된다. 좌석만의 판매는 관광지나 특별행사 등이 개최되는 장소를 정기적으로 운행하면서 좌석을 하나의 상품단위로서 판매하고, 전세버스 판매는 버스를 여행 관련 요소로서 다른 여행사에 판매하거나, 기업이나 학교에 각종 행사를 위한 용도로 판매하는 형태이다. 국내여행업의 주된 수입원은 이 부문의 판매 여하에 달려있다고 할 수 있다.

03 여행서비스 업무

1. 여행서비스 개념

여기서 여행사는 관광 상품을 판매하는 소매점으로 한정한다. 또한 여행을 기획·조정하는 기능을 갖지 않고 관광객 또는 운송기관의 대리로서 여행의 예약·수배·발권업무를 행하는 업체에 한정한다.

여행사가 대부분의 소매업자나 다른 중개업자와 구분되는 한 가지 중요한 차이점은 수수료(커미션)라는 형태의 대가를 받는 것이다. 제조업의 소매업자는 공급자로부터 제품과 서비스를 사서 그것을 다시 비싼 가격으로 고객에게 판매한다. 그러나 여행사는 상품을 공급자로부터 고객에게 이전시킨다. 그들은 판매할 관광 상품을 구입하거나 가격을 지급하는 관광 공급자를 위해 이전업자Transfer Agent로서의 역할을 한다.

2. 여행서비스 요소

1) 창구서비스

(1) 창구서비스의 중요성

잠재관광객은 온라인상의 창구나 여행사의 창구(카운터)를 찾아가 창구담당자에게 자기의 희망을 말하고, 이에 맞는 여행상품을 구매하거나 또는 일정을 짜는 과정에서 구체적인 여행스케줄을 완성하게 된다. 그러한 의미에서 여행의 출발점은 여행사의 창구에서 비롯된다고 말할 수 있다. 따라서 불특정 다수의 관광객을 대상으로 영업을 하고 있는 여행사로서는 제일선의 영업점포, 그 가운데 특히 창구 업무는 이 업체의 얼굴에 비유할 수 있다.

여행업계에 처음으로 발을 들여놓은 신입사원의 대부분은 이 창구서비스가 최초로 경험하는 업무이다. 또한 입사 후 거의 모든 사원이 한 번쯤은 이 창구서비스를 경험하게 된다. 무형적인 여행상품을 취급하는 여행사에 있어서 창구는 판매장소인 동시에 상품의 전시장이며 예약권이라는 형태를 띤 여행상품의 인도장소이기도 하다.

창구의 내부에는 여러 가지 여행정보나 각종 컴퓨터의 예약단말기가 배치되어 있고, 교통 · 숙박시설의 쿠폰을 즉석에서 판매할 수 있게 되어 있다. 여행자 측에서 볼 때 여행업자의 주요 기능, 즉 여행정보의 제공, 예약, 쿠폰발매 등의 기능이 모두 창구(카운터)를 중심으로 배치되어 있는 것이다.

(2) 창구서비스의 내용

여행사의 창구 업무는 고객대응이라는 점에 국한해서 보면, 다음과 같은 내용으로 구성되어 있다.

① 열차 · 전세버스 · 항공기 · 선박 등 교통편의 예약, 승차권 · 승선권 · 항공권 등의 발매
② 여관 · 호텔 등 숙박시설의 예약, 숙박쿠폰의 발매
③ 교통편 · 숙박 등을 결합한 여행수배, 여행여정의 작성
④ 여행업자가 주최하는 패키지투어의 접수 등

2) 수배서비스

(1) 수배서비스의 중요성

수배서비스는 고객의 신청에 따라 희망하는 운송 및 숙박 등의 기관에 대해 각각의 예약을 행하여 여행에 필요한 제반요소를 확보하고 이들을 조합해서 하나의 여행

상품을 만들어내는 업무이다. 이를 간략하게 표현하면 다음과 같이 두 가지 내용으로 요약할 수 있다.

첫째, 수배는 여행상품을 만드는 제조공정의 심장부문이다. 수배는 여행상품의 주문품을 요망대로 완성하기 위해 그 재료나 부속품을 구매(사입)하는 업무이다.

둘째, 판매촉진의 밑바탕이 된다. 올바른 수배를 하는 것은 판매를 촉진하는 요인이 되며, 이것을 주로 조성하는 수배서비스가 판매촉진을 뒷받침하는 근간이 된다.

(2) 수배서비스의 기본

① 고객의 희망을 정확히 이해한다.

이는 고객의 희망사항에 대해 확실한 자료에 근거하여 확인할 수 있는 실력을 키워야 한다. 전 세계의 항공기 · 선박 · 철도의 복잡한 노선, 전 세계의 숙박시설 및 그 관련시설에 관한 내용에 대해서 어떤 자료를 참고로 하면 좋을 것인가 하는 지식 및 확인이 필요하다.

② 고객이 희망하는 관광공급자에게 정확히 연락한다.

전항의 내용은 고객과의 연락인 반면에, 관광공급자와의 연락은 전문가 사이의 업무이다. 그러므로 전문가 간에 사용되는 전문용어 및 일의 순서를 빨리 몸에 익혀야 한다.

③ 수배의 진행사항을 정확히 기록한다.

수배는 전화에 의한 예약 의뢰가 대부분을 차지하고 있으므로 정확히 기록하는 것이 그만큼 중요하다. 이 기록에 의거해서 모든 업무가 진행되기 때문에 타직원이 보더라도 쉽게 알 수 있도록 정해진 방법으로 기록하는 습관이 필요하다.

(3) 수배서비스의 원칙

① 정확성

- 수배서류의 기입사항을 정확히 기록한다.
- 자기판단에 의한 독단적인 수배를 피해야 한다.
- 빠른 말을 피하고, 정확하고 전달 가능하게 언어를 사용해야 한다.

② 신속성

- 수배의 순서를 정한다.
- 수배서류를 보류해 놓지 말고 즉시 처리한다.
- 통신시설과 사전구매 상품을 적절히 활용한다.
- 회담이 늦어지는 것은 반드시 중간보고를 행한다.

③ 경제성

- 수배는 경제적으로 비용을 낮출 수 있도록 해야 한다.
- 수배단계를 줄이거나 신속히 업무를 수행하여 인건비 및 시간을 절약한다.

④ 적절성

- 고객의 희망에 맞는 적절한 수배가 되도록 한다.
- 첫 번째 희망뿐만 아니라 제 2, 제 3의 희망도 충실히 수배해야 한다.

⑤ 확인성

- 수배서비스 중에 복창이행을 실시하여 내용을 반드시 확인한다.
- 연도, 계절, 임시변동이 발생할 수 있으므로 태리프Tariff, 시각표를 확인한다.
- 고객의 신청서를 면전 또는 전화예약 시 다시 한 번 확인하여 틀림없도록 한다.

3) 통역안내서비스

통역안내원은 외국인 관광객을 국내에서 안내하는 자로서, 외국인 단체관광객을 인솔하고 있는 투어리더 동행의 단체객 또는 투어리더가 없는 단체객을 안내하게 된다. 특히 후자의 경우에는 활동영역 및 업무내용이 전자보다 훨씬 광범위하고 책임이 매우 무겁다.

(1) 통역안내원의 마음가짐

① 국민의 대표자라는 사실을 자각해야 한다.

관광객이 짧은 체재기간 중 접촉할 수 있는 우리나라 사람은 극히 제한된 수에 지나지 않는다. 따라서 관광객은 안내원을 통하여 우리나라 국민의 근면, 성실성 등을 평가하게 된다. 민간외교의 제일선에서 한국인으로서의 태도를 갖추고 외국관광객을 안내하며 참다운 한국의 모습을 널리 소개하여 국제간의 친선도모에 이바지하고 있다는 자부심을 가지고 일에 임해야 한다.

② 성실하고 성의 있게 행동해야 한다.

아무리 어학에 능통하고 접객에 능하다할지라도 마음속에 성실성이 없다면 고객으로부터 신뢰를 받을 수 없다. 결국 안내원이 고객으로부터 신뢰를 받기 위해서는 자신의 열과 성의를 다하는 성실한 태도가 최상임을 새삼 인식하고 항상 성의 있게 고객을 대해야만 한다.

③ 세심하고 치밀해야 한다.

안내를 함에 있어서 아무리 세심하다해도 지나칠 것이 없다. '좋은 서비스'라는 평은 사소한 것들의 누적이라 말할 수 있다. 또한 여행상품이 숙박, 교통, 식사, 관광 등 여러 가지 복합된 상품임에 비추어 각 부문을 얼마나 세밀하고 치밀하게 조화시키느냐에 따라 상품의 가치가 달라지며, 이 조화의 성패는 안내원이 얼마나 세심하고 치밀한가에 달려있는 것이다.

④ 애교와 친절을 잊지 말아야 한다.

안내원은 자기 취미로 하는 것이 아니라, 고객에게 대가를 받고 안내라는 서비스를 제공하고 있는 것을 잊어서는 안 된다. 아무리 자기 개인적인 사정으로 불쾌한 일이 있다하더라도 내색하지 않는 수양이 필요하다.

(2) 복장 및 태도

① 몸단장 및 복장

몸은 자주 목욕하여 깨끗하게 할 것이며, 복장은 사치하게 할 필요는 없으나 잘 세탁하여 늘 청결해야 한다. 특히 주의해야 할 점은 다음과 같다.

- 구취
- 두발, 손톱
- 복장
- 화장

② 언행 및 태도

안내원의 언행 및 태도가 많은 인상을 남기게 하며, 고객에게 좋은 인상을 주었을 때 그 고객은 단골손님이 되는 것이다.

- 쾌활한 웃음
- 친절하고 협조적
- 신속하고 인내심
- 성실하고 예의바르게
- 신뢰성 있고 능률적

③ 안내방법

안내원의 생명은 안내기술에 있다. 다시 말해, 짜임새 있고 요령 있는 안내법을 몸에 익혀 언제나 자신을 가지고 안내에 임할 수 있어야 한다. 그러나 관광객 안내 시 가장 조심해야 할 것은 사람마다 각자의 개성이 있으므로 자기 나름대로의 독특한 안내 스타일이 있을 것이나, 자기의 개성만을 생각해서 개인적인 판단과 주관이 지나쳐서는 안 된다. 즉 주관이 지나치게 되면 안내의 내용이 즉흥적인 것이 되기 쉽다.

물론 안내를 하다보면 돌발적인 사태가 발생되고, 또 그런 때에는 즉흥적인 유머의 기지로써 대처해 나가야 할 때도 많다. 그러나 안내원은 관광객을 안내함에 있어서 항상 미리 연구하고 준비된 안내방법을 익히고 있지 않으면 안 된다. 환언하면 이미 작성되어져 있는 통일된 내용에 의거해서 안내해야 한다는 것이다.

④ 안내시의 유의점

- 민족적 긍지와 국민감정을 자극하는 설명은 피해야 한다.

- 이미 결정된 일정은 꼭 지키는 것을 원칙으로 해야 한다.
- 한국의 지리, 역사는 물론 기후, 풍속, 문화, 미술 등 모든 분야에 대한 연구를 게을리 말고, 특히 외국인에게 알맞게 정리해서 설명해야 한다.
- 손님에 대해서 고정관념을 가져서는 안 된다. 즉 관광객마다 개성, 취미, 기타 모든 것을 잘 고려하여 손님에게 적당한 안내를 해야 한다.
- 쓸데없는 답변은 삼가야 하나, 그렇다고 해서 설명을 게을리 해서 손님이 지루한 느낌을 갖게 해서는 안 된다.
- 역사적 내용을 설명할 때는 상대국의 연대와 비교하여 손님의 이해를 도와야 한다.
- 설명하고자 하는 곳을 지나쳐버리는 일이 없도록 해야 하며, 안내 시 타이밍에 주의해야 한다.
- 고객으로부터 의뢰받은 것은 틀림없이 그 결과를 고객에게 알려준다.

이상 몇 가지 유의점을 들었으나, 이외에도 주의하지 않으면 안 될 유의사항이 많다. 레이디퍼스트Lady First 등 에티켓에도 주의를 하지 않으면 안 되며, 특히 안내원에게 부여된 임무 이외의 행위를 함으로써 안내원의 품위를 손상시키는 일이 있어서는 안 된다.

(3) 통역안내서비스의 수행요령

① 사전준비

안내원은 단체를 담당하게 되면 확정통보서를 잘 검토하여 모든 수배사항을 확인하지 않으면 안 된다. 단체객의 예약 재확인은 대략 다음사항을 체크하지 않으면 안 된다.

- 호텔 : 도착할 인원수에 따른 객실수, 객실의 종류 및 호텔식사 포함 여부를 체크해야 한다.
- 교통 : 수배된 차의 회사명, 차 종류, 배차시간, 항공기 도착시간 및 편명을 확인하고, 일정 중 국내선 및 기차가 포함될 경우 손님이 탈 날짜와 시간, 항공편 열차번호, 필요한 티켓수의 확인, 예약상태의 재확인을 해야 한다.

- 하물 : 단체의 짐을 운반할 트럭의 배차 필요성 및 필요시 수배상황을 확인해야 한다.
- 식당 및 야간관광Night Tour : 식사의 종류 및 장소, 야간관광의 장소 및 예약상태를 재확인해 두어야 한다.

이상의 수배사항을 확인하고 나면, 또 여행조건서를 확인하여 무엇 무엇이 요금에 포함되어 있으며, 무엇이 고객의 개인지불인가를 명확히 알아두어야 한다. 또 고객이 도착하는 당일에는 손님을 맞을 준비사항들이 있다.

- 개인에게 나눠줄 일정표를 준비한다.
- 안내에 필요한 책자 및 지도 등을 준비한다.
- 충분한 경비는 준비되어있는가 다시 확인한다.
- 해당 항공사 카운터에 문의해서 도착시간을 확인해 둔다.
- 버스운전사와 시간 및 주차장소 등을 약속해 놓는다.
- 항공기가 도착하면 절대로 입국자 대합실을 떠나지 말아야 한다.

② 입국 시

- 단체가 나오면 우선 투어리더를 그전부터 잘 알고 있는 것처럼 친숙하게 대할 것이며, 손님에게 투어리더가 처음이라는 이야기를 해서는 안 된다.
- 투어리더에게 손님수와 화물의 개수를 물어서 확인한다.
- 대기 중인 운전사에게 손님들이 기다리는 장소로 차를 가져오게 한다.
- 버스 탈 곳으로 손님들을 인도한다.
- 문 옆에 서서 손님이 차를 타는 것을 도와주고 손님수를 센다.
- 투어리더에게 일정표를 주고 일정을 확인한다.
- 손님이 다 타고 나면, 짐의 수를 다시 확인한다.
- 투어리더에게 마이크를 주고 먼저 인사할 기회를 주며, 그가 인사말을 하지 않으면 안내원이 먼저 하도록 한다.

③ 투어리더와의 관계

투어리더Tour Leader는 관광객과 아주 밀접한 사이여서 관광객이 가장 원하는 것이 무엇인가를 잘 알고 있다. 안내원은 한국에 있어서 단체를 안내하는데 투어리더에게 협조를 해주는 것이지, 이 단체가 우리의 단체가 아니고 투어리더의 단체라는 것을 명심하고 단체를 장악하려고 해서는 안 된다.

투어리더는 각자 자기 나름대로 단체를 운영하고자 한다. 만일 투어리더가 모든 일을 일임한다면 이처럼 좋은 일은 없지만, 대개의 경우 투어리더는 자기 스스로 모든 일을 주관하고자 하므로 안내원은 투어리더가 하는 일에 절대 간섭하지 말고 융통성 있게 투어리더가 원하는 일에 협조해야 한다.

- 투어리더의 입장을 항상 도와야 하며, 또 우리가 그를 중요시하고 있다는 것을 인식시켜야 한다.
- 관광객에게 그가 한국사정에 대해 잘 알고 있고, 관광객이 고국에 돌아갈 때까지 안전하고 유쾌한 여행을 안내할 수 있는 유능한 투어리더임을 소개한다.
- 일정에 대한 수배가 완료되었다는 것과 기타 필요사항을 잘 설명해 주어 그를 안심시키고, 그의 의견에 협조함으로써 그와 가까워져야 한다.
- 안내원은 손님의 의견이 있다 해도 임의대로 정해진 일정이나 수배사항을 변경해서는 안 된다. 손님의 요청이 있을 때에는 우선 투어리더에게 알려 그의 지시를 따라 행동해야만 한다.
- 투어리더가 옳지 못한 일을 했다고 해서 손님 앞에서는 절대 의견충돌을 해서는 안 되며, 그런 일이 발생할 경우에는 단둘이 있을 때 그의 기분이 상하지 않게 충분히 설명하여 납득시켜야만 한다.
- 일정 중 자유시간일지라도 안내원은 투어리더의 양해를 받아 임의관광Optional Tour을 판매해야 한다.

대개 이상의 사항에 주의하면 투어리더도 안내원에게 적극 협조하게 되고, 결과적으로 손님들에게도 칭찬을 받게 되어 원만한 안내가 이루어질 것이다.

④ 관광안내 요령

- 먼저 자기가 담당한 고객의 명단을 빨리 기억하고 고객의 유형을 분별해야 한다. 침착한 사람인지 급한 사람인지, 사치한 여행자인지 아닌지, 직업은 무엇인지 등 고객의 구성요소를 파악해야 한다.
- 모든 고객에게 공평을 기하고 기분에 맞는 고객이라고 해서 특별대우를 해서는 안 된다. 고객 중에는 안내원을 독점하고자 하는 고객이 있으나 그 수에 넘어가서는 안 된다. 단지 그런 경우 상대의 기분을 상하지 않게 주의해야 한다.
- 쇼핑, 식사 등을 위해 하차 해산 시에는 자기 시계와 고객의 시계를 확인하여 몇 시 몇 분에 발차한다는 것과, 주차장의 위치도 확실히 알려주어야 한다.
- 만일 특정관광 사항에 대한 설명이 없고 긴 침묵시간이 생길 때에는 적당한 화제를 준비하여 손님이 지루함을 느끼지 않게 해야 한다.
- 식사시간에 대해서는 호텔이나 식당의 책임자와 사전에 식사시간 및 고객의 인원과 좌석배정 등을 타협해 두어야 한다.
- 호텔의 객실 할당은 투어리더와 상의하여 고객들의 불평이 없도록 한다.
- 운전사와 긴밀한 협조가 필요하나, 운전사와의 대화는 될 수 있는 한 삼가야 한다.
- 관광안내 설명은 전반적인 내용을 미리 준비하여 철저하게 행한다.
- 자동차로 역을 향하여 가는 경우, 운전사에게 미리 기차의 발차시각을 알려주고 충분한 시간을 가져야 하나 극단적으로 시간이 남게 해서는 안 된다.
- 짐이 대단히 많은 경우, 도착역에 용달차의 수배 등을 미리 연락해야 한다.
- 쇼핑을 할 경우, 고객이 구매한 물건에는 미리 꼬리표를 준비하여 처음부터 이름을 써붙이는 것이 좋다.

⑤ 임의관광의 판매

임의관광Optional Tour이란, 이미 작성된 일정에 들어 있지 않은 투어를 말하며, 기회 있을 때마다 임의관광 상품을 판매함으로써 여행사의 수입증대를 꾀할 수 있는데, 이는 또 관광객에게는 더 좋은 관광여정을 즐길 수 있도록 해주는 것이 된다. 임의관광 상품에는 파티, 골프, 나이트클럽, 사냥 등이 있으며, 판매요령은 다음과 같다.

- 일정을 체크하여 자유시간이 얼마나 있는가 알아본다.
- 투어리더에게 임의관광 상품의 판매를 제의, 양해를 구한다.
- 관광객 전원이 안내원의 말을 듣고 있는 버스 안에서 판매하는 것이 제일 좋으며, 고객에게 임의관광 상품을 제안할 때에는 고객이 흥미를 느낄 수 있게 간단한 내용을 소개한다.
- 임의관광 상품의 가격, 소요시간, 교통편 등에 대한 의문이 없도록 상세히 설명한다.
- 참가하고 싶어 하는 고객에게는 지불할 요금을 준비하도록 조언하고 참가인원을 확정지어 곧 수배를 시작한다.

⑥ 쇼핑안내

한국을 방문하는 외래 관광객은 한국 고유의 토산물에 많은 관심을 가지고 있어, 토산물 판매가 관광달러 획득과 한국 고유의 풍습 및 산물을 외국에 소개한다는 일석이조의 효과를 거둘 수 있다. 그러나 일부 몰지각한 업자나 통역안내원의 불미한 행동으로 인해 국가위신을 손상케 하고 한국관광의 이미지를 흐리게 하는 일이 간혹 발생하고 있다. 통역안내원은 토산품 쇼핑안내의 중요성을 잘 인식하고 쇼핑안내 시 다음 사항들을 주의해야 한다.

- 상품의 품질과 가격을 신용할 수 있는 공신력 있는 점포에 안내해야 한다.
- 관광객이 쇼핑을 할 때에는 어디까지나 그들의 의사에 좇아야 한다.
- 관광객이 자기가 필요로 하지 않는 한 물품의 상담에 관여해서는 안 된다.
- 관광객이 자기가 사고자 하는 물품에 대해 의견을 물어왔을 때도 관광객의 기분을 돋구어주도록 할 것이며, 절대로 '좋다, 나쁘다' 등의 비판을 해서는 안 된다.

⑦ 출국 및 출국 후

단체가 정해진 일정을 끝내고 출국하게 되는 날, 안내원은 다음사항을 주의해야 한다.

- 2회 이상 출국 항공편의 시간을 체크해야 한다.
- 출국시간 최소 3시간 전에는 호텔을 출발하여, 2시간 전에는 공항에 도착해야 한다.

- 투어리더로부터 바우처Voucher나 서비스오더Service Order를 받고 기타사항이 없는지 상의해야 한다.
- 손님에게 각자의 짐을 재확인시킨다.
- 항세가 포함되어 있지 않은 경우, 공항세를 징수한다.
- 원화가 남은 고객은 공항의 은행에서 교환할 수 있게 조치한다.
- 출국순서를 자세히 설명할 것이며, 출국카드를 확인한다.
- 항공사 카운터에 투어리더와 함께 가서 수속을 마친 후, 손님들에게 탑승권 및 수하물 영수증을 나누어준다.
- 관광 중 손님의 협조에 대해 감사를 표하고, 손님들과의 관광이 아주 유쾌하고 영광된 것이었다고 하는 인사를 해야 한다.

이상으로 고객이 출국하게 되면, 안내원은 즉시 안내보고서를 작성하여 안내경비를 청산해야 한다. 안내보고서에는 여정 및 여행조건의 변경사항 등 실제 안내한 모든 사항이 빠짐없이 기록되어야 한다.

⑧ 항공기 연발 시

- 투어리더에게 즉시 알리고 이에 대처할 다른 수배를 관광객에게 어떻게 전할 것인가를 협의해야 한다.
- 투어리더에게 다음 도착국의 호텔이나 여행사에 연발에 관한 소식을 전하기를 원하는가, 다음 나라 방문 시에 수배사항을 변경할 것인가를 물어본다.
- 연발하는 시간 동안 호텔이나 식사 혹은 다른 관광을 할 때 항공사가 이를 부담하는지를 알아본다.
- 출발이 곧 가능하다면 확정 출발시간을 확인한다.
- 손님에게 연발한다는 보고를 할 때에는 과장해서 설명하지 말고, 진지한 태도로 항공사에서 전해들은 사실 그대로를 전한다.
- 만일 손님이 호텔이나 가족에게 이 연발에 관한 메시지를 전하라고 부탁하면 이를 정확히 전해주어야 한다. 항공사는 이런 전보나 연락을 즉시 서비스해야 한다.
- 모든 일이 완전히 해결될 때까지 투어리더와 함께 있어야 한다.

TOURISM SERVICE

TOURISM SERVICE

CHAPTER 13

항공서비스

01 항공예약서비스의 기초

1. 항공예약의 필요성

국내 · 외에 항공노선을 개설하고 경영활동을 전개하고 있는 각국의 수많은 항공사들은 항공운송서비스를 원활하게 제공하기 위해 판매경로를 설정 · 운영하게 되는데, 이때에 여행사는 항공권 판매 대리점으로서 고객에게 좌석예약과 발권 그리고 제반여행에 관한 정보를 제공하는 일에 참여하게 된다. 항공사는 여행사와 대리점 관계를 설정해두고 있다하더라도 항공사 측에서 본 예약의 필요성은 여행사의 입장에서 본 그것과는 현격한 차이가 있다.

항공운송Air Transportation이란, 단지 여행을 구성하는 한 부분이라는 인식을 가질 필요가 있다. 왜냐하면, 여행객은 여행의 한 부분을 형성하는 항공운송보다 오히려 전체로서의 여행상품을 추구하고 있기 때문이다.

여행사가 수행하는 항공예약업무는 여행객과 여행사 간의 관계를 더욱 신뢰성 있고 친밀한 관계로 형성시켜주는 가교적인 역할을 한다. 여행객과 협의를 거쳐 최종적으로 여정이 확정되면 여행사는 여행객이 원하는 항공편의 좌석을 예약해야 하는 절차에 당면하게 되는데, 예약수배 시에 여행사가 필히 지켜야 할 기본적인 원칙이 있다.

2. 예약코드 종류와 사용 목적

1) 항공서비스의 요청 시에 사용되는 코드

(1) 요청코드Action Code

예약을 요청할 때 사용되는 코드로서 대부분 최초 예약 시 사용하는 코드라 할 수 있다.

① NN : 좌석을 요청Need할 때 사용한다.

② LL : 대기자명단에 예약할 때 사용하나, 좌석이 가능할 때는 바로 좌석 확보가 되기도 한다.

③ FS : 타 항공편에 'Free Sale(자유판매)'할 때 사용한다.

④ XX : 예약을 취소할 때 사용하며, 때로는 IX코드가 사용되기도 한다.

⑤ IX : 만일 취소되지 않았다면 다시 취소할 때 사용한다.

(2) 응답코드Advice Code

예약을 요청하였을 때 이에 대한 응답으로 사용되는 코드라 할 수 있다.

① KK : 예약이 확보되었음을 나타낸다.

② UU : 대기자 명단에 예약되었음을 나타낸다.

③ NO : 요청된 예약 내용이 불확실하거나 규정에 맞지 않아 조치를 취할 수 없음을 나타낸다.

④ UC : 예약불능상태를 나타낸다.

⑤ KL : 대기자 명단에서 예약이 확약되었음을 나타낸다.

⑥ US : FS를 하였을 때 예약 확약이 불가능하여, 대기자 명단에 예약이 되었음을 나타낸다.

(3) 상태코드Status Code

현재의 예약상태를 알려주는 코드라 할 수 있다.

① HS : 좌석이 확보되어 예약이 된 상태를 말한다.

② HK : 이미 예약이 확약되어 있는 상태를 말한다.

③ HL : 이미 대기자 명단에 예약되어 있는 상태를 말한다.

④ PN(HN) : 이미 예약요청을 했으나, 아직 응답을 받지 못한 상태를 말한다.

⑤ RR : 예약이 확약된 후, 다시 재확인이 된 상태를 말한다.

실제 항공권 상의 신분Status란에 표시되는 예약코드이다.

① OK : 예약에 확약된 상태를 말한다(예약 완료).
② RQ : 예약 요청에 들어간 상태를 말한다. 또한 이것은 현재 대기자 명단에 있는 경우를 의미한다.
③ WT : 예약 대기의 상태에 있는 것을 말한다.
④ SA : 예약 불가의 상태를 말하고, 잔여좌석이 있는 경우에만 탑승이 가능한 것을 의미한다.
⑤ NS : 예약은 할 수 있으나 좌석이 제공되지 않은 상태를 말한다. 유아승객에 해당된다.

3. ABC와 OAG의 개요

항공운항시각표에는 세계 각국 항공사들이 독자적으로 발행하는 것과, 전문출판사가 발행하는 종합시각표 두 종류가 있는데, 후자에 속하는 것으로 세계 전 지역의 정규 항공편의 출발과 도착시간표를 모두 포함하고 있다.

4. ABC와 OAG의 구성

1) ABC

ABC는 적색 카버의 것과 청색 카버의 것 두 종류인데, 전자는 전 세계 지역, 구간간의 항공운임을 기재해 둔 안내서임에 반해, 후자는 전 세계 항공스케줄의 안내서 성격을 가지고 있다.

2) OAG

미국과 캐나다를 포함하는 북미대륙, 그리고 멕시코 및 카라비안 해역을 중심으로 한 남미대륙의 북쪽 해안지역에 대한 스케줄이 상세히 나와 있는 것이 특징으로, 월

2회 발간된다.

5. ABC와 OAG의 보는 법

첫째, ABC는 출발 도시로부터 시작해서 목적지 도시를 보게 되지만, OAG는 이와 정반대로 목적 도시로부터 시작해서 출발지를 보게 된다.

둘째, 운항개시 월, 일과 종료 월, 일에도 착오가 발생하지 않도록 해야 한다.

셋째, 출발시각과 도착시각은 모두 현지시각으로 표시된다.

넷째, OAG에 도착시각의 표시로, 시작 뒤에 +1 또는 −1 등이 있는 것은 각각 출발일 하루 뒷날 또는 출발일 하루 전에 항공기가 도착됨을 설명해 주는 것이다.

다섯째, 각 편의 경유지, 즉 운항경로는 명기되어 있지 않다는 것이다.

6. 항공여정의 작성

1) 항공여정 작성 시 필요한 기초지식

(1) 복수공항

서울 같은 세계적인 도시에는 두 개 이상의 공항이 개항 운용되고 있는 경우도 있다.

(2) 최단접속 소요시간

여객이 공항에 도착한 후 즉시 접속편 연결에 필요한 최단시간을 의미한다.

(3) 현지시각과 표준시

표준시라 함은 그리니치표준시Greenwich Mean Time를 의미한다.

(4) 비행시간

항공기의 출발시각과 도착시각은 출발공항 및 도착공항의 현지시각으로 표시된다는 것은 전술한 바이다. 실제 비행시간을 용이하게 산출해 내기 위해 공식을 쓴다.

(5) 운송제한

특정한 항공노선에는 여행제한 항공사 또는 조건부 도중기항이라 표시되어 있는 경우가 있다. 이것은 당해 항공편의 운송구간에는 여객운송에 관한 제약사항 또는 제약조건이 있는 것으로 이해해야 한다.

2) 운임상의 여행조건과 여정작성 상 유의사항

(1) 복로편 결정

운임의 유효기간과 필요 여행일수 등에 제약이 가해진 특별운임의 항공예약 시에는 특히 복로편의 탑승원, 일의 결정에 유의해야 한다.

(2) 접속편 결정

특별운임인 선원요금과 학생요금 등의 개인할인요금과 IT운임 및 GIT운임 등의 단체투어요금에는 도중체류에 관한 규제사항이 일반적이다.

(3) 단체운임에 대한 개별 또는 분할 그룹여행

단체할인운임을 적용받는 단체객은 원칙적으로 전원이 함께 여행을 해야 하지만, 운임 종류에 따라서는 단체객의 좌석을 한 항공기에서 모두 확보하지 못할 때에는 분할 탑승을 허용하는 항공사도 있고, 지역에 따라서는 개별여행을 인정하는 특례사항도 있다.

(4) 도중체류

여정운임이 적용되는 구간 중에는 동일 도시에 대해서 2회 이상 도중 체류를 허용하지 않는 것이 원칙이다.

(5) 경로

여정항공편의 경우, 특히 유럽노선에서 여행객이 어떤 경로를 이용하는가를 예의 주시해야 한다.

3) 항공편의 예약

항공편의 예약은 스케줄로 확정된 내용을 실제로 예약하는 것이다.

(1) 예약시의 기본요소

항공예약을 행함에 있어 가장 기본요소가 되는 것은 스케줄되어 있는 구간을 비행할 항공사의 좌석이 있는가 여부이다. 또 다국 간 예약 시 많은 여행구간과 항공사가 개입되면 어떤 항공사를 선택 시 최초항공사에 일괄 의뢰한다.

(2) 예약방법

직접예약, 좌석유무 상태 파악 후 예약, 취소와 재예약 등이다.

(3) 여행구간의 연속성과 부수구간

전체 여정에서는 시간의 연속성과 구간의 연속성을 고려해야 한다. 각각의 항공여정 최소 연결시간을 고려해야 한다.

7. 호텔예약

(1) 호텔예약의 중요성

해외여행객은 여행 중 자신이 경유지나 목적지에서 투숙하게 될 호텔 객실을 확보하는 것은 항공 좌석의 확보만큼이나 중시하고 있다. 실제로 해외여행에서 편안한 여행을 할 수가 없기 때문이다.

(2) 여행객 비용부담 조건의 호텔예약

여행사는 개인여객과 단체여객을 불문하고 모든 여행구간의 예약은, 최초 운송담당 항공사에 의뢰함과 동시에 호텔객실의 예약도 요청하게 된다.

① 객실예약을 의뢰받은 항공사의 조치 내용
② 예약부도 및 취소방지를 위한 보증금 취급방법
③ 호텔객실예약을 의뢰받은 현지항공사의 조치

(3) 항공사 비용부담 조건의 호텔예약

항공사에 따라서는 여행객의 의사가 아닌 항공기의 접속사정으로 여행객이 접속공항에 도착한 후 이용 가능한 최초의 접속 운항기에 탑승하기 위해 대기하는 동안 그의 여정이 일정 규정화해 두고 있다.

8. 특별서비스를 요하는 예약

항공사는 여행객이 쾌적하고 안락한 항공여행이 되도록 하는 한편, 항공운송의 공적 서비스란 요청에도 부합되도록 특정조건에 있는 여행객들에게 적합한 특별서비스를 제공해 주고 있다.

(1) 특별기내식 서비스

항공사가 비행 중 승객들에게 제공하는 서비스 중 가장 중시하는 것이 기내식이다. 항공사는 승객들의 욕구에 부합하기 위해 자사의 특성을 선보일 수 있는 메뉴의 선정에 고심하고 있다.

(2) 좌석 사전선정 서비스의 예약

과거 항공업계는 다년간 각종 할인운임의 적용으로 탑승객수의 증대를 도모하고 신규 수요를 창출함으로써 탑승률을 제고시키는데 주력하고 있다. 좌석 사전선정 서비스의 예약방법은 일반적으로 수행되는 좌석예약과 동시에 신청하면 된다.

(3) 유아용 요람서비스의 예약

국제선 여객운송에서는 정상적인 성인운임을 지불한 보호자가 유아를 동반하고 여행하는 경우, 생후 14일부터 만 2세까지 10%의 요금을 적용한다.

(4) 애완동물 기내반입서비스의 예약

항공여객 중에는 개나 고양이, 그리고 앵무새와 같은 애완동물을 좋아하여 어디든지 항상 데리고 다니는 사람이 있는데, 항공사는 이 애완동물을 수하물로 취급해서 기내 반입을 허용하고 있다.

02 KOTIS를 통한 항공예약

1. KOTIS의 개요

KOTIS 공동예약시스템이란, 여행사 등의 사용자들이 KOTIS가 제공하는 표준엔트리를 사용해서 KOTIS에 가입한 항공사의 예약시스템과 직접 접촉할 수 있도록 연결시켜 주는 중간시스템을 말한다.

2. KOTIS의 CRS를 통한 예약

이 시스템을 통한 항공예약은 과거 한 건의 예약사항을 카드 대신에 예약업무를 컴퓨터로 처리하는 메시지 전달방법인 여객예약 기록으로 작성하여 보관되는 것이 특징이다.

1) KOTIS의 CRS 운용

(1) 공동예약시스템에서의 접속과 선택

여행사가 KOTIS의 단말기를 통해 예약서비스를 제공받으려면, 예약시스템과 접속이 이루어져야 한다.

(2) 여행사 직원의 사인 넣기와 빼기

각 단말기에는 5명의 지정된 개개인식 부호를 입력시킬 수 있는데, 이 영역이 A, B, C, D, E 영역이라 한다.

(3) 화면이동 방법

화면이동법이란, 단말기에 전시된 내용의 전 · 후를 찾아보는 작업으로, 입력은 MU^+로 한다. 여기에서 M은 필수적임을 뜻한다.

(4) 여객예약 기록

하나의 여객기록으로 구성되어 있다.

(5) 성명구간

여객명의 구성은 원칙적으로 성과 이름 모두를 기입해야 하며, 성 다음에 이름이 와야 한다.

(6) 스케줄의 조회

항공편의 출발시간과 도착시간을 확인하고 여객이 원하는 시간대의 항공편을 선택하려면 다음 방식에 의하면 된다. 비행편의 조회와 특정 비행편을 조회할 수 있다.

(7) 좌석예약 가능 비행편의 조회

이것은 현시점에서 여객이 희망하는 항공편의 좌석상태를 조회해 보는 것으로써 예약을 위한 전제단계이다.

(8) 좌석예약

항공좌석을 예약하는 방법은 두 가지 방법이 있다. 첫째는, 좌석상태에 관한 확인 결과의 자료를 토대로 선택하는 것이고, 둘째는, 여행객의 요청에 따라 직접 예약하는 것이다.

(9) 호텔예약

호텔예약도 항공예약처럼, 직접예약 방법과 호텔상태를 살펴본 후 예약하는 방법 중 어느 하나를 선택할 수 있다.

(10) 여객의 연락처

예약 시 여행객의 연락처에는 통상 두 개의 연락처를 기입한다. 하나는 해당 대리점에 관한 것이고, 또 하나는 여행객의 연락처이다.

(11) 발권시한 및 발권과 관련한 정보

발권시한은 해당 여객기록을 필요한 시간에 자동적으로 Queue Box에 보내 참고가 되도록 하는 것이다.

(12) 예약의뢰자 및 예약변경 요청자에 관한 기록

항공예약 시에 누가 예약했는지 또는 누구에게 예약상태와 예약변동사항을 알려주었는가를 명확히 해야 한다.

(13) 비고

이 비고란에는 여객서비스와 무관한 내용을 입력할 수 있다.

(14) 특별서비스와 기타서비스의 사항

이 란은 앞의 비고란과는 달리 공항 및 기내에서 여객에게 제공해야 할 서비스의 내용을 항공사 간의 정보전달, 그리고 그러한 요청사항에 대한 회신을 요구할 때 활용되는 것으로써 특별서비스의 요청사항과 기타서비스 사항으로 구분된다.

(15) 입력의 종료

이상의 과정을 거치면서 한 예약기록에 모든 예약사항이 입력되면, 예약 담당자는 예약기록을 종료시킨다.

2) CRS에 입력된 예약기록의 수정과 재현

(1) 예약기록의 수정

예약이 완결된 예약기록의 특정 부문을 수정, 보충 또는 삭제하는 작업을 예약기록의 수정이라 한다.

(2) 예약기록의 분해

한 예약기록에 2명 이상의 여객이 등재되어 있을 때 출발일 상의 여행구간의 다름, 그리고 경유지와 목적지에서 숙박일수에 차이가 있을 때에는 여객별로 해당 PNR을 분할해야 한다.

(3) 입력의 해제

입력을 종료시키는 작업단계인 EOT를 하기 전에 입력해제의 필요성, 즉 더 이상 예약사항을 추가시킬 것이 없을 때 해제를 치면 예약 작업은 중단되고 하면에 입력해제가 전시된다.

(4) 여객기록의 재현

예약담당자는 입력된 예약사항을 점검하거나 또는 여객으로부터 문의가 있을 때 이를 재현, 응답해주어야 할 때가 허다하다.

(5) 예약업무연락 및 예약처리 대기장치

예약업무의 처리를 위해 업무연락을 취하고 예약기록을 저장해 두었다가 꺼내어 처리할 수 있는 장치가 곧 큐이다.

① 예약기록의 전송 : 예약기록은 해당예약 기록에 대해 어떤 조치가 취해진 내용을 해당사무실에 전송해야 한다.
② 큐 카운터의 전시 : 위의 전송되어온 큐가 어떤 번호에 어느 만큼 대기상태에

있는가를 전시해 보는 것이 큐 카운터이다.

③ 큐의 예약기록 전시 : 전시된 예약기록에 대해 다소의 첨삭을 가한 뒤 EOTEnd of Transmission 하면, 자동적으로 다음 대기상태에 있는 여객의 예약기록이 전시되어 나오며, 만약 이를 참고사항으로만 취급하려면 해제키를 누르면 된다.

④ 큐 작업의 도중 전시 : 이는 자동전시 연속모드를 중지시키는 것으로 첨소작업, 즉 큐 작업을 어떤 이유로든 도중에 중단시킬 필요시 있을 때 QX+로 조처하여 업무를 중단시키는 것을 뜻한다.

03 항공발권서비스

1. 항공권의 개요

항공권(航空券)이란, 운송의뢰인인 여행객과 항공사 간에 성립된 운송계약 내용을 표기하고 또 그에 정한 바에 따라 운송이 행해질 것임을 약속하는 증거증권이다. 운송계약은 항공사와 여행객 간에 권리와 의무관계가 성립되는 근본인 만큼 책임소재를 명확히 해야 한다. 그런 점에서 불특정 다수의 여행객과 운송계약을 체결하는 항공사는 항공권을 발행함으로써 비로소 운송계약을 체결한 증거로 삼는데, 여행객이 항공사가 지정한 여행사에서 항공권을 구입해도 운송계약의 체결은 자동적으로 성립된다.

2. 항공권의 종류

1) 수기 항공권MIT

항공권 상의 기재 내용을 직접 손으로 기입, 발행하는 항공권이다. '항공사 수기 항공권과' 'BSP 수기 항공권' 2가지가 있다. 탑승용 쿠폰이 2매인 것과 4매인 것으로 구분된다.

2) 전산 항공권TAT & OPTAT TICKET

전산시스템에 예약된 예약 및 발권자료를 이용하여 발행된다.

3. 항공권의 특성

첫째, 여객운송에 다수의 항공사가 참여하더라도 최초운송을 담당하는 항공사가 전 여정을 커버할 항공권을 발행한다.

둘째, 잘못 표기했을 때에는 정정이 불가능하지만 편명, 이용 클래스, 일시 및 예약 상태란에 오기가 있어 변경이 필요할 때는 스티커를 첨부하여 정정할 수 있다.

셋째, 항공권은 반드시 일련번호 순으로 사용해야 한다. 항공권의 첫 3자리 일련번호는 항공사를 나타낸다. 예컨대, 180-4406 184302이라 함은 180은 IATA가 대한항공에 부여한 항공사코드로 4406은 4여행구간용 항공권을 뜻하며, 184302는 항공권의 일련번호이다.

넷째, 항공권은 동 종류의 것, 즉 4편제 항공권은 4편제의 것과 연결해서 발권해야 하고, 2편제 항공권과 혼용해서는 안 된다.

다섯째, 항공권은 발권 때의 적용운임과 규정이 정한 바에 따라 발행해야 하고, 또 특정 목적에 한해 발행하도록 지정한 항공권은 그 목적에만 사용되게끔 해야 한다.

4. 항공운임의 기초

1) 항공운임의 종류

① 정상운임 : 항공권의 유효 기간은 첫 구간이 발행일로부터 1년 안에 사용, 나머지 구간은 여행 개시일로부터 1년이다.

② 판촉운임 : 승객의 다양한 형태에 부합하여 개발된 운임, 여행기간 / 여행조건에 대한 제한 등이다.

③ 할인운임 : 승객의 나이나 신분에 따라 할인이 제공되는 운임이다.

2) 항공운임 산출의 기본

(1) 태리프Tariff

항공운임과 그와 관련된 규정을 뜻하며, 이를 수록한 책자를 태리프라 한다.

① 성격 : 항공운임은 IATA에서 운임적용에 관한 규칙을 모아 공시한다. IATA에 공시된 규칙에 어긋나면 안 되고, 각국 정부가 요구하는 운임규칙 공시 의무도 지켜야 한다.

② 내용 : 항공운임에 대한 일반적인 정보, 운임규칙, 운임의 적용방법, 부가법, 연중 적용운임, 특별할인 운임, 경로도, 마일리지가 포함된다.

③ 구성 : IATA가 세계를 3개 지역으로 나누고, 각 지역별로 여러 개의 보조지구로 나누어 지역 내 및 지역 간 운임을 표시한다.

④ 종류 : 에어 태리프Air Tariff. 전 세계적으로 많은 항공사와 여행사에서 사용한다.

- AirLine Passeger Tariff : 유럽지역 여행사에서 사용한다.
- APTCO Passeger Tariff SET : 미국 및 캐나다에서 사용한다.

(2) 부가운임Add-on

출발지에서 목적지까지의 항공운임이 태리프Tariff상에 공시되어 있지 않은 경우에 항공운임을 계산하는 방법이다.

3) 항공운임의 계산

(1) 거리제도의 기본 규정

항공여행에 따라 고안된 운임계산 방식이 거리제도이다.

① 최대허용거리MPM : 두 지점 간에 공시운임으로 여행할 수 있는 최대허용거리

② 발권구간거리TPM : 승객이 여행하는 구간의 실제거리

③ 초과거리할증EMS : 발권구간거리가 최대허용거리보다 큰 경우에 적용

* 거리제도의 기본적용 절차 : MPM 확인 – TPM 확인 – MPM과 TPM 비교 – 할증률 적용, 계산

(2) 거리제도의 보안규정

① 중간높은운임HIF : 출발지와 목적지 간의 공시운임과 중간지점의 운임 중 높은 운임 적용

② 일주최저운임CTM : 출발지에서 도중 체류지점까지의 직행 왕복운임 중 가장 높은 운임 적용

③ 편도최저운임OBC : 출발지와 도중 체류지점 사이의 중간 높은 운임이 발생한 편도 여정에 대해서는 편도 최저운임을 적용

④ 혼합등급여정운임 : 전 여정을 하나의 등급이 아닌 두 개 이상의 등급을 이용하여 적용

⑤ 방향최저운임 : SITI를 제외한 SOTI, SITO, SOTO 중 편도여정에 적용되는 운임

5. 항공권의 작성방법 및 파악하기

① ISSUED BY : 항공사의 이름

② ENDORSEMENTS : 할인항공권을 구입한 경우 여러 가지 제한사항

- NON-ENDS : 타 항공사 이용 불가
- NON-REF : 요금반환 불가

③ NAME OF PASSENGER : 탑승객의 영문 이름과 성별. 성을 먼저 표기하고 이름을 뒤에 기재하며 성과 이름 사이는 /로 구분한다. 이름 뒤는 TITLE(MR. MS. MRS)

④ FLIGHT COUPON No 1 : 최초로 사용될 쿠폰, 즉 승객이 여행하는 도시구간의 쿠폰임을 나타냄

⑤ ORIGIN(E) : Destination. 최초 출발지와 최종 목적지의 도시명 기재

⑥ BOOKING REF : 승객 연락처 및 예약기록이 보관된 코드번호

⑦ DATE AND PLACE OF ISSUE : 항공권 발행일자와 발행지점

⑧ X/O : 승객이 여정 중 특정 도시에의 체류가능 여부를 나타낸다. 도시명 앞에 X표시가 있으면 해당도시에 대한 체류가 불가능함(체류 예정이 없음)을 의미하며, O 표시나 혹은 아무런 표시가 없는 경우는 체류가 가능함을 나타냄

⑨ FROM : 최초의 출발 도시명을 기재

⑩ TO : 이후 순차적으로 이어지는 여행목적지 도시명

⑪ CARRIER : 항공사명으로, 영문약자 2글자로 표기한다. 대한항공 KE, 아시아나 OZ, 에어캐나다 AC 등

⑫ FLIGHT : 항공기편명

⑬ CL : 좌석등급을 표시한다. FFirst Class, CBusiness Class, YEconomy Class 등. 이외에도 각 클래스별로 세분화되어 있다.

⑭ DATE : 출발일자

⑮ TIME : 출발시각

⑯ STATUS : 승객의 예약상태. 일반적으로 예약이 확인되어 있으면 OK, 대기자 명단에 있으면 RQ로 표기

⑰ FARE BASIS : 적용된 항공요금의 종류를 표기한다. 할인항공권의 경우, 여행 시작일로부터 유효기간 표시

⑱ NOT VALID BEFORE : 여행시작이 가능한 날짜

⑲ NOT VALID AFTER : 여행 종료기한. 이 란에 적힌 날짜가 곧 항공권의 유효기간

⑳ ALLOW : 해당 항공기에 무료로 실을 수 있는 수화물의 양

㉑ FARE : 지불한 화폐단위와 항공요금

㉒ EQUIV FARE : 원화로 환산한 항공요금

㉓ TAX : 총요금에 대한 세금을 표기

㉔ TOTAL : 항공요금과 세금의 합산액(할인요금이 적용된 항공권에는 기재하지 않음)

㉕ FARE CALCULATION : 요금이 어떻게 산출되었는지 알려주는 란

㉖ FORM OF PAYMENT : 요금 지불수단 표시. 현금이나 여행사 수표 CASH, 신용카드 CC

㉗ DATE AND PLACE OF ORIGINAL ISSUE : 항공권 분실, 유효기간 연장 등으로 인

한 재발행 항공권의 경우, 최초 발행된 항공권의 번호, 발행 장소, 발행 일자 등 표시

㉘ SERIAL NUMBER : 항공권 발행(고유)번호

04 기내서비스

1. 기내서비스 개념 및 특성

1) 기내서비스 개념

기내서비스Cabin Service는 비행 중 기내에서 행해지는 유형과 무형의 서비스를 총칭한다. 항공서비스는 어떠한 동기나 목적을 인간이나 재화를 수송하여 장소적 효율을 창출하는 서비스이다.

항공운송서비스의 주된 속성은 서비스이고, 이것을 보존하기 위해 항공기라는 유형재를 이용하여 항공노선을 비행하면서 승객을 친절하게 모시고 목적지까지 안전하게 운송해 주는 것이다. 즉 구매의 대가로 받은 유형재는 없고, 오직 비행기 탑승 시기와 비행 중에 경험한 안락함과 편의성, 그리고 객실승무원들의 정중한 서비스와 비행 끝에 무사히 도착한 안도감 등을 경험하게 되는 것이다.

항공서비스는 가시적인 상품을 고객에게 제공하는 것이 아니라, 고객이 필요로 하는 충족시키는 서비스를 제공하는 것이 첫 번째이다. 그리고 다수의 대중에 대한 교통수단으로서의 중요성이 고조되어가고, 국익과 밀접한 관계를 맺어 국위선양에 크게 기여하는 등 공공성 및 공익성이 강하다는 것이 일반서비스와의 차이점이다. 또한 항공서비스는 막대한 투자 자본을 필요로 하는 사업 중의 하나이기 때문에 자본집약적인 서비스라는 것 또한 차이점이다.

항공서비스는 일반서비스보다 무형성 지배가 강하고 고급화된 서비스를 실현해야 하며, 국제성이 강하고 수요변동이 매우 크며 정치적 · 경제적인 변화에도 민감하다.

2) 기내서비스 특성

(1) 대형화

전형적으로 한 개인에게 한정되어 행해지는 소형서비스와 달리, 서비스 규모에 있어서 대형화된 형태의 서비스이다.

(2) 기준의 미설정

항공기 객실의 공간이나 기내시설, 서비스용품 제공에 있어서 특정한 기준이 없다.

(3) 마케팅 관련

현재 선박, 철도, 항공사 등의 서비스분야에 마케팅 담당자를 갖는 방향으로 움직이고 있으며, 이러한 전사적인 마케팅 노력이 항공사의 기내서비스 관리에도 적극 채택되고 있다.

(4) 직접경로

서비스가 기내에서 고객에서 직접 전달되는 직접경로를 통한 마케팅의 형태이다.

(5) 비이동성

주로 어떤 특정 시설물에서 제공되는 서비스와 달리 고객에게 서비스 의무를 수행하려고 해도 이동이 불가능하고, 고객이 직접 찾아가야 하는 비이동적인 특성이 있다.

2. 기내서비스 유형 및 구성요소

1) 인적 서비스

항공사서비스의 고객만족에 있어서 매우 중요하고 큰 비중을 차지한다. 항공사에 있어서 서비스 제공은 서비스 종사원들로부터 시작해서 이들과 고객들 간의 상호관계로 형성되어진다. 따라서 항공사의 서비스생산성 향상은 곧 서비스 종사원들의 역할임을 인지해야 한다. 그러므로 항공사에 있어서 인적자원에 대한 교육, 훈련, 보상제도 등은 매우 중요하다.

2) 물적 서비스

제품, 환경, 서비스, 대발, 시스템으로 구성되어지는데, 이 중 서비스에 대한 신뢰성이 물적 서비스에 있어 가장 중요하다. 승객이 여행 중 이용하거나 제공받게 되는 각종 시설물과 장비로서 기내에서 제공되는 상품과 운항 중의 환경 및 서비스 전달체계로 구분된다. 물적 서비스의 구성요소를 살펴보면 다음과 같다.

① 항공기와 기내 인테리어
② 좌석과 공간
③ 화장실
④ 오락물(음악 및 영화) 서비스
⑤ 통신시설
⑥ 에어쇼
⑦ 독서물 서비스
⑧ 어린이, 유아를 위한 서비스
⑨ 장애인용 설비
⑩ 면세품 판매
⑪ 기타

3. 기내서비스 절차

1) 비행준비 업무

당일 비행스케줄에 따라 승무원은 사전 비행준비물을 점검, 준비하고 항공기 출발에 앞서 충분한 시간적 여유를 가지고 대기실에 도착하여 비행에 임할 준비를 해야 하며, 이는 객실승무원이 항공기에 탑승하기 전에 수행해야 할 모든 준비업무를 말한다.

(1) 비행준비

① 출근

출근 시에 유니폼을 착용할 경우 규정에 맞는 메이크업과 헤어를 갖추어야 하며, 사복인 경우 정장차림을 해야 한다.

② 브리핑 준비

- 최근 업무지시, 서비스정보 등 공고사항, 기타 해당편 특이사항 확인
- 개인 메일박스 점검
- 비행근무 필수휴대품 점검

③ 용모 · 복장 점검

객실승무원은 객실브리핑 참석 전에 정해진 시각 및 장소에서 당직 선임Senior승무원으로부터 용모와 복장 점검을 받아야 한다.

④ SHOW-UP

객실승무원이 할당된 비행 근무를 위해 지정된 장소에 비치된 일종의 출석대장인 SHOW-UP 대장에 서명하는 것을 말하며, SHOW-UP 리스트를 통해 항공편 명, 항공기종, 승무원 명단, 비행 일정 등을 파악한다.

⑤ 객실브리핑

해당 비행편에 탑승하는 전 승무원은 비행 전 객실브리핑에 참석해야 하는데, 승무원은 브리핑 참석 전 완전한 근무복장 및 휴대품 준비와 SHOW-UP 대장에 SHOW-UP은 물론 다음사항을 미리 확인, 점검하여 비행근무에 차질이 없도록 해야 한다.

브리핑은 해당편 팀장 주도 하에 진행되며 내용은 다음과 같다.

- 승무원 소개(직급, 성명, 담당구역 등 간단한 인사)
- 비행정보 소개(비행 일정, 당일 항공기 및 승객현황, 관련사항)
- 최근 업무지시, 공고문, 해당편 서비스 절차, 도착지 정보
- 비행근무에 필요한 휴대품, 개인 메일박스 점검, 게시판의 최신정보
- 비행편의 제반정보 숙지, 할당 업무

(2) 보안검색

직원 신분증을 패용하고, 항공기에 반입할 수 없는 물건의 소지여부를 점검하기 위해 검사대를 통과한다.

(3) 합동브리핑

해당 비행편 전 객실승무원은 항공기 탑승 후 운항승무원과 객실승무원의 합동브리핑에 참석하며, 내용은 다음과 같다.

① 비행시간 및 고도
② 현지 및 목적지 기상
③ 운항 중 기상조건
④ 비상절차 및 보안 유의사항

(4) 필수휴대품 소지

① 여권 및 비자
② 직원 신분증
③ 항공사별 근무 규정집
④ 출입국에 필요한 서류
⑤ 기타 업무수행에 필요한 지급품 및 개인 휴대물품
⑥ 유니폼, 앞치마, 손전등, 메모지, 향수 등

2) 이륙 전 업무

(1) 비행 전 점검

비행 전 안전점검Preflight Check 및 객실점검을 실시한다.

① 비상 보안장비 위치 및 상태
- 일반 안전장비(구명복, Safety Demo용구)
- 화재예방 및 진압장비(소화기, 연기탐지기)
- 비상탈출 장비(슬라이드모드, 잠김상태, 손전등, 메가폰)
- 의료장비(산소통, 구급약 가방, 구급상자)
- 보안장비(비상벨, 방복매트)

② 승객 좌석 및 주변 점검
- 좌석 밑 구명복 정위치
- 조명, 에어컨, 호출버튼Call Button 등 작동상태
- Tray Table 고정상태
- Head Rest Cover 등 좌석주변 청결상태
- Seat Pocket 내용물 확인

③ 객실 점검
- 객실통로, 화장실, 객실선반Overhead Bin, 코트룸Coat Room, 침대Bunk 등의 청소상태 및 유해물질 탑재여부 확인한다.

④ 갤리 점검
- 폐기물 용기, 싱크대 바닥 등 장비의 정상작동 및 인화성물질 여부 확인한다.

⑤ 기물, 음료 등 서비스용품의 위치, 수량 및 상태점검
- 각종 기물이나 음료, 고객에게 제공되는 서비스용품 등의 수량이 맞는지 확인, 물건의 위치 및 상태 점검한다.

⑥ 신문서비스 준비
- 서빙카트를 이용해 신문을 제호가 보이도록 준비하고, 신문세팅 후 서빙카트를 항공기 밖 브리지Bridge 접속 부분 또는 스탭카Step Car 상단에 비치한다.

⑦ 승객탑승 준비

- 객실, 화장실의 청결상태 최종점검 후 탑승음악 준비한다.

⑧ 승객탑승

- 통상 비행출발 약 30분 전부터 시작된다.

⑨ 환영인사

- 승무원은 승객탑승 시 환영 및 감사의 마음으로 승객 개개인에게 밝고 정중하게 인사한다.

⑩ 탑승인원 확인

- 안전운항의 도모 및 승객 미탑승 사례 방지를 위해 탑승구 사용수에 따라 1명 또는 2명의 승무원이 실시한다.

⑪ 좌석안내

- 승객에게 환영인사와 함께 탑승권에 기입된 좌석을 안내하고, 승객 휴대수하물 보관정리에 협조한다.

⑫ 휴대수하물 정리정돈

- 기내 반입한 수하물을 비행안전에 유의하여 승객 좌석 밑이나 위에 있는 선반Overhead Bin 등 지정된 보관 장소에 보관하도록 안내한다.

⑬ 신문서비스

- 승객 탑승 시에 탑승구 입구에서 직접 가지고 갈 수 있도록 안내하고, 승객 탑승이 끝난 후 잔여분은 계속적으로 서비스한다.

⑭ Door Close 및 Safety Check

- Ship Pouch 인수
- 탑승완료 보고 : 사무장은 탑승객 수를 지상직원 서류와 대조하여 확인 후 기장에게 보고
- Door Close : 사무장은 지상직원의 기내 잔류여부 확인 후 문을 닫음

(2) 안전점검

Door Close 직후 사무장이 방송을 실시하면, 기타 승무원은 Slide Mode 위치를 변경한 후, 이륙을 위한 다음 업무를 수행한 후 사무장에게 최종 보고하며 안전점검

Safety Check의 내용은 다음과 같다.

① 좌석벨트 착용상태 확인
② 좌석등받이, 테이블, 팔걸이 원위치 확인
③ 승객 휴대수하물 및 기타 유동물질 고정
④ 독서등 확인
⑤ 복도 청결상태 확인

(3) Welcome 방송 및 인사

안전점검 결과보고 후 방송담당승무원이 방송을 실시하면, 전 승무원은 담당구역의 승객들에게 인사를 실시한다.

(4) 안전시범

객실승무원은 비행안전 및 비상시를 대비한 구명복 및 산소마스크의 사용법 영상을 상영하거나 직접 안전시범을 보인다.

① 안전시범 필름Safety Demonstration Film 상영

항공기에 장착된 비디오 프로젝터를 이용하여 영상을 상영하기도 하며, 방송담당승무원이 육성으로 방송을 실시하기도 하고, 전승무원이 비상구 좌석 주변에서 직접 실연을 한다.

② 노선별 안전시범Safety Demonstration 실연

구명복에 대한 시범은 이 · 착륙 경로가 해상을 비행하는 경우에만 실시한다. 산소마스크에 대한 시범은 비행고도가 25,000피트 이상일 경우에만 실시한다.

(5) 이륙 안전 최종점검

이륙 전 전 객실승무원은 비행안전에 관한 사항을 철저히 재점검한 후 지정된 승무원 좌석에 착석한다.

① 담당구역 승객의 이륙준비 재확인
② 갤리점검
③ 갤리 내의 탑재물품, 모든 객실Compartment, 카트Cart 등 유동물건의 닫힘, 잠김 상태 확인
④ 화장실 점검
- 승객유무 확인
- 변기덮개 고정 및 객실 잠김상태 확인

⑤ 조명조절
- 풀브라이트Full Bright에서 어둠Dim으로 조절

3) 이륙 후 업무(비행 중 업무)

서비스 과정은 비행 출발시간대, 비행시간, 노선의 특성, 승객의 성향, 국적 등 여러 상황을 고려하여 사전에 계획하여 짜여지고, 승객을 위한 제반서비스 내용 등은 이러한 일련의 순서를 기준으로 하여 승객들에게 제공된다.

(1) 음료서비스 준비

담당승무원은 좌석벨트 착용 사인이 꺼지고 난 후 음료서비스를 준비한다.

(2) 음료서비스

① 밝은 태도로 기본원칙에 의거하여 음료를 제공한다.
② 서비스 전 반드시 승객의 테이블은 편 후 냅킨을 깔고 음료를 제공한다.
③ 차가운 음료와 뜨거운 음료의 서비스에 차이를 두어 제공한다.
④ 취침승객의 경우는 나중에 서비스를 받을 수 있도록 서비스 태그Service Tag를 부착한다.
⑤ 음료서비스 후 적극적으로 리필서비스 된 물품 및 사용된 컵류를 철저히 회수한다.

(3) 세밀한 검토

① 사용된 컵 회수 등 승객좌석 주변, 갤리, 화장실 청결을 유지한다.
② 신문을 서비스하지 못한 승객에게 신문을 제공한다.
③ 책이나 신문을 보는 승객에게 독서등을 켜 드린다.
④ 승객과 대화 시에는 부담을 주지 않는 내용으로 하며, 특정 승객에게 오랜 시간을 할애하지 않는다.
⑤ 어린이, 노약자에게는 세심한 주의를 기울인다.
⑥ 몸이 불편하거나 도움이 필요한 승객에게는 지속적 관심을 가지고 불편한 사항이 없는지 확인한다.

4) 착륙 전 업무

(1) 담당구역 승객 착륙준비 확인

① 좌석벨트 착용상태 확인한다.
② 좌석등받이, 테이블 및 팔걸이의 원위치를 확인한다.
③ 객실선반Overhead Bin 잠금상태 확인 및 기타 유동물질을 고정시킨다.
④ Door Side 및 복도청결 상태 확인한다.
⑤ 보관 의뢰물품 반환한다.

(2) 갤리 점검

각 객실 잠김상태 확인 및 서비스카트 등 탑재 유동물품을 고정한다.

(3) 화장실 점검

승객유무 확인 및 객실 잠김상태 확인, 변기 덮개를 고정한다.

(4) 조명 조절

풀브라이트Full Bright에서 어둠Dim으로 조절한다.

5) 착륙 후 업무

(1) 택싱Taxing 중 업무

① 착륙 후 작별방송 실시

② 승객 위탁물 반환

③ 승객 착석상태 유지

④ 항공기 정지 후 기내조명 조절

(2) 안전점검

항공기가 완전히 정지된 후 사무장이 안전점검Safety Check 방송을 실시하며, 승무원은 슬라이드 모드Slide Mode를 변경하고 안전점검 후 사무장에게 보고한다.

(3) 도어 오픈 및 승객 하기

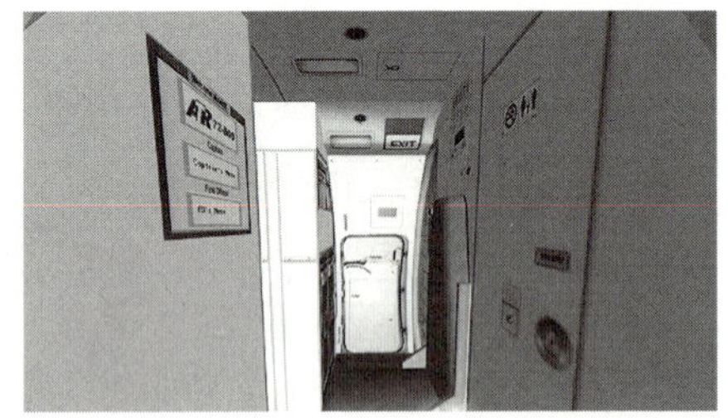

① 도어 오픈Door Open

좌석벨트 착용 사인이 꺼진 후 항공기 밖 지상직원에게 도어 오픈허가 사인을 주어 지상직원이 도어 오픈하도록 한다.

② 작별Farewell 인사

항공기의 문이 열린 후 전 승무원들을 착석 위치에서 하기 인사를 실시한다.

③ 승객의 하기 순서

응급환자 - VIP 및 CIP-UM / 일반 승객 - 제한 승객 - 스트레처 및 휠체어 승객 순으로 한다.

(4) 기내점검

승무원은 승객하기 완료 후 담당 구역별로 다음 사항을 점검한다.

① 객실 내의 잔류승객 여부
② 객실선반 및 유실물 확인
③ 슬라이드 모드Slide Mode 정상위치 확인
④ 비행중 고장이 있거나 작동상 이상 있는 부분이 있으면 승무원은 항공일지에 그 결함상태를 기입해서 정비사에게 인도 및 로깅Logging
⑤ 갤리 및 화장실 최종 점검

6) 도착 후 업무

① 탑승쿠폰Flight Coupon 인계
② 탑승승무원 변동 때 일지Log변경 기입
③ 보고서 및 기타서류 제출
④ 이상 발생 및 업무개선 등에 관한 객실보고서 작성

REFERENCES

김득중(1997). 실천예절개론, 교문사.

김성배(1998). 전통예절과 현대생활, 한국독서지도회.

김성혁(2004), 관광서비스, 백산출판사.

_____(2008), 관광서비스관리론, 형설출판사.

김영한 역, J. 칼슨 저(2005). 고객만족 12 성공전략, 성림.

김영한(1992). 고객만족 혁명, 도서출판 성림.

김옥희 · 오한일 · 이행숙 · 김현오 · 홍연숙 · 윤주은 · 황경애 · 정영숙(2003). 생활예절, 양서원.

김홍복(2003). '고객만족경영의 전략적 관리에 관한 연구 : 농업협동조합을 중심으로', 인천대학교 경영대학원 논문.

김희수(2012). 고객감동서비스 길라잡이.

남성희(1998). 현대생활과 예절, 학문사.

류광열(2002). '홈페이지 우수농가의 고객만족경영 사례 연구', 호서대학교 벤처전문대학원논문.

박규남(2006). 고객만족경영의 특징과 효과, 인천경제연구소.

박성연(1995). 고객만족경영, 경문사.

박오성(2012). 고객만족을 위한 서비스경영의 이해, 이담북스.

박진배(2003). 호텔경영과 디자인 팔레트. 도서출판 국제.

박혜정(2000). 최신 항공실무, 백산출판사.

_____(2009). 비행안전실무, 백산출판사.

박혜정 · 방성원 · 정호정(2008). 항공객실서비스실무, 백산출판사.

삼성전자(2008). 지속가능성 보고서.

성균관대출판부(2004). 청소년을 위한 생활예절, 성균관대학교.

송도영(2003). 펼치면 매너가 보인다, 현학사.

신용만(1999). '할인점의 고객만족경영에 관한 연구', 동국대학교 경영대학원 석사학위논문.

신우성(2011). 관광서비스, 백산출판사.

신한은행(2008). 사회책임보고서.

안대희(1999). '여행사 서비스품질 평가에 관한 연구', 세종대학교 대학원 박사학위논문.
_____(2000). 서비스마케팅, 두남출판사.
_____(2011). 관광마케팅, 백산출판사.
_____(2011). 매너와 에티켓, 대왕사.
_____(2011). 호텔경영의 이해, 대왕사.
_____(2011). 호텔식음료경영실무론, 대왕사.
_____(2012). 여행사경영론, 백산출판사.
_____(2012). 외식사업론, 대왕사.
안대희 · 정은숙 옮김(1999). 라스베이거스의 도전, 일신사.
유동근 옮김(1994). 서비스품질관리, 세종서적.
이상민(2010). 고객만족경영 실전바이블, 랜덤하우스.
이영찬 · 조영석(2006). 고객만족 품질경영, 홍릉과학출판사.
이유재(1994). 서비스마케팅, 학현사.
임대규(2010). '고객만족이 기업가치 및 수익성에 미치는 영향', 경희대학교 대학원 박사학위논문.
전병호(2001). '은행의 고객만족경영에 대한 연구', 大田大學校 經營行政大學院 논문.
전인수 옮김(1998). 서비스마케팅, 석정.
조관일(2006). 서비스에 승부를 걸어라. 21세기북스.
최동열(2008). 관광서비스, 기문사.
최유경(1998). '고객만족경영과 고객충성도와의 상관성 연구 : 이동통신산업을 중심으로' 연세대학교 대학원 석사학위논문.
최풍운 · 변우진(2001). 환대산업서비스론, 학문사.
편집부(2001). 고객만족경영혁신, 한국산업경영연구원.
한국전력공사(2009). Monthly KEPCO 5월호.

Albrecht, Karl., & Ron Zemke, Service America, Homewood, Ⅲ : Dow-Hone Irwin, 1985.
Albrecht, Karl., The Only Thing That Matters, Harper-Collins Publishers, 1992.
Baker, Julie., Leonard L. Berry., & A. Parasuraman, "The Marketing Impact of Branch Facility Design," Journal of Retail Banking, Summer, 1988.
Berry, L. L., & A. Parasuraman, Marketing Service, The Free Press, New York, 1991.

Berry, L. L., "Services Marketing Is Different," Business, May-June, 1980.

Berry, Leonald L., & A. Parasuraman, Marketing Service : Competing Through Quality, The Free Press, 1991.

Berry, Leonard L., & Larry G. Gresham, "Relationship Retailing : Transforming Customers into Clients," Business Horizons, November-December, 1986.

Berry, Leonard L., & Thomas W. Thompson, "Relationship Banking Keeps Clients Returning," Trusts & Estates, November, 1985.

Bitner, Mary Jo., "Consumer Responses to The Physical Environment Claudia Marshall, eds, Creativity in Services Marketing : What's New, What Works, What's Developing, American Marketing Association, 1986.

Buzell, Robert. D., & Bradley T. Gale, The Pims Principles : Linking Strategy to Performance, The Free Press, 1987.

Christhoper, W., & W. Hart, James L. Heskett, & W. Earl Sasser, Jr., Service Breakbroughs, The Free Press, 1990.

Christopher, W., & L, Hart, "The Power of Unconditional Service Guarantees," Harvard Business Review, July-August, 1988.

Christopher. M., A. Payne & D. Ballantyne, Relationship Marketing, Butterworth-Heinemann Ltd, 1991.

Clemmer, Elizabeth C., & Benjamin Schneider, "Toward Understanding and Controlling Customer Dissatisfaction with Waiting During Peak Demand Times," in Designing a Winning Service Strategy, eds, Mary Jo Bitner and Lawrence A. Crosby(Chicago : American Marketing Association), 1989.

Crosby, Lawrence A., Kenneth R. Evans & Deborah Cowles, "Relationship Quality in Services Selling : An Interpersonal Influence Perspective," Journal of Marketing, July, 1990.

Dube-Rioux, Laurette., Bernd H. Schmitt, & France Leclerc, "Consumer's Reactions to Waiting : When Delays Affect the Perception of Service Quality," in Advances in Consumer Research, Vol., 16, eds, T. Srull(Provo, Utah : Association for Consumer Research, 1988.

Federick F. Reichheld, W. Sasser, W. Ear, "Zero Defections : Quality Comes to Service", Harvard Business Review, September-October, 1990.

Geory, William R., & L. L. Berry, "Guidelines for the Advertising of Services," Business Horizons, July-August, 1981.

Gronroos, C., Service Management and Marketing, Lexington Books, D. C. Heath and Company, 1990.

Harrington, J. James., Poor Quality Cost, The ASQC Quality Press, 1987.

Hart, Christopher W. L., "The Power of Unconditional Service Guarantees," Harvard Business Review, July-August, 1988.

Hogan, John J., "Turnover and What to Do about It," Cornell Hotel and Restaurant Administration Quarterly, 33, No. 1(February), 1992.

Katz, Karen L., Blaire M. Larson & Richard C. Larson, "Prescription for The Waiting-in-Line Blues : Entertain Enlighten, and Engage," Stoan Management Review, Winter, 1991.

Kimes, Sherl E., "Yield Management : A Tool for Capacity-Constrained Service Firms," Journal of Operations Management, 8(October), 1984.

Kingman-Brundage, Jane., "The ABC's of Service System Blueprinting," in Designing a Winning Service Strategy, eds, Mary Jo Bitner and Lawence A. Crosby(Chiago : American Marketing Association), 1989.

Kotler P., Marketing Management : Analysis, Planning, Implementation, and Control, 7th ed, Englewood Cliffs, NJ : Prentice-Hall, 1991.

Kotler, P., & John Bowen, Hames Makens, Marketing for Hospitality and Tourism, Prentice Hall, 1996.

Kotler, P., John Bowen, James Maken, Marketing for Hospitality and Tourism, Pentice Hall, 1996.

Kotler, Philip., "Atmospherics as a Marketing Tool," Journal of Retailing, Winter, 1973-4.

Lovelock, Christopher H. "Classifying Services to Gain Strategic Marketing Insights," Journal of Marketing, 47(Summer), 1983.

Lovelock, Christopher H., Managing Services, Englewood Cliff, New Jersey; Prentice Hall, 1992.

Lovelock, Christopher H., Managing Services, Marketing, Operations, and Human Resources, Englewood Cliffs, New Jersey; Prentice Hall, 1988.

Lovelock, Christopher H., Services Marketing, 2nd ed., Englewwod Cliffs, New Jersey; Prentice Hall, 1991.

Maister, David H., "The Psychology of Waiting Lines," in J. A Czepiel, M. R. Solomon, and C. F. Surperenant, eds, The Service Encounter, Lexington, MA; Lexington Books, 1985.

Miliand, Lele., The Customer is Key, New York : John Wiley & Sons, 1987.

Normann, Rechard., Service Management, Strategy and Leadship in Service Business, New York : John Wiley & Sons, 1984.

O'connor, Michael J., "Most Failures Come in the Second Act : Retailing Is No Exception," International Trends in Retailing, Fall, 1989.

Parasuraman, A., "Customer-Oriented Corporate Cultures are Crucial to Services Marketing Sucess," Journal of Services Marketing, No. 1(Summer), 1987.

Reichheld, Frederickf., & W. Earl Sasser, Jr., "Zero Defections : Quality Comes to Services," Harvard Business Review, September-October, 1990.

Sasser, W. E., "Match Supply and Demand in Service Industries," Harvard Business Review, November-December, 1976.

Shostack, G. Lynn., "Breaking Free from Product Marketing," Journal of Marketing, April, 1977.

Solomon, Michael R., "Packaging the Service Provider," The Service Industries Journal, March, 1985.

Solomon, Michael R., Carol F. Surprenant, John A. Czepiel, & Evelyn G. Gutman, "A Role Theory Perspective on Dyadic Interactions : The Service Encounter," Journal of Marketing, Winter, 1985.

Taylor, Shirley., "Waiting for Service : The Relationship Between Delays and Evaluations of Service," Journal of Marketing, 58(April), 1994.

Techincal Assistance Research Programs(TARP) Institute, Office of Consumer Affairs, 1986.

Turnbull, Peter W., & David T. Wilson, "Developing and Protecting Profitable Customer Relationships," Industrial Marketing Management, August, 1989.

Upah, Gregory D., & James W. Fulton, "Situation Creation in Service Marketing," in John A. Czepiel, Michael R. Solomon, and Carol F. Surprenant, eds, The Service Encounter, Lexington, MA, 1985.

Zeithaml, V. A., Mary Jo Bitner, Services Marketing, McGraw Hill, 1998.

http://blog.naver.com

http://book.naver.com

http://news.naver.com

http://www.cambridge.co.kr

http://www.eduman.com

http://www.evercs.com

http://www.kca.go.kr

Profile

안대희

현, 대원대학교 호텔경영과 교수
세종대학교 대학원 경영학박사(관광경영)
미국 호텔총지배인 자격증 취득(AHLA)
와인소믈리에 자격증 취득(OGMI) / (AHLA)
음료관리사 자격증 취득(AHLA)
조주기능사 실기 및 필기시험 출제위원

배준호

현, 한라대학교 관광경영학과 교수(학과장)
경희대학교 일반대학원 호텔관광경영학과 관광학박사
호텔등급평가 심사위원, 직업능력개발훈련사업 심사위원
국가직무능력표준(NCS)개발
관광통역안내사, 조주기능사, 와인소믈리에, 커피바리스타 출제위원
노보텔 앰버서더호텔 호텔서비스팀장
CHA(미국호텔경영 총지배인), 호텔관리사(호텔1급지배인), 마스터소믈리에 취득

박상민

현, 국제호텔전문학교 호텔경영과 교수 / 교육기획 팀장
경희대학교 호텔관광학과 박사수료
(주)한국외식관광연구원 R&D 연구팀 차장
노보텔 앰배서더 강남 식음료 근무
조주기능사 실기심사위원(한국산업인력공단)
한국외식음료협회 칵테일 위원장
한국와인 · 소믈리에학회, 대한칵테일조주협회 이사

김민자 현, 서울호텔관광직업전문학교 관광경영학과 교수(미래교육처 처장)
동국대학교 대학원 호텔관광경영학박사
국외여행인솔자
외식경영관리사
동물매개심리사
평생교육사 2급
관광훈련교사

이현주 현, 한국호텔관광실용전문학교 호텔관광경영과, 국제호텔관광경영학과 교수
순천향대학교 대학원 관광경영학과 관광경영학박사
Golden Elephant hotel in Guilin(CHINA) 객실부 과장
한화투어몰(현, 세중투어몰) 중국팀 OP(Tour Operation)
호텔서비스사
국내여행안내사
국외여행인솔자
CS Leaders 관리사
평생교육사 2급

TOURISM SERVICE